四川大学革命英烈丛书
四川省2020—2021年度重点图书出版规划项目

闪亮的坐标

四川大学革命英烈传略

下册

党跃武◎主　编

李金中　刘　乔　朱连芳　韩　夏◎副主编

四川大学出版社
SICHUAN UNIVERSITY PRESS

下册目录

第六篇　歌乐山上红梅开

江竹筠烈士——朝着东方朝着党

江竹筠（江志炜）烈士

看过小说《红岩》、电影《在烈火中永生》和歌剧《江姐》的人们，一定不会忘记那一幕幕激动人心的场景：一群在牢里遭受酷刑、身体虚弱的革命志士，一针一线绣起鲜艳的红旗，他们明亮的眸子里充盈着无限的憧憬和热烈的希望，革命的信念也更加坚定不移；一定不会忘记带领她们进行斗争的坚贞不屈的共产党员江竹筠的光辉形象。

这不是艺术家们的虚构，这是真实的历史。1949 年 11 月 14 日，牺牲在"中美特种技术合作所"的烈士江姐，就是 20 世纪 40 年代国立四川大学农学院植物病虫害系的学生江竹筠（1920—1949），在校用名江志炜。在追寻江竹筠烈士生命的足迹中，我们一直无法压抑内心激动澎湃的感情。

2016年，习近平总书记到重庆视察的时候，专门讲到了《红岩》，讲到了江姐，还动情地朗诵了难友们赞颂江姐的话："你，暴风雨中的海燕，迎接着黎明前的黑暗。飞翔吧！战斗吧！永远朝着东方，永远朝着党！""永远朝着东方，永远朝着党！"，这是江姐精神的本质，是川大精神的核心。

苦水里泡大的女共产党员

江竹筠，曾用名江竹君，1920年8月20日出生在四川省自流井（位于今自贡市）大山铺朱家沟的一个农民家庭。江竹筠八岁那年，家乡发生了大旱灾。母亲带着她和弟弟逃荒到重庆，寄住在三舅、华西协合大学首届医学毕业生李义铭家里。母亲帮三舅带孩子，江竹筠也帮他家做些轻便的家务活。

江姐故居

舅母对这家穷亲戚并不十分喜欢。因为外婆维护他们，江竹筠和母亲勉强在三舅家当了两年变相的仆人。外婆去世后，江竹筠的母亲便在重庆东水门租了间小屋，找点针线活来做。江竹筠在轮船上办伙食的父亲失了业，几年后病死在他乡。为糊口，母亲在南岸大同袜厂找了份工作。江竹筠也去当童工，那年她十岁。两年后，江竹筠的身体被拖垮了。母亲便和她从袜厂退工，又去帮三舅带小孩和干家务。不久，江竹筠姐弟凭三舅的关系到基督教会办的重庆市私立孤儿院小学上学。

江竹筠（江竹君）就读的重庆市私立孤儿院小学

初入学，江竹筠就读初小四级。因成绩特别优异，她第一学期连跳三级。跳级后，江竹筠的总分仍是全年级第一，让老师和同学对个头矮小、长得不很漂亮的她刮目相看。在孤儿院小学，丁尧夫老师对她的影响很大。他在讲历史故事和近代中国国耻时，常使学生感动得流泪。他还辅导江竹筠等阅读鲁迅、郭沫若、蒋光慈等的作品，启发他们去认识社会，追求进步。江竹筠的思想上，闪现了点点星光。

后来丁老师被反动派逮捕了，说他是共产党。江竹筠想：丁老师是最好的人，最好的人不怕杀头也要当共产党，共产党人必定是好人，杀共产党的人才是真正的坏人。

江竹筠与母亲李舜华、弟弟江正榜的合影

后来，江竹筠的母亲搬到临华街一间破房住下。三舅李义铭出了一点钱，让她摆了个小摊——一个兑换铜圆的钱笼子，上面放几包香烟用作零售。晚上，江母还和江竹筠一起帮人家洗衣服。这是当时穷人维持最低生活水平的一种门路。

1936年秋，江竹筠小学毕业，与同窗何理立（何淑富）一起考入南岸中学。江竹筠学习成绩依旧优异，还获得过该校的最高奖——银盾奖。

1937年，抗日战争全面爆发，江竹筠和何理立等组织歌咏队和宣传队，积极宣传抗日。当年冬天，该校曾丝竹老师发起为前方将士募捐寒衣的活动，江竹筠亲手做了五件新棉衣送给前线战士。

1939年春，江竹筠考入中国公学附中读高中。这时她已十八九岁，中等身材，面庞圆润，衣着朴素。在同班的女同学中，戴克宇等人是共产党员。她们见江竹筠爱看《新华日报》和《群众》杂志，积极要求进步，就借些革命书籍给她看，与她交谈中国革命与中国共产党的有关问题。

1939年读高中时的江竹筠

那时，很多青年对国家和个人的前途感到悲观失望，因而苦闷彷徨。江竹筠没有这种消极情绪。她思想上已认清了党所指引的前进道路，但不知党的组织在哪里。一天，她向戴克宇说："这个社会太黑暗了，一个革命青年，应该到实际斗争中去。我想离开学校，去找党组织。"戴克宇便告诉她学校里有党组织，自己是共产党员，愿意介绍她入党。

江竹筠入党以后，感到增添了新的力量。她精神更充实、更乐观，生活过得更有意义。

1940 年秋，中国公学停办，江竹筠考入进步人士黄炎培开办的中华职业学校会计训练班学习。她同时担任该校和附近地区党组织负责人。

江竹筠毕业后，来到曾家岩重庆妇女慰劳总会工作。党组织指定她担任新市区区委委员。她在那里大约工作了一年，后发现有人监视她的行动，上级便安排她撤退。

1941 年"皖南事变"后，中共中央南方局准备疏散一些人员去延安。江竹筠专门写了一首《到解放区去》的诗歌，在诗中她表示非常希望到革命的圣地去接受教育和锻炼。诗中有这样的文字：

> 烈火，在地面燃烧，
> 烈火，在我心里燃烧呵！
> 我已经，决定了
> 我就要到敌后，
> 到解放区……

组织上没有批准她的申请，让她坚守在重庆工作。1943 年 5 月，党组织交给她一项新任务：给中共重庆市委委员彭咏梧当助手，掩护党的机关。她和彭咏梧扮作夫妻，组成了一个"小家庭"，作为重庆市委的秘密机关。此后，江竹筠加强了理论联系实际的学习和党性锻炼。在她的全力帮助和掩护下，彭咏梧的工作也顺利多了。

一天，从《新华日报》营业部出来后，江竹筠发现自己被人跟踪。她用了很多办法才甩掉了"尾巴"。党组织为了保障市委机关的安全，决定让她转移。

四川最高学府不同寻常的大学生

1944 年 5 月，江竹筠来到成都，组织上安排她改名江志炜。高中没有真正毕业的江竹筠，经过两个月左右的集中补习，考入国立四川大学农学院植物病虫害系。1945 年 8 月，她转到农艺系学习。现在四川大学档案馆的国立四川大学全宗中，学号为 331044 的《国立四川大学学生入学登记表》就是当年江竹筠亲自填写的。

国立四川大学学生入学登记表

江竹筠（江志炜）国立四川大学学生入学登记表

江竹筠就读时的国立四川大学女生院

　　江竹筠到国立四川大学的时候，波澜壮阔的学生运动正逐步兴起。亲历这些轰轰烈烈的斗争，江竹筠精神格外振奋。但是，中共川东特委决定她不转组织关系，到国立四川大学以隐蔽为主。组织上要求她以普通学生的身份，做好群众工作；不发展党员，但要主动配合学校党组织，壮大革命力量。按照这个指示，她置身于进步同学和中间同学之间，开始了新的革命活动。

　　江竹筠进大学后的第一件事就是给"妈妈"（党组织的代称）写信，表示要按"妈妈"的要求"读好书，取得优良的成绩"。后来的事实证明，她所说的"优良的成绩"不仅是学到知识，而且包括做好群众工作。

　　江竹筠对自己提出严格要求：既要做好党的工作，又要做一个好学生。举止言行、起居饮食都要符合一般大学生的常规。她在学习上保持和发扬了以往的勤奋精神和踏实态度，按时作息，上课专心听讲，认真做笔记，自修时间抓紧学习，不轻易缺课。这样，尽管中学未读满，并且课程丢得太久，她在班上仍然是成绩好的学生。

江竹筠、何理立和王珍如在成都的合影

　　江竹筠在国立四川大学开展群众工作，是从入学考试开始的。在考场，她遇见一位来自郫县农村名叫董绛云的女同学，很自然地与她攀谈起来。江竹筠喜欢她的朴素诚恳、学习踏实。后来她们碰巧做了同班同学，又在同一寝室。两人形影不离，在学习生活上互相帮助，情同姊妹。论政治经历，她俩一个是有五年党龄的职业革命者，一个是埋头读书、不问政治的学生。能如此亲密无间地相处，表现了江竹筠的革命修养。她不像某些革命青年，易产生的优越感和小圈子倾向。她体谅别人的处境，学习别人的长处，从不将自己的喜好与意志强加于人。董绛云后来成为一位忠诚于党的教育事业的人民教师。她噙泪追怀江竹筠："她信任我，爱护我，尊重我，从未引起过我一点反感。我生平少遇这样好相处的朋友。"

　　江竹筠虽不在同学间太多说话，但她对周围许多同学的情况和情绪了如指掌。王云先同学由于家贫，只能一边在邮局工作，一边在国立四川大学读书，难免缺课。江竹筠就主动帮助她，把教师讲授的要点转告给她，又将记得很工整的笔记或英文生词本借给她。王云先没有在校住宿，课余就在江竹筠寝室自修。如果下雨不能回家，她就和江竹筠挤在狭小的双层床上睡觉。江竹筠对她体贴入微。

晚饭后散步是同学们的爱好，也是江竹筠做工作的好时机。在锦江河畔的林荫路上，人们常见她跟同学们结伴闲谈，潜移默化地帮助别人进步。同班又同寝室的黄芬年龄最小，而且聪慧、单纯、灵巧，深受同学喜爱。江竹筠爱之尤甚，常同她一起散步。黄芬不曾进过工厂的门，不知工人生活的艰苦。一次，她们路过学校附近的培根火柴厂。江竹筠便说："厂里的工人是很好的人，每天要为社会做很多贡献，我们的生活都离不了工人。可是，现在的社会里，工人的地位很低，生活最苦，你看公道不公道？"

江竹筠也常和同学们一起看电影。她说："我从前看过电影《丹娘》。丹娘最勇敢了，从容就义。她宁愿死，啥都不肯说。她被德国鬼子押往刑场，只穿着（被）撕破的单衣，被反绑双手，赤脚在雪地里走。她吟诵过的一首动人的诗，我现在还记得。"在同学们的要求下，她激动地背诵了那首诗中最精彩的几句：

> 无论何种酷刑我都不惧怕，
> 为祖国牺牲，
> 决不战栗，
> 让白雪染上了鲜红的血迹。

同寝室的同学都被感动了。

江竹筠能与周围群众水乳交融，是因为她尊重别人。她经常发现别人的长处和自己的不足，不把自己看得过高。党提出"勤学、勤业、勤交友"的号召后，她更加自觉地团结群众。即使别人的思想暂时还比较落后，她也要去团结，去做工作。她曾向进步同学说："只要不是特务，都要团结他，以便孤立敌人。"

从工作上考虑，1945年上半年，组织上批准江竹筠和彭咏梧结婚。暑假期间，她回重庆与彭咏梧欢度蜜月。1946年4月，江竹筠在成都生了儿子彭云。为在危险复杂的地下斗争中轻装上阵，在她的一再坚决要求下，在好友董绛云的帮助下，医生为其进行剖宫产的同时做了绝育手术。

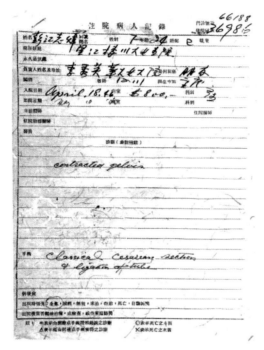

江竹筠（彭江志炜）在华西协合大学医院的住院病人记录

　　江竹筠进国立四川大学以后，时局发生了重大变化。1944 年，日寇铁蹄践踏到了贵州独山，大后方人民群情激愤。在成都，生活在群众中的共产党员和进步分子，无论有组织联系的，还是暂时失去联系的，都在自觉地重新组织力量，策划新的行动。公开的和秘密的进步团体如雨后春笋一样迅速成立，斗争的烈火正在熊熊燃烧。

　　此时，按照党的指示，江竹筠也迅速调整了自己。她作为一般成员参加了"女声社"和"文学笔会"两个进步社团，进而成为党的外围组织"中国民主青年协会"即"民协"的成员，她还参与过"川大学联"即四川大学学术团体联合会的工作。女声社的主要负责人是共产党员黄立群（徐舟）和李惠明。江竹筠除了当了一段时间的女声社副社长之外，没有担任其他学生社团的领导工作。她避免在学生运动中处于显眼地位，而实际上密切注视着运动的整个发展过程。她观察着领导成员的长处和不足，认真总结运动的经验教训。一旦发现了问题，她就以与同学互相商量的方式，谈出自己的见解。

化学系学生蒋国基品学兼优，后来参加了民盟组织和进步社团自然科学研究社，引起大家的重视，并影响了一些中间同学靠拢进步团体，这件事使江竹筠感触颇深。一次，她和"民协"骨干赵锡骅等论及此事。她说："小蒋功课好，在中间同学里很有威信，他们喜欢和他接近，比较听他的话。你们比较暴露，特务又故意把你们加以赤色渲染，使中间同学对你们疑惧，不敢靠近。"她的话引起几位活动暴露的同学反省，他们说："我们常缺课，自修时间更少，确实有些脱离群众，是一个问题。"不久，进步组织"民协"干事会采纳了江竹筠的意见，并作出了相应的决定。

文学笔会是一个影响较大的进步学术团体，最初只吸收有文学修养的人参加，后来取消了这个限制。参加的人多了，把一些更适宜在其他社团发展的同学也吸收进来，兄弟社团对此有意见。江竹筠十分关心进步社团间的团结，她对文学笔会负责人语重心长地说："还是要其他团体都壮大起来，我们进步阵营才有力量。单是一个'文笔'，我们就孤立了，特务又会像过去一样藐视我们。"她引述这样一段历史经验：1944年冬天，《华西晚报》报道了国立四川大学先修班的问题，发生了营业厅被砸事件，国立四川大学进步同学用17个学术团体的名义声援慰问《华西晚报》。反动分子便以维护校誉为理由，组织"护校团"，指责进步同学盗用国立四川大学名义，并拿出黑名单说："所谓17个学术团体，不过就是那么七八个人。"这影响了一部分中间同学，使进步力量处于被动。这段往事经她轻轻一点，提醒了文学笔会负责人。从此，他们主动帮助兄弟团体发展，关心整个进步阵营的壮大。

江竹筠虽然基本上没有担任学术团体的领导职务，但她时时关心着同学们的进步和成长。女生院伙食团每年要选一个年度经理主持全年的伙食管理工作，这年准备选陈光明当年度经理。陈光明起初嫌耽误时间太多，不太想当。江竹筠知道后，就鼓励她说："对同学们真正的福利事业，我们应该多做一些，而且要把它做好，使同学们相信我们是真正关心爱护大家的。"后来，陈光明高高兴兴地担任了这个职务，做得很有成绩，还被推选在学生自治会负责。后来，陈光明回忆这段往事，很感动地说："我们在当年的学生运动中，能出头露面做点事情，是依靠进步同学，特别是'民协'组织的支持。这也与江姐对我的精心扶持分不开。她差不多在每一个关键问题上都给我出主意。（她的）态度谦和诚挚，在无形中给人以感染，她是那么平易（近人）。当时，我甚至未察觉到她的特殊作用。"

　　江竹筠在国立四川大学学生运动中，是一位实干的、理性的、成熟的战士。冰冻三尺，非一日之寒。这种理性、成熟，同样与江竹筠从小经受的磨炼以及她的坚强党性、勤奋好学和不畏牺牲的精神是分不开的。

江竹筠（江志炜）在国立四川大学农学院一年级自费生名册中

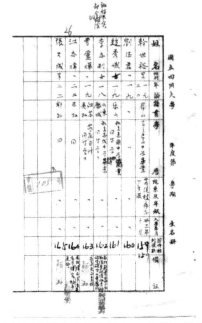

江竹筠（江志炜）在国立四川大学 1944 年第一学期新生名册中

江竹筠（江志炜）在国立四川大学 1944 年 10 月乙种学生贷金明细分户账中

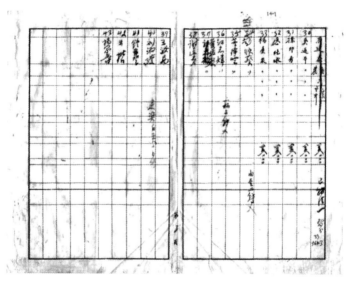

江竹筠（江志炜）在国立四川大学 1945 年 9 月份乙种公费膳食补助及贷金印领清册中

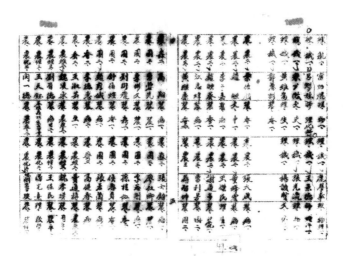

江竹筠（江志炜）在国立四川大学 1945 年转院系学生名册中

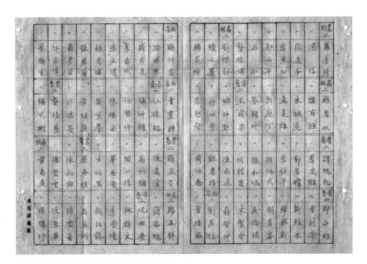

江竹筠（江志炜）在国立四川大学 1945 年 2 月自费生购米清册中

江竹筠（江志炜）在国立四川大学 1946 年度第一学期休学生名册中

江竹筠（江志炜）在国立四川大学植物病虫害十七级级会会员名单中

在川东百炼成钢

1946 年暑假，江竹筠回重庆时，反独裁反内战的怒潮汹涌澎湃。这时中共中央南方局迁往南京。中共四川省委、重庆市委正加紧清理和恢复重庆及川东各地党组织。彭咏梧是中共重庆市委委员，分管重庆学生运动，并负责联系川东部分地方的党组织，工作十分忙碌。党组织决定江竹筠不再去国立四川大学，于是她办理了休学手续，留在重庆做彭咏梧的助手。

她的党内工作，起先是守护党的机关，接着是负责市外的通信联络。在负责联系重庆育才学校、国立女子师范学校、西南学院时，她按具体情况，分别采用了不同的方式，发展了十多个党员和四五十个"六一社"社员。

1947 年夏秋，上级决定川东党组织的工作重点转向农村武装斗争，建立游击队和根据地，改组市委，成立中共川东临时工作委员会。彭咏梧是临委委员兼下川东地委副书记，负责直接领导武装斗争。江竹筠也坚决要求去下川东参加武装斗争。组织决定她以下川东地委和川东临委的联络员身份与彭咏梧一同前往。1947 年 11 月底，彭咏梧脱下西装并换上长袍，江竹筠穿着蓝布旗袍和黑毛线外衣。他俩化装成回老家探亲的模样，乘船离开了重庆，到川东云阳、奉节、巫山、巫溪的武装斗争前线去。

12 月，江竹筠随彭咏梧到云阳炉塘坪参加会议。会议决定尽快举行暴动，宣布成立川东民主联军，其中下川东编为一个纵队，彭咏梧兼任政委，赵唯任司令员。江竹筠欢欣鼓舞，她生平还不曾这样自由地公开宣传过革命真理，鼓动群众抗丁抗粮，拿起武器造反。她多么想在这里与同志们共同战斗啊！可是新的任务下来了。组织上决定派江竹筠回重庆，请求临委输送干部，并尽快输送下来。

江竹筠走后，敌我情况发生变化。暴动计划提前到 1948 年 1 月 8 日实行。一开始，暴动取得了初步的胜利，共产党游击队的旗帜插上了大巴山。但四天后，敌人调集了十倍于我的兵力，布成四面合围态势。游击队决定转移到外线作战，于是分兵两路出击。16 日，彭咏梧率领的队伍在鞍子山与敌正规军 581 团发生遭遇战。由于敌强我弱，在突围时，彭咏梧英勇牺牲，队伍大受损伤。万恶的敌人将彭咏梧杀害后，竟残暴地砍下烈士的头颅挂在城墙上"示众"。

1月20日，江竹筠同重庆输送来的三名男干部和一名女干部聚集在董家坝彭咏梧的外婆家。大家怀着高昂的斗志，学习毛主席的《目前形势和我们的任务》。几天后，中共奉巫工委副书记小卢和小刘、老吴先后来到这里。他们的神情焦急而悲怆，颇使江竹筠不安。

老吴与小卢商量："路上听说打死了一个穿黑皮袍的人，砍下脑壳挂在竹园镇上示众。看来，彭咏梧无疑是牺牲了。告不告诉她？"老吴有些犹豫。小卢说："她已知道事情不好。她坚强，经得起，反正也隐瞒不了。"

老吴便向江竹筠讲了这个噩耗。江竹筠没有哭，她极力控制自己的情绪，只在夜间隐隐啜泣。

"我们在这里七八天了，不宜久留。赶快研究下一步吧！"江竹筠催促小卢。

在讨论中出现了不同意见。在无法立即请示上级的情况下，江竹筠勇于承担重担，当机立断。她认为，老彭带的队伍失利了，奉节和巫山的情况必然会乱一阵子。老杨是新来的，不能去那里了。云阳、奉节和南岸工委需要人，也还能作掩护。老杨他们几个男同志就随老吴去南岸。小卢和她自己回重庆去向临委汇报请示。

江竹筠和小卢从万县搭轮船去往重庆。在船上，江竹筠沉默寡言，仿佛是在尽量压抑自己的悲伤。晚上，她和小卢和衣躺在船舱走道上，共盖一条被子。上有寒风刺骨，下有铁板冰人。她把被子的大半推给小卢，自己躺在外边挡风。小卢的脚露在外面，她又脱下毛衣给搭上。听到小卢咳嗽，她询知小卢患有慢性病，仍在农村艰苦斗争，就心疼地说："你身体不好，到重庆后一定要去医治一下。"她立即写了一张纸条，叫小卢去找一个姓陈的——江竹筠的一个联络点，要陈负责给小卢检查治疗。她强忍住自己的巨大悲痛，像往常一样用极大精力去关心别人，把减轻别人痛苦作为战胜自身痛苦的一种力量。江竹筠到下川东前，委托了蒋一苇、陈曦夫妇代养儿子彭云。这次回重庆，她正月初一去看云儿。适逢蒋一苇、陈曦带着自己的两个孩子到亲戚家去了，只有陈曦的母亲和云儿在家。江竹筠见了云儿后，触动了她对丈夫的哀思，抱着云儿痛哭了很久。后来，江竹筠又只好将儿子委托给亲戚谭正伦抚养，直到长大成人。

　　中共川东临委分别与江竹筠、小卢研究了彭咏梧牺牲后的局势，肯定并赞扬了江竹筠和中共奉巫工委所作的临时处置。中共川东临委尚未正式总结这次暴动的经验教训。但是，大家都同意了江竹筠的看法："要谨慎从事，尚未拉开的，暂不拉开……"

　　中共川东临委考虑江竹筠不宜再去川东，因为她去很容易暴露，而且孩子太小，需要她照顾，再三要她留在重庆工作。好心的朋友也劝她接受组织的安排。她自己也知道此去有危险，可是她坚持要去："这条线的关系只有我熟悉，别人代替有困难。我应该在老彭倒下的地方继续战斗。"中共川东临委只好同意她的要求。

　　江竹筠的决心是如此坚定，她在重庆只住了十几天就回到万县。她将自己的家具赠送给别人，甚至将结婚时购置的衣柜也送给了办《挺进报》的同志，真是破釜沉舟啊！少年时曾使她铭心动容的诗句"风萧萧兮易水寒，壮士一去兮不复还"，不正是她此时的写照么？

　　江竹筠到万县后，因暴动地区风声很紧，她迟迟不能下乡。中共川东临委和奉巫工委要她暂留万县，参加万县县委工作，同时做游击地区的联络工作。她用江志炜的名字，经人介绍进入万县地方法院会计室做职员，以此为掩护，继续进行革命活动。

　　1948 年 6 月 14 日上午，由于叛徒出卖，江竹筠被捕了。就在几天前，她还写信给老同学，表示想回四川大学看看。经组织积极营救未果，她很快被转移至重庆"中美特种技术合作所"集中营。

面不改色心不跳

　　江竹筠被押到重庆后不久，特务头子、西南长官公署二处处长徐远举决定亲自侦讯。当敌人知道了江竹筠是彭咏梧的妻子时，就特别重视，妄图从她口中打开破坏游击地区党组织的缺口。

　　审讯在老街 32 号徐远举的办公室进行。当班的特务军士搬来了老虎凳、吊索、电刑机器等多种刑具，摆在两边，制造恐怖的气氛。

　　一群不当班的男女特务，听说徐远举亲自审讯一个女游击队长，也纷纷来到门前窥看旁听。

　　衣着朴素的江竹筠，被押了上来。她胸有成竹，态度十分镇静，从容不迫地回答讯问。

特务处长照例问了姓名、职业等，就对她进行劝降，接着提了许多问题。

江竹筠说："我在万县地方法院当小职员，单身一人，不懂什么组织不组织，领导不领导。根本谈不上这些事，你们应该马上释放我。"

徐远举说："这是什么地方，你要明白。到这里来不交代组织是过不去的。彭咏梧是你什么人？……"

他一连提了十多个问题，都是江竹筠早已预料到的。她一概回答："不知道""不认识"。后来对这类重复的讯问，她干脆不予回答。

徐远举把桌子一拍："你还装哑巴？我马上叫人把你的衣服剥光，你信不信？"

江竹筠立即怒斥道："我完全相信，因为你们是什么坏事都干得出来的。连你的母亲、姐妹、女儿的衣服，你也能剥光的。"

徐远举当着许多男女特务的面，尴尬不已，不知怎么办才好。这时，坐在旁边的一个高级特务用脚碰了碰他，轻声说："你不会用别的方法么？"

徐远举指着各种刑具大叫道："你看这是些什么东西？今天不交代组织就不行，一定要你交代。"

江竹筠说："什么行不行，不行又怎样？我没有组织，马上砍我的头也砍不出组织来的。"

徐远举下令："上刑！"

特务军士随即拿来一把特备的四棱新筷子。他们把筷子放在江竹筠的几个指叉间，双手紧握筷子的两头，来回在她的手指上猛夹。酷刑持续了十几分钟，十指连心，江竹筠痛得满头大汗。姓徐的才叫暂停，随即问道："交不交？"

江竹筠缓慢而坚定地回答："你们可以弄断我的手，杀我的头。要组织永远办不到。我没有组织。"

徐远举叫军士再用力夹。

江竹筠昏迷过去了。特务用凉水喷醒她。徐又问："说不说？不说又上刑。"

江竹筠说："筷子不行，把刀子拿来。你们这是野兽行为。你以为刑具是万能的，我看是无用的。"

酷刑继续着。江竹筠脸上汗如雨下，她蹲下身来，脸色苍白。徐还在叫："使力夹！"江竹筠又昏了过去。

这样"死去活来"了多遍，江竹筠还是一句话未说。门是开着的，门外很多特务在旁听窥看。

停了一下，徐远举又进行劝降："快把组织交代出来，给你出路。老实告诉你，你的组织早已有人交代了，你不说我也知道。这个人就在我们这里，你要见见他吗？"

江竹筠虽受酷刑，神智仍清楚。当她听到那个叛徒的名字时，愤怒地说："他是个流氓，为他一条狗命，平白陷害好人，我不见这下流东西。我也老实告诉你，要我的命，有；要我的组织，没有。"

敌二处法官插问："你不是要革命吗？总得保住你的命才行啊！命都没有了，还革什么命？快把彭咏梧领导的那些人谈一谈。"

江竹筠说："革命是什么意思，你我无法辩论。我是个普通人，我知道人要活命才能做事；我更知道不能昧着良心说话，昧良心的不是人。我不认得什么彭咏梧。"

徐远举又暴跳起来，他对军士号叫着："再不说就把她吊起！"

特务军士拿起了一根又粗又长的麻绳。向江竹筠吼道："快交代组织！"

江竹筠瞟都不瞟一眼，愤恨地扬扬头："吊就吊，要组织没有。"

敌二处法官又插话："更厉害的刑具还多得很，你不说还要吃大苦的。你要什么条件才交代组织也可以提出来嘛！"

江竹筠说："把你们的毒刑统统用出来吧！我没有什么可说的。"

徐远举气得在室内来回打转。江竹筠毫无惧色地昂然挺立在那里。旁观的男女特务在门外悄悄议论："这个女人真厉害……""不用说……她是真正的共产党。"

从上午9点到12点，整整半天，徐远举用尽残酷狡诈的手段，却一无所获。狼狈不堪的他只好自己"转弯"："下午再吊，带下去。"

江竹筠被押回渣滓洞监狱。

江竹筠受刑的次数，虽未查到准确的记载。但根据后来获得的资料，她到重庆后至少受过三次严刑逼供。

与上次侦讯相隔不到一个星期，两个特务奉徐远举之命到渣滓洞监狱对江竹筠进行了一整天的轮番刑讯。讯问的内容仍与上次相同，主要是逼她交代出暴动地区的组织情况，但用刑的方式却更加狠毒。他们知道江竹筠的手指刑伤未愈，认为在创伤处再施同样的刑，她必定更难忍受。为了加强用刑效率，徐远举事先布置特务军士夹筷子时慢慢加劲，到快昏死时就放松，然后又慢慢加劲，使受刑者既不能忍受，又不至昏死。

渣滓洞16间男牢房和2间女牢房的200多名难友，见江竹筠早晨被押往刑讯室一直没有回来，都感到揪心的痛苦和挂念，他们轮流守望在窗口，等待消息。

江竹筠深知敌人急欲破坏暴动地区的党组织，决不会放过她。她牢记入党时的誓言和党的教育，下定了必死决心，要保护党的组织，捍卫党和人民的荣誉。她思想上有充分的准备，在酷刑和死亡面前毫不畏惧、沉着坚定。当旧伤未愈的手指又被竹筷子反复猛夹时，她咬紧牙关，汗流满身，蹲下去又站起来，还不停地高声痛骂敌人。被折磨了大半天，她痛得顿时昏了过去。被凉水浇醒后，她就厉声斥责："你们简直是一群野兽……杀了我也没有组织……你们是枉费心机，永远也达不到目的……"

特务们的号叫和江竹筠的怒骂混成一片，连靠近牢房窗口前的难友都能隐约听见。骂声过去又是一阵沉寂，江竹筠又昏迷了……隔一会儿又听见了江竹筠的声音："你们这些丧尽天良的家伙，不是说还有厉害十倍、百倍的刑具吗？请吧！拼一条命给你们整……"接着声音又低沉下去。只听特务在喊："把老虎凳搬过来……把辣椒水拿来……"

各牢房的难友隐约知道了江竹筠的受刑情况，气氛十分紧张。200多名难友都焦虑不安地在等待着关于江竹筠的新消息，关心着她的生命安危。

特务们见江竹筠视死如归，毫无惧色，心里冷了大半截。敌人明知无能为力了，但仍不甘心失败，喊来了那个可耻的叛徒与江竹筠当面对质。叛徒见江竹筠双手鲜血淋漓，仍然正气凛然。他自惭形秽，不敢正视江竹筠的愤怒目光，垂头丧气，迟迟说不出话来。江竹筠一见叛徒，就喘着气痛骂，说他乱咬，陷害好人。

特务们黔驴技穷，只得收场。

江竹筠胜利了，江竹筠回来了。她手上滴着鲜血，脚上戴着重镣，甩开特务军士的挟持，艰难地向女牢走去。

在狱中，江竹筠带头发起、组织和号召难友们一起开展"坚持学习，迎接解放"的活动。没有教材和资料，她几乎一字不差地默写下毛泽东的《新民主主义论》和刘少奇的《论共产党员的修养》，供大家学习。在迎接解放的日子，她参与组织难友们总结革命的经验教训，拟定了三条提纲，即"被捕前的总结""被捕后的案情应付""狱中的学习"，是著名的《狱中八条》的重要参与者之一。

在狱中，江竹筠时刻思念着儿子彭云。于是，带着酷刑留下的累累伤痕，1949 年 8 月，她留下了这份遗书。信中告诫要培养孩子树立远大理想，为建设新中国献身，决不可娇宠溺爱，字里行间饱含着一个革命母亲对孩子的深切关爱和殷切希望。这封信读来感人至深，催人泪下。

这封信的全文如下：

竹安弟：

友人告知我你的近况，我感到非常难受。幺姐及两个孩子给你的负担的确是太重了，尤其是现在的物价情况下，以你仅有的收入，不知把你拖成甚（什）么个样子。除了伤心而外，就只有恨了……我想你决不会抱怨孩子的爸爸和我吧？苦难的日子快完了。除了这希望的日子快点到来而外，我甚（什）么都不能兑现。安弟！的确太辛苦你了。

我有必胜和必活的信心。自入狱日起（去年 6 月被捕），我就下了两年坐牢的决心。现在时局变化的情况，年底有出牢的可能。蒋王八的来渝固然不是一件好事，但是不管他若何顽固，现在战事已近川边，这是事实。重庆在（再）强也不可能和平、京、穗相比，因此，大方的（地）给它三四月的命运就会完蛋的。我们在牢里也不白坐，我们一直是不断的（地）在学习。希望我俩见面时，你更有惊人的进步。这点我们当然及不上外面的朋友。话又得说回来，我们到底还是虎口里的人，生死未定，万一他作破坏到底的孤注一掷，一个炸蛋（弹）两三百人的看守所就完了。这可能我们估计的确很少，但是并不等于没有。假若不幸的话，云儿就送你了，盼教以踏着父母之足迹，以建设新中国为志，为共产主义革命事业奋斗到底。

孩子们决不要骄（娇）养，粗服淡饭足矣。幺姐是否仍在重庆？若在，云儿可以不必送托儿所，可节省一笔费用。你以为如何？就这样吧。愿我们早日见面。握别。愿你们都健康。

竹姐
8月26日

来友是我很好的朋友，不用怕，盼能坦白相谈。

1949 年江竹筠烈士的遗书

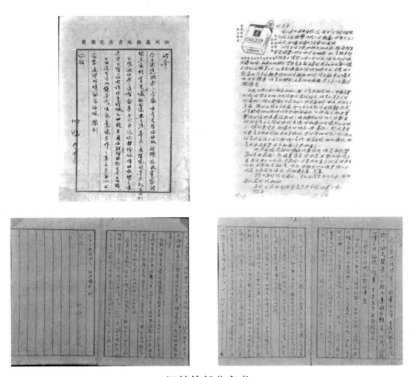

江竹筠部分家书

当解放军的炮声越来越近的时候，反动派果然狗急跳墙了。1949年11月14日晚，全副武装的反动军警将江竹筠等人押到电台岚垭。江竹筠面对屠刀面不改色心不跳。临刑前，她把千言万语凝结为两句响亮的口号："中国共产党万岁！""打倒反动派！"同行的难友们一齐高呼口号。刽子手们吓慌了，还未将他们押送到预定的刑场，就射出了罪恶的子弹。在口号声中，中华民族的优秀女儿、中国共产党的优秀党员江竹筠等30位革命志士倒在了血泊里！烈士们的鲜血，涂染了红岩，装点了祖国江山，为党的旗帜增添了颜色。

那首曾在"中美特种技术合作所"集中营广为传诵的颂歌，将伴随着江竹筠的浩然正气，千古流传，与青山同存，与日月同辉。

你是丹娘的化身，

你是苏菲亚的精灵，

不，你就是你，

你是中华儿女革命的典型！

后人有诗赞彭咏梧和江竹筠一门忠烈，可以说是对他们伟大的一生的高度概括：

当年慷慨系先忧，
鼎镬曾经傲楚囚。
事有必成天向晓，
义无反顾剑横秋。
双悬日月光中土，
一掷头颅灭大仇。
薪火定能传后进，
赤旗欣看满环球。

中国共产党成立八十周年
《红岩》出版四十周年
中国青年出版社成立五十周年
纪念版

红岩

罗广斌 杨益言 著

杨益言

2001.6.12
于北京

中国青年出版社

《红岩》签名版

2009 年 9 月，被称为"中华儿女革命的典型"的江竹筠入选 100 位为新中国成立作出突出贡献的英雄模范人物之一。为引导广大青年学子继承和弘扬江竹筠烈士"追求真理、引领社会的进取精神""不辱使命、勇立潮头的担当精神""坚守信仰、忠于理想的革命精神""心怀天下、舍生取义的牺牲精神"，四川大学在江竹筠烈士曾经居住过的国立四川大学女生院旧址上建成了全国首家江姐纪念馆。

自贡江姐纪念雕塑

四川大学江姐纪念馆暨革命英烈事迹陈列馆

（卢光特、黄桂芳编写，李金中改编）

参考资料：

1. 卢光特，谭重威. 江竹筠传 [M]. 重庆：重庆出版社，1982.

2. 王晶. 江竹筠 [M]. 长春：吉林文史出版社，2011.

3. 中国中共党史人物研究会. 中共党史人物传：第28卷 [M]. 北京：中国人民大学出版社，2017.

4. 厉华. "红岩"史事补正 [N]. 北京日报，2011-07-25 (20).

5. 张正霞，牛靖懿. 《红岩恋——江姐家传》若干史实评析 [J]. 红岩春秋，2015 (1)：57-58.

6. 杨新. "江姐"的成长人生 [J]. 红岩春秋，2019 (2)：44-47.

7. 方艾，蒋国栋. 江竹筠：坚贞不屈的"中国的丹娘" [J]. 党史博彩（纪实版），2020 (10)：4-8.

8. 王春芳. 中国共产党川籍女英雄群体特征共性研究 [D]. 绵阳：西南科技大学，2020.

9. 杨益言. 江竹筠的故事 [M]. 石家庄：花山文艺出版社，1996.

10. 侯颖. 忠诚战士江竹筠 [M]. 长春：吉林文史出版社，2010.

11. 立山而. 巾帼英雄江竹筠 [M]. 上海：少年儿童出版社，1997.

12. 任农潮. 江竹筠的故事 [M]. 北京：中国社会出版社，2006.

13. 卢光特，谭正威. 江竹筠传 [M]. 重庆：重庆出版社，1992.

14. 曾宝华. 宁死不屈的革命烈士江竹筠 [M]. 长春：吉林人民出版社，2011.

15. 重庆红岩联线文化发展管理中心，重庆红岩革命历史博物馆. 千秋红岩：重庆红岩革命历史博物馆文物精粹 [M]. 成都：四川科学技术出版社，2018.

16. 刘加临. 为国捐躯的革命先烈 [M]. 南昌：二十一世纪出版社，2015.

17. 中国青年出版社. 革命烈士书信：汇编本 [M]. 北京：中国青年出版社，2015.

18. 恽代英，等. 红色家书 [M]. 南京：江苏凤凰文艺出版社，2017.

19. 李德征，等. 中华魂丛书：爱国卷 [M]. 济南：山东人民出版社，1992.

20. 陈家新. 中华女杰：近代卷 [M]. 成都：四川人民出版社，2013.

21. 于敏. 感动中国的解放战争故事 [M]. 武汉：武汉大学出版社，2011.

22. 谭树辉. 英雄人物故事 [M]. 南昌：江西美术出版社，2011.

23. 王彩霞. 初心铸忠诚：35位共产党员的赤子之心 [M]. 北京：华文出版社，2018.

24. 高占祥. 革命先烈家书选 [M]. 天津：百花文艺出版社，2009.

25. 丁新约，等. 中国共产党英烈志 [M]. 青岛：青岛海洋大学出版社，1991.

26. 中华全国妇女联合会. 中华女英烈［M］. 北京：文物出版社，1988.

27. 中共自贡市委党史研究室. 盐都英烈［M］. 成都：四川人民出版社，1991.

28. 任一民. 四川近现代人物传：第 1 辑［M］. 成都：四川省社会科学院出版社，1985.

29. 黄莺，等. 江竹筠：红梅傲雪红岩上［J］. 广西党史，2005（4）：41.

30. 龙心刚. 江竹筠：入党之初就决定把一切献给党［N］. 学习时报，2020－09－07.

31. 卢光特. 江竹筠同志生活片断［J］. 贵州文史丛刊，1981（2）：139－140.

32. 刘学国. 解密珍档 诠释红岩精神［J］. 中国档案，2007（2）：21－23

33. 杨彪，张放. 一片丹心向阳开：江竹筠烈士事迹再寻踪［J］. 雷锋，2015（1）：26－27.

34. 厉华. 意志如钢铁的红岩英烈江竹筠［J］. 炎黄春秋，2018（1）：48－51.

马秀英烈士——川中凤凰烈火生

马秀英烈士

在重庆忠州长江畔的明珠石宝寨，有许多动人的神话传说。其中之一是石宝姑娘的故事。很久很久以前，石宝寨上住着美丽善良的石宝姑娘。她经常踏着古藤走下山崖，为周围的乡亲治病。当地的恶霸牛魔王妄图霸占石宝寨，石宝姑娘和未婚夫一起勇斗凶顽，为民除害，壮烈献身，石宝姑娘死后化为永恒的女神，护卫人间。传说延绵了千百年的时间，直到近代，这里出生了一位真正的"石宝姑娘"。她在革命的年代里为追求真理，勇敢地与国民党反动派进行生死搏斗，为人民解放献出了宝贵的生命，在26年的短暂人生中书写了"永恒"。她就是国立四川大学1943级经济系学生，1949年牺牲在重庆"中美特种技术合作所"魔窟的共产党员马秀英（1923—1949）烈士。

兄长启蒙

1923年，马秀英出生在四川省忠县（现重庆市忠县）石宝乡一个贫寒家庭。清贫的生活激发她勤奋读书，自强自立。她后来得到堂叔的资助，到成都就读于树德中学。这所中学教学质量比较高，但当时在思想上对学生的控制也比较严。由于早先在家里与思想活跃的堂兄们多有接触，受到进步思想的启蒙，马秀英对学校的束缚深感不满。在勤奋学习之余，她常到书店找一些具有新思想的书刊来阅读，那些内容丰富、新颖的书刊使她着了迷。逢上节假日，她更是在书店一待就是半天。1939年，已经是中共党员的堂兄马识途从湖北回到成都，到国立四川大学读书。他与弟妹们议论时政，宣传革命理论。马秀英深受启迪，对真理十分向往。1941年，马识途到昆明西南联大学习和工作后，还常常寄一些进步刊物回家，给弟弟妹妹们阅读。这段时间，马秀英可说是更直接地受到了共产党人的革命理想和活动的熏陶。

学府求索

1943年秋，马秀英考入国立四川大学经济系。当时，世界反法西斯战争以斯大林格勒战役为开端，进入了全面反攻阶段。在国内，中国共产党领导的抗日民主运动克服了重重困难，不断得到加强和发展，革命形势转入高潮。而高等学校正是重新集聚革命力量的理想阵地之一。一批中共党员和进步学生就是在这种形势下，集结在国立四川大学开展活动。当时与马秀英较亲近的中共党员和学生骨干王琴舫、陈璧云、冉正芬、李惠明等，都给了她极大的关心、帮助和教育，使她在思想上进步很快。

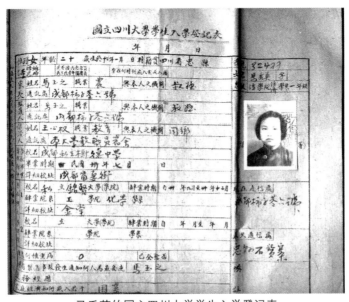

马秀英的国立四川大学学生入学登记表

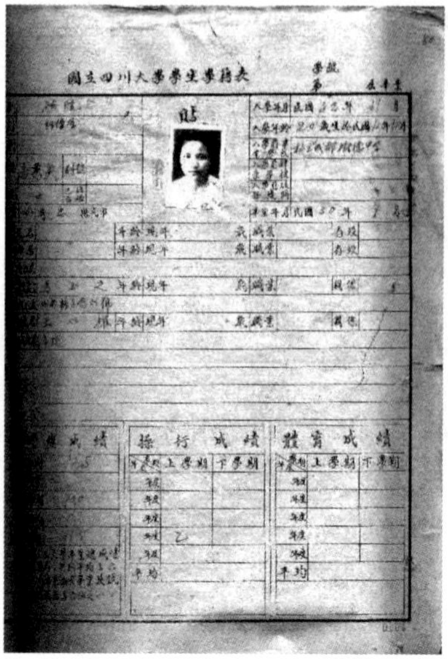

马秀英的国立四川大学学生学籍表

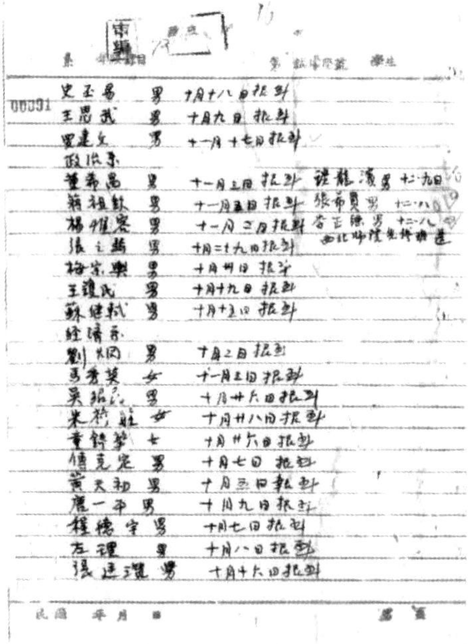

马秀英在国立四川大学新生报到注册登记本中

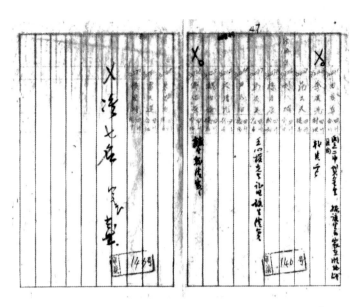

马秀英在国立四川大学新生院 1943 年第一学期法学院经济系公费生名册中

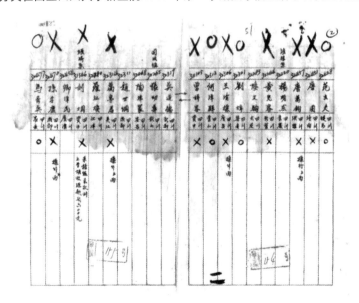

马秀英在国立四川大学新生院 1943 年第二学期公费生名册中

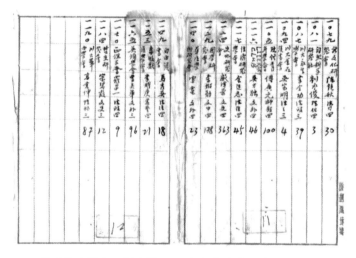

马秀英的国立四川大学新生院公费申请书

马秀英在国立四川大学 1946 年上期学术团体一览表中

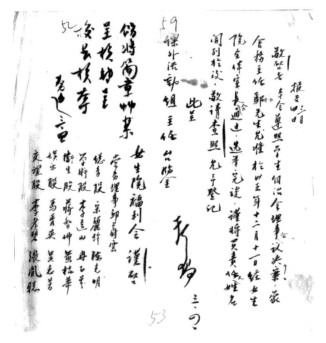

马秀英在国立四川大学女生院福利委员会简章中

马秀英在国立四川大学1944年1－3月份请领膳费人数异动清册中

马秀英在国立四川大学临时论文登记册中

1944 年底，王琴舫在国立四川大学女学生中组织了"自由读书会"，马秀英与陈璧云、冉正芬等是这个以阅读革命书籍和讨论学术为名的进步团体的首批成员。通过她们的组织，自由读书会又在同学中发展了不少人，对宣传马列主义和中国共产党的主张起了重要作用。同年 10 月，鉴于革命形势的发展和需要，在中共成都市委的直接领导下，以国立四川大学和华西协合大学等校学生为主力和中坚，党的外围进步组织"民协"成立，马秀英很快被吸收为成员。成都市大中学校的学生在地下党组织的领导下，掀起了一个又一个揭露国民党顽固派卖国求荣和腐败无能的运动。马秀英在这些活动中，总是积极踊跃、始终如一。她沉着、踏实的作风，给同学们留下了很好的印象。

此后，马秀英更加积极勇敢地投入到革命斗争中去。在 1945 年的五四运动 26 周年的纪念活动中，马秀英表现得非常活跃。她不仅积极参加校内的活动，还参加成都市进步社团在华西坝举行的盛大的篝火晚会和火炬游行。通过这些活动，马秀英和同学们深受教育。她十分激动地说："太受教育，太受鼓舞了，我们年轻人的决心和力量是怎么也阻挡不住的，革命的火焰会冲破黑暗，我永远和大家战斗在一起！"她还取了一个寓意很深的笔名——马岫，决心像山峦一样坚定、稳重，同时也虚怀若谷。在以后的日子里，她确实都在实践自己的理念。

1946 年 6 月，成都大中专学生在党组织领导下开展了"反内战、争温饱、争生存"的斗争。"民协"组织号召大家为改善同学生活服务、密切同群众的关系,马秀英承担了国立四川大学女生院伙食团团长的工作。她一丝不苟、勤勤恳恳、谦和待人,深得同学们的信任和尊重。1946年秋,其堂兄马识途回到成都,先后担任中共成都市工委和川康特委的领导职务。马秀英则积极地协助他,担负了联络、传递文件、油印宣传品等任务。此时的马秀英,经过多方锻炼,政治觉悟迅速提高,革命意志更加坚定。

在追悼昆明"一二·一"惨案死难烈士的活动中,在揭露敌人制造谣言陷害中国民主同盟主席张澜先生和进步教授李相符、陶大镛、彭迪先的活动中,马秀英都冲锋在前。12月11日,敌人造谣惑众,栽赃陷害进步学生李实育,并在逮捕时将李打成重伤。马秀英和许多进步学生一道,抱着鲜花,去医院探望他。在这些斗争中,马秀英得到进一步的锻炼。

1946年11月,马秀英和她的战友们一道,积极投入到揭露与批判"中美商约"的斗争。在班级和经济系分别召开的"中美商约座谈会"上,她慷慨陈词,揭露商约的实质和危害,痛斥这一新的"二十一条"。时隔不久,北平发生了轰动全国的美军强奸北大预科学生沈崇事件。消息传来,马秀英立即和冉正芬、李惠明等同学发动全体女生,以女生院的名义发表抗暴声明,发出了"谁无姐妹,谁无感情,是可忍,孰不可忍"的呐喊。次年1月5日,市内各校师生代表聚集于国立四川大学,举行抗暴大会,马秀英等人带头高呼"反对美军暴行""维护民族尊严"和"打倒美帝国主义"的口号。

1947年初,将要毕业的马秀英,参加了国立四川大学党总支负责人何懋金等同志领导的"黎明歌唱团"。这年元宵节,她与冉正芬、李惠明等一起,参加了黎明歌唱团与其他进步团体在太平街举办的联欢会。在这次联欢会上,他们率先以秧歌舞剧的形式演出了《新年大合唱》等节目,在成都各界群众中影响很大。

1947年秋,马秀英以优异成绩从国立四川大学毕业了。在国立四川大学的四年,她的政治思想已日益成熟,她更自信地走向斗争前线。

马秀英的国立四川大学毕业论文《外汇与物价》

革命伴侣

从国立四川大学毕业后，马秀英先到广汉女中执教。1947 年 11 月，成都发生了"官箴予事件"。成都的大中学生开展了抗议无理绑架关押省参议员官箴予的活动。马秀英闻讯后，立即从广汉赶回成都慰问和鼓励学生，还特地为学生们带来了广汉特产"缠丝兔"。礼轻情义重，大家都很受感动。

1948 年春，马秀英到重庆松花江中学任教，认识了共产党员齐亮。齐亮是马识途的同学和好友，曾任西南联大学生自治会主席。此时，他是重庆江北区委书记。齐亮不仅有过人的才干和学识，人也长得英俊潇洒。马秀英很佩服他的人品才学，而他也喜欢马秀英的贤淑端庄、勤奋好学。在政治上，齐亮给了马秀英极大的帮助。经齐亮与校长王朴介绍，马秀英加入了中国共产党，为中国革命和共产主义献身的意志更加成熟和坚定。

不久，由于中共重庆市委书记刘国定被捕叛变，重庆党组织遭到严重破坏。王朴不幸被捕，组织上安排齐亮和马秀英撤离重庆转移回成都，到中共川西特委据点之一的温江女中执教。在那里，齐亮和马秀英迎着滚滚风雷结为终身伴侣，从此并肩战斗在追求人民解放的伟大事业中。

婚后不久，齐亮不幸被叛徒告密，在大街上遭抓捕。这对马秀英来说，无疑是沉重的打击。敌人又进入马秀英住处抓她。恰巧同学冉正芬有事来访，为掩护战友，马秀英装作不认识冉正芬的样子，暗使眼色，示意冉正芬赶快离去。在房东太太的帮助下，冉正芬脱离了险境，马秀英却被捕了。敌人立即将齐亮、马秀英夫妇一起送往重庆，关押在歌乐山上的渣滓洞监狱。

烈火中永生

敌人把马秀英关在渣滓洞女牢房里。同室的除校友江竹筠、李惠明外，还有著名的女革命家、军阀杨森的侄女杨汉秀等人。在这些有丰富斗争经验的共产主义忠诚战士的帮助下，马秀英学到了更多的革命道理。在酷刑面前，她像这些战友一样，丝毫没有屈服，丝毫没有动摇，严守党的机密，恪守党的纪律。1949 年春节，被囚的革命者们欣闻解放军在解放战场上的辉煌胜利，决定举行春节联欢会来庆祝。大联欢中，马秀英和杨汉秀的秧歌扭得最为精彩，伴着女难友欢快的歌声，给渣滓洞带来了一丝春天的、青春的气息，鼓舞了大家的革命斗志。

春节后，马秀英又响应江姐提出的"加强学习，迎接胜利"的口号，订出了学习计划，把监狱当作一所大学，认真学习江姐等人拟订的《社会科学二十讲》《新民主主义论》《论共产党员修养》等学习提纲。通过学习这些理论，她进一步看清了革命的光辉道路，坚定了革命的信念。同时，她还给难友们讲解政治经济学和社会学原理，丰富大家的知识和智慧。

重庆解放前夕，马秀英送走了一批批难友，其中包括敬仰的江姐和自己亲爱的丈夫、战友齐亮。面对亲人和战友的死亡，她心中充满了对敌人刻骨的仇恨和对逝者永远的怀念。

11 月 27 日，敌人在白公馆和渣滓洞将三批共 26 名同志枪杀后，已是凌晨 1 点多。特务们谎称要把难友们移交重庆警备司令部，将女牢和楼上 8 间牢房的难友全部集中在楼下牢房。马秀英与李惠明等人知道最后时刻到了，都换上整洁而朴素的服装，没有丝毫的恐惧，镇定自若地，缓缓地从难友们的铁窗前经过。

敌人用大铁锁锁上牢门，凌晨两点多，一群荷枪实弹的匪徒在牢门口排成一行。一声"射击"口令之后，与罪恶的枪声交织在一起的，是"打倒法西斯"和"共产党万岁"的口号声，是"起来，全世界受苦的人"的

《国际歌》的歌声……这些声音震撼着人间魔窟。马秀英和难友们眼睛射出仇恨的火花。他们高呼口号，倒在血泊中。

大屠杀一直到黎明前才结束，特务们把牢门关上，在走廊上和前后窗口堆满木柴，浇上汽油，放火焚烧。马秀英和她的战友们一起，像"石宝姑娘"、像凤凰涅槃一样让自己短暂的一生在熊熊烈火中，得到永恒。

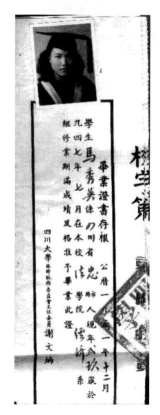

四川大学为马秀英补发的毕业证书存根

（王宗力、黄桂芳编写，韩夏改编）

参考资料：

1. 王浩. 牺牲在军统重庆集中营的红色夫妻［J］. 红岩春秋，2018（3）：40—45.

2. 重庆现代革命史资料丛书编委会，重庆"中美合作所"集中营展览馆. 英烈颂

［M］. 重庆：重庆出版社，1982.

　　3. 厉华. 厉华说红岩：解读狱中八条 ［M］. 重庆：重庆出版社，2014.

　　4. 中央革命博物馆筹备处. 美帝蒋匪重庆集中营罪行实录 ［M］. 北京：大众书店，1950.

李惠明烈士——西蜀女杰魂归来

李惠明烈士

翻开保存在四川大学档案馆的国立四川大学文学院史地学系 1943 年至 1947 年的学籍档案，我们不难找到一个普通的名字——李慧明（1919—1949），她就是著名的渣滓洞烈士李惠明。1949 年她被杀害于重庆，用短暂的一生演绎了一个个不平凡的故事。在这些故事里，我们可以看到那个久远的年代和那个沸腾的世界。

觉醒在斗争中

李惠明 1919 年生于四川省大邑县的一个普通农家。1936 年，她考入位于成都的四川省立女子师范学校。在这里，她知道了十月革命与五四运动，了解到中国共产党和红军长征，阅读了大量马克思主义著作和《大声周刊》等进步书刊。她的眼界得以开阔，她在黑暗中看到了光明，开始重新选择人生之路。

1938 年夏，19 岁的李惠明由于在学校积极参加抗战活动，表现突出，被吸收为中国共产党党员。从此，她走上了一条追求真理的革命道路。

1939 年从四川省立女子师范学校毕业后，她进入川西邮政总局，负责挂号信和邮件收发工作。她利用工作之便，为进步出版机构团体寄送收发党的文件和革命书刊。1940年春，顽固派制造成都"抢米事件"，查封《时事新刊》，查禁革命书刊。为了输送进步的精神食粮，由李惠明发起和领导，周鼎文、姚雪崖出面，于1942年初创办莽原出版社，出版叶圣陶主编的中华全国文艺界抗敌协会成都分会会刊、综合月刊《笔阵》，牧丁主编的诗月刊《诗星》，碧野主编的月刊《莽原》和郭沫若等著的《文艺新论》等。莽原出版社还通过邮购渠道向读者输送党的文献和进步书刊，将革命的火种播向四方。

有一次，莽原出版社的一批面上贴有"三民主义"等标签的进步书刊被李惠明的上司发现。当时李惠明正欲寄发，上司严加询问，她则机智作答："我以为是《三民主义》，不晓得里面还有假，是我工作不细致，下次一定注意。"上司没有查到其他线索，只好不了了之。为了谨慎行事，李惠明改变投寄方式，继续开展她的活动。不久，她又被党组织安排到妇女公会当干事。

活跃在川大

1943年秋，李惠明经过勤奋自学考入国立四川大学文学院史地学系，在校用名李慧明。在国立四川大学的四年里，她是师生们公认的学习刻苦认真、知识面广的学生，也是当时国立四川大学学生运动中受人推崇的骨干之一。

1944年10月，成都发生武装镇压学生的"市中事件"，激起群众公愤。刚刚建立不久的党的外围组织"民协"及时领导了这场斗争。作为"民协"成员，李惠明和她发起组织的"女声社"的同学们，积极参加11月11日全市数千大中学生举行的声援市中同学抗议当局暴行大会。会后，学生提出惩办凶手、赔偿损失、医治受伤同学、保障学生人身安全等四项要求。被捕学生被释放，成都市长余中英、警察局长方超"引咎辞职"。

李惠明（李慧明）的国立四川大学学生入学登记表

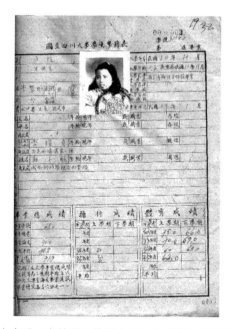

李惠明（李慧明）的国立四川大学学生学籍表

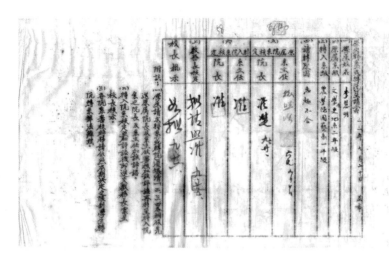

李惠明（李慧明）的国立四川大学学生转系呈请书

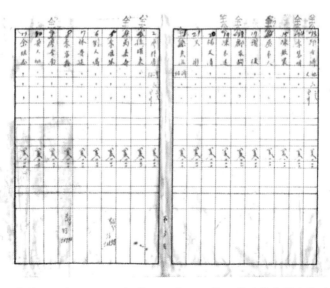

李惠明（李慧明）在国立四川大学 1945 年 9 月份乙种公费生膳食补助名册中

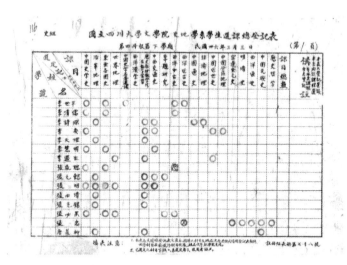

李惠明（李慧明）在国立四川大学文学院史地学系 1947 年学生选课总登记表中

李惠明（李慧明）在国立四川大学省成男女师同学会学生团体登记表中

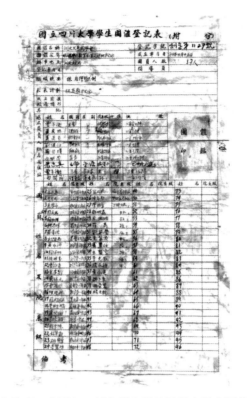

李惠明（李慧明）在国立四川大学大邑县同学会学生团体登记表中

　　"女声社"是当时四川大学很有名的一个进步社团，是李惠明和黄立群等1944年发起组织的，江竹筠也是其中的成员。该社团结一批中间同学，创办图书馆，阅读进步书刊；讨论时事，传播革命思想。一大批有志青年向党靠拢。1945年初，李惠明由王琴舫介绍，加入"民协"并担任组长。接着，她又由张澜女儿张茂延介绍加入了中国民主同盟。另外，她还参加"朝明学术研究社"等进步学生社团的工作。

　　1945年12月1日，昆明发生"一二·一"惨案。消息传到国立四川大学，李惠明和同学们激愤难抑。在党组织领导下，国立四川大学成立惨案后援会。李惠明一面和"朝明社"社友赶编壁报，一面发动女声社同学参加活动。12月6日，在国立四川大学图书馆的三楼召开了悼念昆明死难烈士大会，祭奠死难者。当日晚，由国立四川大学代表提议，成立了成都大中学校援助昆明学生反内战联合会，准备为昆明死难烈士举行规模很大的追悼会。9日，成都大中学生5000多人参加了在华西坝召开的追悼大会，会上发出通电声援。

次年 7 月，顽固派又在昆明制造"李（公朴）、闻（一多）血案"，全国哗然。为纪念这两位爱国民主人士，成都各界人士在蓉光电影院举行追悼会，抗议顽固派的暴行。散会之际，特务将中国民主同盟主席张澜殴打致伤。这时，国立四川大学学生保护张澜退出了会场，回到家中。李惠明也立刻邀约部分同学赶到张澜处慰问，并以"李（公朴）、闻（一多）血案"的血淋淋的事实，在群众中大力宣传，使人们进一步看清了顽固派的真面目。

作为学校历次较大规模的学生运动的积极参与者、发起人和组织者之一，李惠明自然而然地受到特务分子的"关注"。反动分子经常向她和她领导的女声社寻衅叫骂、制造纠纷。对这一切，李惠明视若无睹、处之泰然，使敌人的诡计一次又一次落空。

李惠明不仅积极参加革命活动，而且学习勤奋，成绩优良。她多才多艺，能歌善舞，在进步活动中起了重要作用。1947 年元旦，成都地下党组织在中艺剧场举行联欢会，她与同学们演出秧歌舞剧，十分精彩，轰动剧场，传为佳话。

李惠明无怨无悔地做着她想做的事情，因为她坚信，所有渴望自由的人会有一天获得解放。

家乡播火种

李惠明在国立四川大学积极参加学生运动的同时，也很注意发展家乡大邑县的进步力量。在校内，她团结同学中的大邑同乡，带领徐达人、白开茂等人走上革命道路。在家乡，她早与从事革命活动的周鼎文、肖汝霖有联系。

1945 年暑假，她回大邑办补习班，团结教育知识青年。1946 年冬，她又把由她介绍入民盟的徐达人等人的关系转到大邑县民盟分部，让他们到肖汝霖处活动。第二年春，李惠明与肖汝霖叫徐达人等在当地组织"邮江学会"，出版《邮江导报》，进一步团结进步青年进行革命宣传和斗争。

1947 年，李惠明得知肖汝霖等深入邛崃、大邑山区活动的情况时，十分激动，也非常向往。同时，她又从各方面对肖汝霖予以支持。这年暑假，在曾发起成立北京马克思学说研究会的杨东莼的指导下，她完成题为《中国民族资本的发展》的毕业论文，以优异成绩从国立四川大学毕业。征得组织同意，她准备回大邑女中任校长，以便接纳同志，对山区武装斗争进行支持。但是，当时大邑县地方势力民社党头子杨文彬极力控制女中，提出女中校长必须参加民社党，李惠明愤然拒绝。杨文彬又密谋以"共产党"的罪名抓她，李惠明在她姐姐的掩护下回到成都，通过国立四川大学同学、共产党员江竹筠、冉正芬的关系前往重庆。

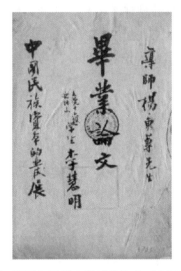

李惠明（李慧明）的国立四川大学毕业论文《中国民族资本的发展》

李惠明虽然离开了成都，但她为大邑输送干部的计划仍然继续进行。原来，在她离开国立四川大学时，曾向当时的"民协"领导人之一、农学院助教陈璧云详细介绍了大邑的发展情况，要陈璧云在学生运动中物色合适对象输送下乡。她还强调青年学生下乡的意义和艰难，要求下乡同学要有充分的思想准备。陈璧云没有让她失望，按照她的要求物色了学生运动中的一些骨干，如国立四川大学的陈万堂、李安澜、罗永由和华西协合大学的赵子信等，于8月1日奔往大邑。随后，党组织又安排了国立四川大学等院校的龚培艺、杨祚惠、杨泽民、董国福等一大批人到大邑农村充实当地武装力量。

李惠明还积极发动她的亲属支持革命斗争。她的大姐李惠贤在大邑城关北街的住处和二姐在名山的住处，都成了党组织的重要联络点。这些亲戚不但支持革命，还通过他们的关系扩大党的影响，为革命做了许多有益的事。

转战渝州

1947年8月，李惠明从大邑撤到了重庆松花江中学做学生管理工作。由于她的努力，松花江中学一度变为民主进步的学校和共产党的活动基地。

早在 1946 年下半年，李惠明动员了原松花江中学进步教师杨修平重返学校，要他凭借原有关系，掌握松花江中学，以便掩护一些志同道合的同志去那里工作。杨修平回松花江中学后，按李惠明意见，采用"经济权可让、用人权不让"等策略，就任了校长。从此，松花江中学掩护了许多党员、盟员和进步青年，其中包括王朴、贺天熙、王德裕、马秀英、罗广斌等人。这时的松花江中学还从教学方针、内容、方法等方面进行革新，成为民主进步的基地。

李惠明从事松花江中学女生部管理工作时，不像一般训育管理老师那样老气横秋，摆起一副拒人于千里之外的冷面孔，而是和学生打成一片，把学生吸引在她的身边。她积极参加校内的周末晚会、歌咏活动、时事座谈，与学生个别谈心。不少学生在其教育熏陶下，开始变得更加关心集体和国家大事，不再是两耳不闻窗外事了。

1947 年 6 月 1 日深夜，国民党当局发动全市大逮捕，被捕的各界进步人士共计 270 余人。中共重庆市委决定成立统一的外围青年核心组织，为表示不忘"六一"大逮捕的仇恨而命名"六一社"。在重庆，李惠明参加了六一社，在中共沙磁区特支的领导下，积极从事学生运动的工作。

1948 年 4 月，党的秘密刊物《挺进报》被破坏，中共重庆市委书记刘国定、副书记冉益智二人被捕后叛变，沙磁区特支书记刘国鋕等被出卖。4 月 10 日，敌人欲逮捕刘国鋕，刘国鋕却机智地脱身，匆忙中未来得及通知正要与他联系的李惠明，致使李惠明和未婚夫张国维等被特务逮捕。审讯时，李惠明一口咬定和刘国鋕是同学，是想通过他找工作。敌人抓不到把柄，只得把她作为嫌疑犯关押在渣滓洞监狱。

魂兮归来

李惠明虽身陷囹圄，但从未悲观失望，依然对胜利充满信心。在狱中，她见到了国立四川大学的校友江竹筠。她们相互鼓励，不屈不挠，共同战斗。在逆境中，她依然刻苦学习，准备一旦出狱，就为建设新中国贡献力量，为党更好地工作。她把牢房当课堂，教难友学习古典文学和外语。她的孜孜不倦与必胜信念感染了情绪低沉的难友，使她们振奋起来。每天早晨，大家就背英语、诵诗词，惹得那班看守特务百思不得其解：这些不知今天死、明天亡的囚犯，还学那些洋文和洋话干啥？

　　狱中的非人待遇，丝毫没有降低李惠明的革命热情。她的未婚夫、同为四川大学校友的张国维也被关在渣滓洞，二人却无法相聚。她经常惦念的是那些受刑致伤和患病的难友。有一阵子传说罗广斌要被释放，她写纸条请他转交外面的朋友，让朋友设法捎些药品进来，给伤病员治疗。

　　中华人民共和国成立的消息，像一道闪电划破黑牢。李惠明和难友们怀着激动的心情，等待巴山蜀水的解放。人民解放军兵临山城的时候，在"一一·二七"惨案中，李惠明和跟她在一起的许多革命精英，惨烈地殉难于"中美特种技术合作所"的魔窟中。

　　　　歌乐之山，喑喑含恨。

　　　　嘉陵之江，呜咽低回。

　　　　西蜀女杰，魂兮归来！

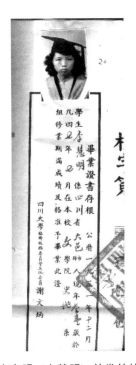

四川大学为李惠明（李慧明）补发的毕业证书存根

（王宗力、靳用春编写，韩夏改编）

参考资料：

1. 中共成都市委党史工作委员会. 甘洒热血拯中华：成都革命烈士传 第 1 辑 ［M］. 成都：成都科技大学出版社，1987.

2. 四川省大邑县志编纂委员会. 大邑县志 ［M］. 成都：四川人民出版社，1992.

3. 邓南平. 李惠明：骨折心摧，为将红焰盗人世 ［N］. 成都日报，2011－07－01 (T16).

4. 中央革命博物馆筹备处. 美帝蒋匪重庆集中营罪行实录 ［M］. 北京：大众书店，1950.

何懋金烈士——生命绽放为人民

何懋金烈士

1949 年 11 月 27 日，在重庆"中美特种技术合作所"内，突然枪声大作，打破了黎明前的静谧。国立四川大学农学院农经系 1944 级毕业学生、年轻的共产党员何懋金（1917—1949），壮烈牺牲。这位曾为中共四川大学党组织负责人之一的优秀的党的基层领导人，在革命生涯中用鲜血和生命，谱写了一曲嘹亮的战斗之歌。

赤子常怀忧国心

1917 年 3 月，何懋金出生于川东重镇四川省万县（现重庆市万州区）河口乡晏家咀。他自幼好学，勤于思考，5 岁即随祖父吟诵诗文。他 8 岁转入新学，12 岁考入万县中学读初中，期期成绩都很优秀。

何懋金从小具有求实精神和爱国主义思想。发生于 1926 年的万县"九五"惨案，给何懋金幼稚的心灵留下了深深的创伤。他意识到祖国正在遭受帝国主义的欺侮，中国应当自强。1937 年秋，何懋金为寻求真理，告别家乡只身来到重庆，考入求精中学高中部。

其时，正值日本帝国主义悍然发动七七事变，全国人民同仇敌忾，在中国共产党的领导下，掀起轰轰烈烈的抗日救亡运动，何懋金能拉会唱，参加了学校组织的歌咏宣传队宣传抗日。寒暑假回到家乡，他又邀集青少年朋友组成"抗日救亡促进团"，自任团长，教唱救亡歌曲，排演街头活报剧、画漫画、出板报。他们还利用赶场机会，在河口、让渡、凉风、杨河溪等地巡回演出，揭露日寇的侵略暴行，唤起民众，号召大家有钱出钱、有力出力，为前方将士及沦陷区难民募集寒衣、筹集捐款。

1941年，"皖南事变"后，大家都为抗战前途忧心忡忡。何懋金去向在重庆《新华日报》工作的叔父、共产党员何其芳求教。在其叔父的指导下，他开始钻研哲学、政治经济学和中国现代史，追寻自己的人生道路。

何懋金高中毕业后因病在家休息了几年。在病中，他订阅了《新华日报》《展望》《东方》等报刊，购买了大量马克思主义书籍，刻苦自学。他还经常到附近的农家做社会调查。1944年何懋金抱着立志改革农业的愿望，考入了迁到成都的私立金陵大学农经系。次年，他转入国立四川大学农学院农经系。

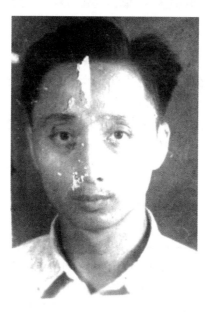

何懋金在私立金陵大学学习时照片

（注：照片因保存原因有部分缺损）

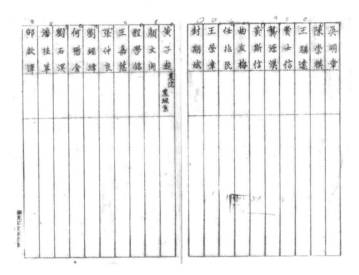

何懋金在 1946 年四川省教育厅分发转学借读在校学生名册中

何懋金在国立四川大学 1947 年复送学生名册请核发奖学金的函中

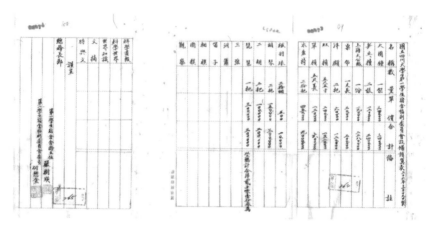

何懋金在国立四川大学 1947 年第一学生宿舍福利委员会设备预算表中

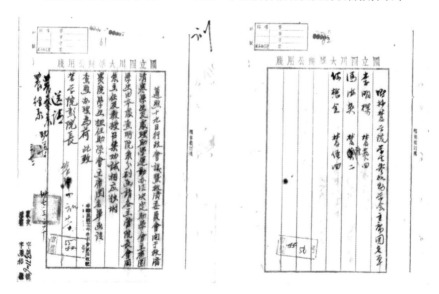

何懋金在国立四川大学农学院参加助学会主席团名单中

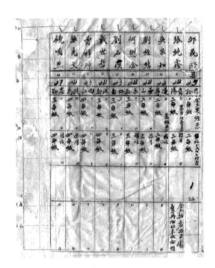

何懋金在 1948 年迁川复员各专科以上学校留川转学借读学生
分发国立四川大学学生名册中

何懋金在国立四川大学 1948 年 8 月呈请借读生改正式生请鉴核名册中

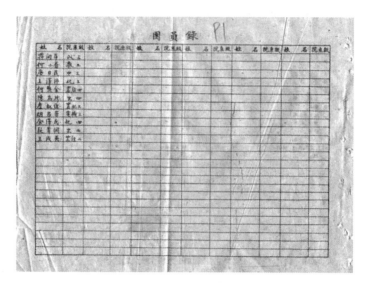

何懋金在国立四川大学民风舞蹈社社团登记表中

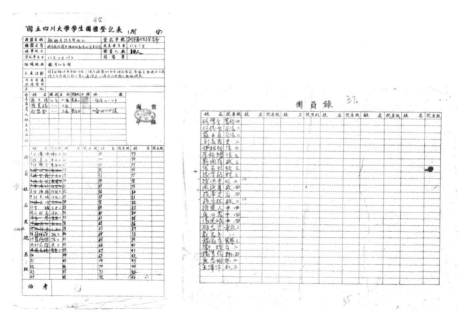

何懋金在国立四川大学离离草社学生团体登记表中

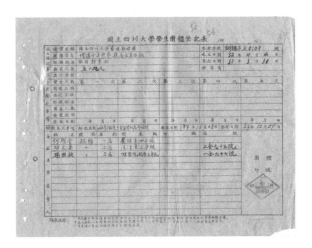

何懋金在国立四川大学黎明歌唱团学生团体登记表中

何懋金在国立四川大学万县学友会社团登记表中

用革命歌曲振奋人心

何懋金入学后，勤奋好学，刻苦钻研，不放松一分一秒，就是星期天也要到图书馆翻阅进步书籍。平时，他还经常与学校的进步教授和同学们研究、探讨中国农村经济问题，秘密阅读解放区土地改革和整风文献，如饥似渴地学习《资本论》《大众哲学》和《新经济学》等革命书籍。他眼界大开，革命的火焰在他胸中熊熊燃烧。在校内，何懋金是党的外围组织——"民协"的首批成员和积极分子之一。他一边求学，一边开展进步活动，他发起成立"离离草社"，组织同学阅读进步书籍、讨论时事政治、宣传党的主张。1946年，他被吸收为中国共产党党员。从此，他选择了为民族为人类求解放的人生道路。

那时，在国立四川大学校园内，人们经常可以看见一位春秋一身中山装，冬天只穿一件光棉袄，头发蓬松、面带笑容的中等身材的同学。有时，他和同学谈天说地，针砭时弊；有时，他挟着一捆捆纸卷或书籍，神态自若地从男生宿舍来到女生院。他就是国立四川大学农经系的何懋金，一个不惹人注目的党的地下工作者。

何懋金是解放战争时期国立四川大学党组织的负责人之一，是国立四川大学党总支委员。他工作积极，性格随和，善于接近群众，无论是在党内或同学中都有较高的威信。1948年，国立四川大学党组织获得较大发展。仅他自己就介绍了十多名经过考验的同学加入中国共产党。

与此同时，他还受党组织委托，担任了国立四川大学"民协"的领导工作。他组织"民协"，积极带领同学们参加各种活动，广泛联系群众，团结中间同学，争取后进同学，壮大革命队伍。他不畏艰险，宣传革命真理，传播进步书刊，使"民协"成员在斗争中发挥骨干作用，为党组织培养和输送有生力量做了许多基础工作。

何懋金对音乐有特殊的天赋和爱好。音乐是他团结群众、对敌斗争的有力武器，也是他突出的特点。

1947年，他发起成立了"黎明歌唱团"。这是当时在国立四川大学很有影响的进步社团。他出钱为歌唱团买钢板、蜡纸、纸张，编选进步歌曲，组织积极分子分头印刷，还亲自去校油印室与工友一起摇油印机。他经常组织同学大唱革命歌曲，宣传革命真理。尤其是他教唱的《跌倒算什么》这首歌曲，当时在激励同学不畏艰难、拼搏向上和催人奋进方面产生了深远的影响。每到傍晚，国立四川大学校园里常常就会响起："山那边呀好地方""跌倒算什么，我们骨头硬"的激越歌声，总能听到"雄鸡、雄鸡，高呀高声唱"的豪放歌曲，吸引了广大追求进步的同学。歌唱团在校本部、新生院、工学院、先修班举办多次演出，每次都座无虚席。他们在成都市区的"新新新闻"大厦举办的募捐义演，更是远远超过人们的预料，气氛极为热烈。在各场演出中，总有何懋金的节目。他很喜爱演奏刘天华的《病中吟》和聂耳的《金蛇狂舞》，他和刘光书同学的二胡合奏常常博得听众热烈的掌声。

1947年6月2日，为了声援京沪学生，国立四川大学师生在大礼堂召开大会，会上与敌人展开了面对面的斗争，会后在校内举行了示威游行。何懋金是这次活动的组织者之一。

"四九"运动中冲锋陷阵

1948年4月，在中共成都市委的领导下，以国立四川大学学生为主力和中坚，以争取平价米为名，和全市大专院校一道，发动了"反饥饿、反内战、反迫害"运动。何懋金作为党总支委员，是这次活动的主要组织者之一。当川大游行队伍到华西协合大学时，该校进步同学被校方阻挡在教室里出不来。他爬上华西坝钟楼，撞钟鼓动，华西协合大学同学趁势冲了出来，与国立四川大学的队伍汇合一处。在队伍行进中，何懋金跑前跑后鼓舞士气，传递消息，使队伍整齐而又情绪饱满地开到省政府所在地。4月9日当天，有300多名同学受伤，132名同学被当场抓走，酿成了有名"四九"血案。何懋金受党组织派遣，带着通电和血衣、照片去重庆活动，努力争取全川、全国人民的支持，进一步揭露敌人的罪行，更有力地打击王陵基的嚣张气焰。王陵基不得不无条件地陆续释放了全部被捕学生。这次斗争的胜利，促进了全川"反饥饿、反内战、反迫害"运动的广泛开展。"四九"运动后，王陵基并未善罢甘休。这时，何懋金按照党组织的安排，不辞辛苦，不怕牺牲，日夜奔走，掩护黑名单上的一些同学撤退，使他们转移到新的岗位上，继续从事革命活动，从而保存了党的有生力量，进一步坚定了同学们斗争到底的信心和勇气。

转战农村开新篇

1948年夏天，中共川康特委决定委派何懋金负责组建"川东工作队"和工作队支部。何懋金分析了当时的形势，提出以县为基地，利用各种社会关系作掩护开展党的工作的意见。在得到组织的同意后，他按照党的要求，组织应届毕业生中的党员，以万县籍同学为主，组建了"川东工作队"和党支部。他任队长兼支部副书记，先已在忠县师范学校教书的饶顺照任党支部书记。成员有唐万宇、崔干平（原名崔极绪）、郝耀青、余泽民（支部组织委员）、罗玉琼等。蒋开萍稍后不久回到万县，也参加进来。这样，川东工作队共计七人。大家分头在各自家乡或学校开展工作。何懋金和余泽民、罗玉琼被分在河口乡。

何懋金回到家乡，利用家庭和社会关系作掩护开展工作。由于他平易近人，抗战时期就在家乡搞过抗日宣传活动，人熟地熟，给开展革命工作带来极大的便利。

他首先取得了曾当过河口乡副乡长的幺叔何宋冰的支持，了解到本地理发师张成富是一个祖辈三代受苦出生的穷人，其妻也是个朴实的农村妇女。由于张成富走村串户给人理发，接近和联系群众比较广泛，是一个较好的发展对象。因此，他决定由何宋冰有的放矢地去接触和启发他。在他觉悟的基础上，何懋金又用"一根筷子易折断，一把筷子折不断"比喻组织起来、团结斗争的力量大，要张成富再去发动具有反抗精神的贫苦农民，从而用"农民互助会"的形式，把觉悟了的农民兄弟组织起来。经过张成富的积极工作，几十名积极分子被组织起来了。1948年9月，河口乡"农民互助会"正式成立，并召开了第一次会议。何懋金在会上讲解了当前的形势，阐述了农民互助会的宗旨任务。他说："我们组织起来了，首先，会员们要团结互助，始终扭成一股绳。还要热情关心更多的穷苦兄弟，帮助他们提高觉悟，谁受到地主和反动派的欺压，就要团结起来斗争！斗争的方针，可以（是）软拖硬抗。"会后，会员们在他的指导下积极行动起来，反对"拉丁、拉夫、派款"。"二五减租"搞得热火朝天，取得了显著成效。连当地有名的大地主何金门，在万般无奈的情况下也被迫减了租。

那段时间，何懋金每天晚上总是在夜深人静的时候，有时甚至是在狂风暴雨中，悄悄去山坡上、河滩边、烟草坡或岩洞等处召开秘密会议，研究斗争策略，发展农民互助会会员。到1949年3月，河口乡农民互助会已先后发展了1200余名会员，编成40多个小组，开展了多方面的活动。在紧张的斗争中，何懋金常常通宵不能回家，住在农民互助会骨干的家里。他与广大农民建立了深厚的感情，农民都把他当作自己的贴心人。

在何懋金的指导下，工作队的蒋开萍、崔干平二人所在的长岭乡和上复兴乡等地的农民斗争，也积极地开展起来。

何懋金见这时农民运动已经如火如荼、群众基础比较巩固，一方面与新发展的共产党员张成富、何宋冰等商量，在河口乡组织武装队伍，开展斗争；另一方面到上复兴乡去与崔干平一起动员其兄崔北川带兵起义。两处都取得了满意的结果。在河口乡，张成富、何宋冰等去做乡公所乡丁的工作，经过一段时间的周旋，20多名乡丁均被发动起来，愿把所有枪支、弹药交给党组织开展武装斗争，决心跟着党上山打游击，迎接解放大军进川。在上复兴乡，原来在罗广文部722团当团长、因不愿打内战而想解甲归田的崔北川，经过何懋金和崔干平的耐心说服，又回到部队策划川军起义。经过党组织以及其他渠道的共同工作，1948年10月，722团在南川首举义旗，崔干平与其兄崔北川即将武器支援给党领导的游击队。后来，罗广文也在川西通电起义。

为了更好地了解解放战争形势，做好迎接解放大军进川的准备，何懋金还将一部旧收音机，改装成收报机，及时收听新华社的广播消息。解放军在辽沈、平津、淮海三大战役中的伟大胜利，极大地鼓舞了广大的农民群众。

英雄热血谱高歌

1949 年初，成都有人被捕后经不住刑讯，向敌人供出了何懋金、蒋开萍、郝耀青等的情况。国民党四川省特别委员会随即"密令"万县特别委员会："查成都四川大学万县籍学生蒋开萍、何懋金、郝耀青三人……秘密组织新民主主义研究（协）会……火速派员查缉，归案法办。"国民党万县特别委员会主任陈治汉得令后，即布置长岭乡的中统特务彭钺和河口乡乡长、特务张铭声进行监视。工作队支部获悉后，即要何懋金等人暂时隐蔽。然而，何懋金一心迎接解放，他将工作队员余泽民、罗玉琼二人安排到万县鱼泉中学和万县农业中学任教，隐蔽下来，自己仍留在第一线坚持斗争。

敌人的魔爪终于伸向了革命者。1949 年 3 月 25 日，继蒋开萍在万县城里被捕之后不到两天，何懋金在河口乡被捕了。接着，郝耀青也在当年4 月被捕。

何懋金被捕后，河口乡的党员张成富、何宋冰等秘密开会决定利用自己的武装力量，借挑米进城为名，兵分两路进行拦截营救。可狡猾的敌人却临时改变路线，从长江水路将何懋金偷押至万县特别委员会，营救计划未能实现。

何懋金受尽了毒刑，但是，敌人面对的是用特殊材料制成的战士。在敌人的一次次严刑拷打中，何懋金总是咬紧牙关，没有泄露任何秘密。他用自己的血肉之躯，保护工作队的同志们，保护他热爱着的农民兄弟，保守党的一切机密。当时住在关押地点的，有一个姓何的特务，其女儿在万县女子中学读书，英语成绩甚差，只考了 20 几分。这个特务的妻子出面找何懋金帮她的女儿补习英语。何懋金利用这个机会，常常对她的女儿讲述《钢铁是怎样炼成的》和《卓娅和舒拉的故事》等，给她灌输进步思想，让她不要走她父亲走过的反革命道路。

何懋金的坚贞不屈让敌人无计可施。在正义与勇敢面前，特务束手无策。1949 年 5 月，万县特别委员会将他与蒋开萍、郝耀青转押至重庆渣滓洞监狱。

在狱中，敌人继续对他进行严刑拷打，甚至动用电刑，使他左手完全丧失活动能力，双眼也被电流烧坏了。但他仍然咬紧牙关，不向敌人吐露半个字。为了鼓励战友和振奋精神，他经常带领同志们高唱革命歌曲。每次受刑后回到牢房，他也要忍着剧痛，和难友们一起高唱《国际歌》《山那边的天》《跌倒算什么》等歌曲。

1949 年 11 月 27 日深夜，大批特务突然集中到渣滓洞监狱，将楼上八间牢房的难友们，全部集中到楼下的七间牢房里。当大家正在猜测敌人的诡计时，突然，枪声大作，特务们从牢房的两头开始扫射。何懋金立即从上铺跳下来，伏在下铺老党员肖宗义的身上，使肖宗义得以死里逃生。何懋金与他的亲密战友蒋开萍、郝耀青则当场壮烈牺牲。他年轻的热血，与众志士的鲜血汇流在一起，渗透了祖国苦难的西南大地，迎来了家乡的胜利解放。他用青春和生命演奏出一曲激越的战斗之歌！

重庆市人民政府发给何懋金烈士家属的"烈属优待证明书"

（唐万宇、余泽民、何懋光、李英鸿编写，韩夏改编）

参考资料：

1. ［革命英烈］何懋金：把青春献给党［EB/OL］. https://dag. sicau. edu. cn/ info/1020/1087. htm.

2. 中国人民政治协商会议重庆市万州区委员会文史学习委员会. 万州文史资料：第1辑［Z］. 1999.

3. 中共万县地委党史工作委员会. 碧血丹心：下川东英烈［M］. 成都：四川人民出版社，1990.

4. 重庆市万州区龙宝移民开发区地方志编纂委员会. 万县市志［M］. 重庆：重庆出版社，2001.

5. 厉华. 红岩魂六十年祭［M］. 重庆：重庆出版社，2009.

6. 中共四川省万县市委党史工委. 黎明前的壮歌：万州英烈［M］. 重庆：重庆大学出版社，1989.

7. 中央革命博物馆筹备处. 美帝蒋匪重庆集中营罪行实录［M］. 北京：大众书店，1950.

郝耀青烈士——青春无悔迎黎明

郝耀青烈士

1949 年 11 月 27 日深夜，一位中等身材、衣着朴素、戴着近视眼镜、面容瘦削的年轻人双目圆睁，他带着蔑视和愤怒的神色，面对敌人的枪口，倒在重庆"中美特种技术合作所"渣滓洞监狱的血泊中。热血奔涌，浸透了他无限眷恋的祖国大地，他就是国立四川大学理学院物理系 1944 级学生郝耀青（1924—1949）烈士。

追求进步读好书

郝耀青，1924 年 8 月 27 日出生在四川省万县（现重庆市万州区）凉风乡大浦池一个小康人家。六岁时，他进入本乡大浦池小学读书。他聪明加刻苦，先后考入万县县立中学和万县私立石麟中学读书。

在中学阶段，郝耀青就受到了进步思想的影响。当时，他的六姐郝淑瑜在重庆南岸中华大学读书，思想比较进步。她暑假回家期间，曾有人给她寄过《新华日报》《大众哲学》等进步书刊。郝耀青的父亲怕招来麻烦，不准他阅读。但他求知欲强烈，千方百计避开父亲，偷偷地阅读。这些书报使他眼界大开，学到了一些在课堂上根本无法学到的东西，为他树立正确的世界观和以后从事进步活动奠定了初步的思想基础。

从"科学救国"的书生到共产主义战士

1944年秋，郝耀青抱着"科学救国"的幻想，考入国立四川大学理学院物理系。他带着简单的行李，穿着朴素的衣服，告别家乡父老，到达了距家千里之遥的成都。在新的环境中，他开始了新的生活。大学阶段是他人生的重大转折点，也是他走上革命道路的开始。

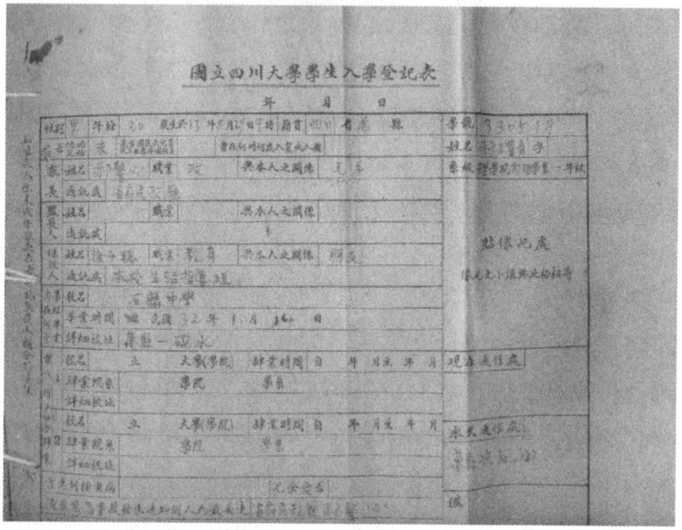

郝耀青的国立四川大学学生入学登记表

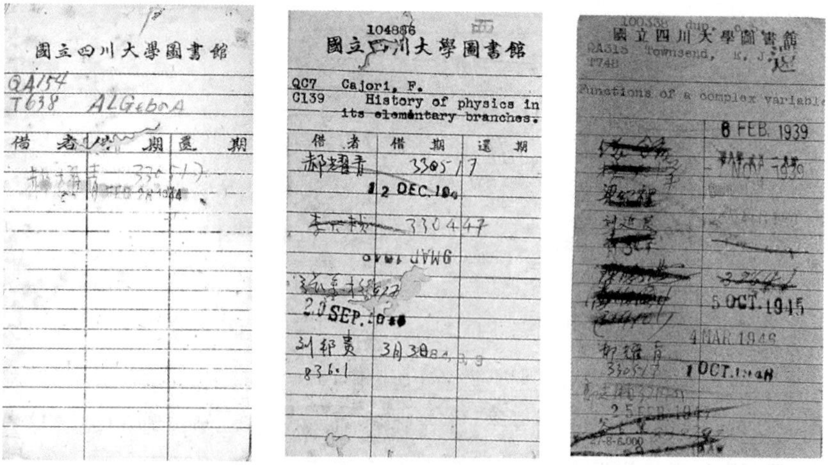

郝耀青在国立四川大学图书馆借阅图书记录

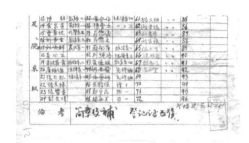

郝耀青在国立四川大学万县学友会社团登记表中

郝耀青在国立四川大学物理学会学生团体登记表中

初到成都，一切都新奇而陌生。性格谦和、沉默寡言的郝耀青，表面上给人埋头读书、不过问政治的印象。但同他相处不久，就会觉得他对人热情、富有正义感、爱憎分明。他进校不久就遇到反动派镇压学生的"市中事件"。这次事件使郝耀青初步认清了反动派的本质，提高了分辨是非的能力。

1945 年，在国立四川大学"一二·一"烈士的追悼会上，郝耀青一反沉默寡言的常态，不顾个人安危，满脸热泪，激动地站起来，痛斥顽固派。他慷慨激昂的控诉，使同学们义愤填膺，深为中国的前途担忧。1946年，他积极参加声援沈崇事件、李（公朴）闻（一多）血案、官箴予事件的斗争和反对《中美商约》等活动。

国立四川大学党组织积极领导进步同学成立进步的学术团体和文娱活动团体，以争取和团结广大中间同学。郝耀青参加了主要由理工科学生组织的"自然科学研究社"。这是一个偏重自然科学研究的进步团体，经常探讨一些学术上的问题，出版思想健康和有进步意义的壁报。郝耀青经常为壁报撰写文章。他还参加了党组织领导的"黎明歌唱团"。该团以唱进步歌曲、跳秧歌舞等形式团结组织学生，提高同学们的觉悟。在这个歌唱团中，他学会了许多进步歌曲，而且特别喜欢唱这样一首歌："跌倒算什么，我们骨头硬，爬起来，再前进！……生，要站着生，站着生！死，要站着死，站着死！……"这支抒发革命志气的歌曲，鼓舞着同学们为迎接新中国的诞生前赴后继，也一直激励着郝耀青。

郝耀青在国立四川大学1947年复送学生名册请核发奖学金的函中

斗争的锻炼、进步思想的影响以及活生生的现实，使郝耀青的思想更加成熟。1947 年，他参加了党的外围革命组织"民协"，并担任小组长，负责"川大助学伙食团"的工作，在极度困难的条件下为改善同学的生活服务。郝耀青工作细致深入。他注意团结厨工，精打细算，把伙食办得很令同学们满意。这在当时物价飞涨、"平价米"几乎买不到的情况下，是十分难得的。同学们都夸他是会办事的经济人才。在"民协"组织中，郝耀青默默无闻地为同学们服务。他经常接受中共党员何懋金交给的刻印"新华社电讯"的任务，还常为"黎明歌唱团"刻印解放区传来的歌单。

1948 年 4 月 9 日，成都大中学生举行了"反饥饿、反内战、反迫害"和"争取平价米"的斗争，遭到了反动派的疯狂镇压，酿成了"四九"血案。在国立四川大学后援会上，郝耀青在成百上千人面前控诉了反动派的罪行，并用自己亲身经历的事实来唤醒群众的觉悟。郝耀青进一步认识到，只有在共产党的领导下，人民才能得到真正的解放，中国才有出路。为此，他向党组织提出了入党的要求。经何懋金的介绍，1948 年 7 月 20日，郝耀青成了中国共产党的一员，实现了他多年的愿望。

郝耀青国立四川大学毕业论文《宇宙射线》

机智勇敢的革命者

1948年夏天,按中共川康特委的指示,何懋金带领着国立四川大学当年毕业的万县籍中共党员郝耀青等人,组建"川东工作队"及工作队支部。他们回到家乡万县,发展农民武装,上山打游击,迎接解放大军入川。队员分别到自己老家所在地的万县河口乡、上复兴乡和长岭乡开展工作。郝耀青以在万县私立川东中学任教为掩护,组织地下联络站,负责这三个乡农民运动的联络工作。

斗争是艰苦的。郝耀青以自己的沉着、机智,多次秘密地完成联络工作,使到他那儿的何懋金、蒋开萍等安全出入川东中学。由于缺乏资金,川东中学办了一期就结束了。1948年12月,郝耀青回到了家中。次年1月,他任教于省立万县中学。1949年2月,在万县河口乡、上复兴乡、长岭乡一带,在长江上游的南北两岸,组织起来的"农民互助会""工农联合会"会员达3000多人,作为骨干的中共党员已发展到14名。何懋金所在的河口乡正在为迎接家乡的解放做准备。

郝耀青在国立四川大学读书期间和在万县工作期间,还对亲人进行革命宣传教育工作。在国立四川大学上学期间,他的七姐郝慎瑜就读于重庆国立女子师范学院英语系,他们常有书信往来。他在信中说:"世界上有黑暗面,也有光明面,天下没有不散的筵席,什么也都得变,要看到这种变化的存在,要学会在黑暗中去找光明的东西"。他的思想给予七姐以积极的影响,使其大受启发,后来也走上了革命道路。他的妹妹郝珍瑜在重庆私立相辉学院读书,后来能冲破世俗偏见和家庭阻止,毅然辍学从军,考进中国人民解放军唐山军政干部学校,也同郝耀青的影响分不开。

热血浸润在祖国大地

1948年10月,由于叛徒的出卖,国民党四川省特别委员会给万县特别委员会下了一道密令:"查成都四川大学万县籍学生蒋开萍、何懋金、郝耀青三人。他们在该校进行共产党活动,秘密组织新民主主义研究(协)会。……正拟传讯,突然闻风潜逃,可能回万县潜伏活动……火速派员查缉,归案法办。"万县特别委员会主任陈治汉接令后,指使所属特务进行密查。1949年3月底,蒋开萍、何懋金先后被捕。这时家人和亲友都为郝耀青的安全担心，劝他暂时躲一躲，但他总是一笑了之，把生死置之度外。他在得知二位战友被捕的消息后，曾一口气跑了15里山路，到护城乡去通知那里的一位队员，共同研究营救的办法。当时，郝耀青完全忘了自身的安危，没有想到他自己也同时被出卖了。

在逮捕了蒋开萍、何懋金后，万县特别委员会并没有立即逮捕郝耀青。当时郝耀青对革命事业忠心耿耿，又没有得到组织上叫他撤退的指示，仍然坚持战斗在第一线。

1949年4月，郝耀青已转到万县中学教书。4月16日下午，郝耀青携其同学到市里参加国立四川大学校友聚会。当他们走到较场坝岩上时，突然有人挡住他说："绥署有请，先生走一趟。"郝耀青就这样被逮捕了。家中各方活动设法营救，均无结果。

郝耀青被捕后，同何懋金、蒋开萍一起被关在县城文庙文教局后的图书馆楼上，受尽了折磨。面对敌人一次次严刑拷打，他总是怒目以对，拒绝回答敌人提出的任何问题，千方百计保守党的秘密，使"农民互助会""工农联合会"的农民兄弟得到了保护，川东工作队的其他同志也得以安全转移。由于敌人拷问不出任何有用线索，决定将郝耀青等人由万县转押到重庆。

1949年5月初，郝耀青被押往重庆"中美特种技术合作所"渣滓洞监狱，囚禁在这座两层楼的七号牢房。在狱中，尽管敌人玩尽花招，软硬兼施，都未能使他屈服，更未能从他口中得到任何一点线索。这位年轻的共产党员，在用实际行动实践着自己的入党誓言。

1949年11月底，重庆的远郊已响起了隆隆炮声。11月27日深夜两点多钟，敌人来到渣滓洞监狱，将楼上八间牢房的难友们全部集中到楼下的七间牢房里。黎明前，敌人的机枪对准了牢房。何懋金、蒋开萍、郝耀青三位亲密战友，为了党的事业，民族的解放，并肩作战至生命的最后一刻。他们一起展现了共产党员勇敢坚贞、视死如归的革命气节。

从相信"科学救国"，到一步步坚实地走上革命道路，郝耀青用蓬勃的青春抒写着对未来的理想。他更是一个无畏的英雄，为了民族的事业，流尽了生命的最后一滴鲜血。烈士的英灵在烈火中永生！

四川大学为郝耀青补发的毕业证书存根

（唐万宇、余泽民、熊辉编写，韩夏改编）

参考资料：

1. 中国人民政治协商会议重庆市万州区委员会文史学习委员会. 万州文史资料：第 1 辑 ［Z］. 1999.

2. 中共重庆市委党史工作委员会. 战斗至天明 ［M］. 重庆：重庆出版社，1987.

3. 中共万县地委党史工作委员会. 碧血丹心：下川东英烈 ［M］. 成都：四川人民出版社，1990.

4. 厉华. 红岩魂六十年祭 ［M］. 重庆：重庆出版社，2009.

5. 中共四川省万县市委党史工委. 黎明前的壮歌：万州英烈 ［M］. 重庆：重庆大学出版社，1989.

蒋开萍烈士——浩气长留天地间

蒋开萍烈士

在重庆歌乐山革命烈士陵园，在鲜花与翠柏之中，长眠着一个优秀的青年。他就是国立四川大学政治系 1944 级学生，中国共产党的坚强战士蒋开萍（1925—1949）。

《呐喊》启蒙

1925 年 3 月 28 日，蒋开萍出生在四川省万县（现重庆市万州区）市郊的五桥乡龚家村。蒋开萍刚满入学年龄，父母就送他到长岭乡第二完小读书。蒋开萍从小就爱和农民的孩子一起玩耍。父母去世后，家境的日益破败，更使他感受到了贫富的悬殊和人间的不平。直爽豪放、好打抱不平的性格在蒋开萍的身上渐渐萌生。

1937 年秋，他考入万县私立致远中学。他潜心学习，成绩优异，多次被学校评为优等生。

蒋开萍后来又考入了万县安徽中学高中部。随着年龄的增长，蒋开萍求知的愿望更加强烈了。课余时间，他从色彩斑驳的书报中发现了鲁迅的小说，一下子就被迷住了，常常手捧《呐喊》《彷徨》而忘了吃饭睡觉。鲁迅笔下塑造的狂人、闰土、祥林嫂等形象，深深地触动了蒋开萍，更加激发了他对旧社会黑暗现实的不满。天下公理何在？世上真理何在？他苦闷、彷徨、寻求……

离乡求索

1944 年，蒋开萍告别了家乡，风尘仆仆地来到省城成都，跨进了国立四川大学的校门，就读于政治系。

时值抗日战争胜利，蒋开萍对革命还缺乏深刻的了解，还分辨不清谁是谁非。随着时间的推移，他联想到家乡人民的苦难，目睹眼前的黑暗现实，决心在追求真理的过程中探索救国之路。

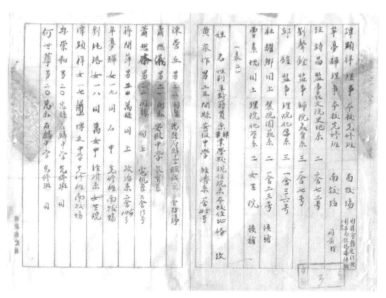

蒋开萍在国立四川大学万县学友会校友会名册中

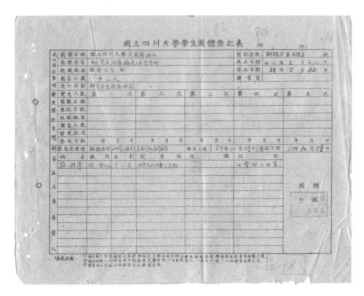

蒋开萍在国立四川大学万县学友会社团登记表中

蒋开萍在国立四川大学民风舞蹈社社团登记表中

蒋开萍在国立四川大学黎明歌唱团社团登记表中

蒋开萍在国立四川大学 1947 年复送学生名册请核发奖学金的函中

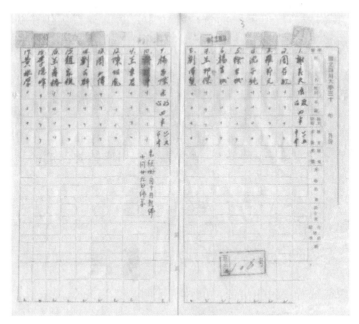

蒋开萍在国立四川大学1948年四年级半公费底册中

　　他开始接近系上的进步同学。在他们的影响下，蒋开萍加入了国立四川大学的一个进步学术团体"离离草社"。离离草社的负责人之一，共产党员何懋金，恰好是他的同乡好友。蒋开萍得以常和他交往，一块儿阅读进步书籍，讨论时政，出墙报，宣传中国共产党的主张。由于蒋开萍热情活跃，他还参加了黎明歌唱团，跳秧歌舞，排秧歌剧《插秧谣》。他还曾代表该社出席国立四川大学学术团体联合会会议。1948年春，由同学陈为珍介绍，他加入了党的外围革命组织"民协"，与章文伦等同学在一个小组。在"民协"的活动中，蒋开萍眼界大开。他明白了只有中国共产党才能救中国的真理。他还领导过国立四川大学进步学术团体之一的"民风舞蹈社"。

　　1947年秋，蒋开萍和其他六名同学被邀请到培根火柴厂工人夜校任教。当时在该厂主持工作的就是成都解放前夕牺牲于成都十二桥的王干青烈士和南充解放后首任市长袁观同志。他们放手让蒋开萍等国立四川大学的学生接办工人夜校。蒋开萍等学生将学生运动与工人运动有力地结合起来，根据工人们的实际情况，由浅入深地教他们认字、读报，唱《大路歌》《锄头歌》等，以此宣传进步思想、革命真理。1948年4月9日，在

"反饥饿、反内战、反迫害"的群众斗争中，蒋开萍按组织安排，站在这场斗争的前头。

返乡实践

1948年，按组织安排，蒋开萍以休学的方式，撤离学校回万县开展工作。根据党中央的指示，国统区的党组织要面向农村，敢于发动群众，组织武装斗争，以迎接全国解放。他作为中共川康特委派遣的"川东工作队"的一员，负责长江南岸（主要是长岭乡）一带的农民运动。为保持联系，配合行动，他常与何懋金、崔干平等书信往来。鉴于他在校和回乡后的突出表现，1948年10月经何懋金介绍，党组织吸收他为中国共产党党员。这是蒋开萍一生中的重要转折点，他的人生追求发生了根本性的改变。

为了取得贫苦农民的信任，也为了证明自己为大众服务的决心，蒋开萍首先将一部分祖遗田产折价卖给农民，一方面让"耕者有其田"，另一方面为党筹集活动经费。

为了发动农民、组织农民，万县王桥乡及附近的阡陌田野、荒山野岭都留下了他的足迹。当时正值寒冬。夜里，他擎着火把，冒着刺骨的寒风，高一脚低一脚地走在田坎小道上，深入低矮的农舍，亲热地呼喊着大伯、大叔，盘坐在火炉旁，边烤火边和农民拉家常。从油盐柴米到天下大事，他指出农民受穷受苦的根源，揭露反动派的罪恶，宣传党的土地政策。同时，他用"一根筷子易折，一把筷子难断"的比喻，形象地指出团结的力量，鼓动农民组织"土地会"（又名"工农联合会"）抗丁、抗粮、抗苛捐杂税，进行换工互助，为争取自己的利益而奋斗。各乡开展的革命活动，为了不被敌人发现，对外则说成是农民敬拜土地神以乞求丰年，给"土地会"涂上一层"封建迷信"的保护色。星星之火终于发展成了燎原之势。在短短数月时间，"土地会"从10多人迅速地发展到1400人左右，由五桥的龚家、陆家、太龙的滴水等地扩大到长岭的黎树，万县的白羊，凉水的双龙、石人等乡村。

蒋开萍不仅组织农民运动，而且按照党的政策去做乡里上层人士的工作。长岭乡乡长蒋佐伯是国民党万县市参议员，在当地很有势力。蒋开萍对他的各方面进行了认真分析，认为做通他的工作，将影响一大片。于是，他亲自登门拜访，针对蒋佐伯思想上的顾虑，极力宣传党的政策。蒋开萍的多次开导和教育，终于触动了蒋佐伯的心，推动了他转向人民。

在革命斗争的风雨中，"土地会"里涌现出许多积极分子。蒋开萍发展了龚子乐、向维新、颜隆海等加入中国共产党，并以此为基础成立了党小组。

保护战友

1949 年春，面对组织起来的广大农民，蒋开萍提出建立农民武装，搞武装斗争。而此时，叛徒在成都供出了蒋开萍、何懋金、郝耀青。特务们立即将魔爪伸向了万县。1948 年 12 月，国民党四川省特别委员会和四川省通讯室向万县发来密电，命令立即侦捕外逃的国立四川大学学生蒋、何、郝三人。国民党万县特委接令后，即布置家在长岭乡的中统特务，监视蒋开萍的一切活动。

1949 年春，严冬虽过，春寒却在。蒋开萍日夜奔波中，总觉得身后有一双贼溜溜的眼睛在盯着他。他却仍置自己的安危于不顾。一天，他妹妹劝他暂时隐蔽一下。他却坚定地回答："我躲起来了，谁来完成任务，谁与其他同学取得联系？"他继续只身往返于城乡之间，传递着革命的火炬。

1949 年 3 月 23 日，蒋开萍进城与"土地会"会员接头，在万县环城路商务印书馆楼上被逮捕。当晚，敌人对他进行了提审，他们满以为一个文弱书生最好对付。不料，无论他们使用多么残酷的毒刑，他都不承认自己是共产党员，对党组织的情况更是守口如瓶，只字不吐。

一天，蒋开萍被两个特务押出来放风，他偶然看到了前来"探视"何懋金的何咏梅夫妇，便高声喊道："我很想把事情赶快搞清楚了，出去理个发，把头发吹（崔）得干干净净的。"他又说："还要把这黑（郝）胡子圈理得光溜溜的。"何咏梅平时常听到他们戏称崔干平为"崔胡子"，郝耀青为"黑胡子圈"，因此，一下子便领悟到蒋开萍是在暗示她——郝耀青、崔干平处境危险。蒋开萍还怕她未听明白，趁两个特务低头下棋的机会，很快地向何咏梅夫妇脚边抛来一块瓦片，上刻"刮胡走"三字，再次叮嘱他们通知崔、郝二人赶快撤走。患难见真情，危亡现本色。身陷囹圄的蒋开萍冒着生命危险向狱外的同志传递消息，心中牵挂着战友的安危。

血洒歌乐

1949 年 4 月下旬，蒋开萍与在他之后遭到逮捕的何懋金、郝耀青一起被囚禁于渣滓洞监狱七号牢房。在狱中，敌人对他百般折磨，妄图摧毁他的意志，逼他招供。蒋开萍以自己的铮铮铁骨，傲视敌人。他坚贞不屈，拒绝书写悔过书，从不动摇自己对党的坚定信仰。同室难友何懋金给狱外朋友的信中表明，蒋开萍没有任何口供，更未出卖任何人。为了迎接新中国的诞生，蒋开萍早已做好了牺牲自己的准备。

1949 年 11 月 27 日，蒋开萍与其他革命志士被集体屠杀在"中美特种技术合作所"，时年 24 岁。

烈士回眸应笑慰，擎旗自有后来人。蒋开萍亲手点燃的革命火焰并没有因为国民党反动派的血腥镇压而熄灭，五桥、长岭乡一带的农民运动在万县党组织的领导下，更加如火如荼地发展、壮大，在迎接万县解放的斗争中，发挥了巨大的作用。

24 个春秋是短暂的，也是夺目的，更是永恒的。年轻的蒋开萍用生命与热血将自己永远地镌刻进了历史之中。勇士精神永不死，浩气长存天地间！

（唐万字、余泽民、文荣启、刘国刚编写，韩夏改编）

参考资料：

1. 中国人民政治协商会议重庆市万州区委员会文史学习委员会. 万州文史资料：第 1 辑 [Z]. 1999.

2. 中共万县地委党史工作委员会. 碧血丹心：下川东英列 [M]. 成都：四川人民出版社，1990.

3. 重庆市万州区龙宝移民开发区地方志编纂委员会. 万县市志 [M]. 重庆：重庆出版社，2001.

4. 中共四川省万县市委党史工委. 黎明前的壮歌：万州英烈 [M]. 重庆：重庆大学出版社，1989.

5. 厉华. 红岩魂六十年祭 [M]. 重庆：重庆出版社，2009.

张国维烈士——眼亮心明斗敌顽

张国维烈士

　　著名小说《红岩》中塑造了一个装疯卖傻骗过敌人耳目，为党组织和狱中难友做了大量工作的特殊艺术形象——华子良，给人们留下了深刻的印象。在那些为了共产主义信念而洒尽生命中最后一滴热血的英雄先烈里，有一位一直默默无闻地献身革命事业，入狱后"装疯"与敌人顽强周旋的忠诚的共产主义战士，他就是国立四川大学法学院经济系1942级学生张国维（1921—1949）。其经历与华子良颇为相似。

正直少年

　　张国维，又名张文江，1921年生于湖北省汉川县。他自幼勤奋好学，极富正义感。1937年，他考入武昌联合中学。抗战初，他参加了共产党领导的青年救国会，组织进步学生建立菱湖剧团，开展抗日救国宣传活动。1938年武汉沦陷，武昌联合中学迁址建始县三里坝，易名建始高中。张国维在建始高中的中共地下党总支领导下，参加创办《大家看》墙报，传阅进步书刊。中学时代起，张国维就积极投入到抗日救国的爱国学生运动中，在进步师长、地下党员的培养启发下，他对共产主义有了更深入的认识，坚定了革命信念，并逐步成长为坚强的共产主义战士。1939年，他光荣地加入中国共产党。

学生运动中坚

1940年高中毕业后，家乡沦陷，国家残破，令张国维极感痛心。怀着满腔悲愤，他只身远赴四川，在重庆五四兵工厂做工人运动工作，并于1942年秋季进入国立四川大学法学院经济系学习。

在国立四川大学的四年，张国维目睹蒋介石的倒行逆施和国民党政府的腐败丑恶，更加清醒地认识到了国民党顽固派的罪恶本质。当时，成都地区党组织已逐步恢复和发展起来，以"反独裁、反内战、反迫害"为口号的学生民主运动也风起云涌。在当时成都发生的"市中事件""李实育事件""三教授事件"等事件当中，张国维都挺身而出，积极投入到活动中去，并具体负责发动群众和联络工作，成为学生运动坚定而积极的骨干。由于工作踏实、沉着冷静，善于进行耐心细致的组织工作和灵活机智的宣传鼓动工作，张国维被推选为四川大学学术团体联合会负责人。1945年，在党组织的安排下，他又加入了中国民主同盟。他结识了李惠明同志，两人后来成为志同道合的革命恋人。

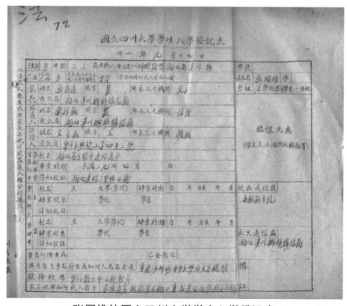

张国维的国立四川大学学生入学登记表

转战巴蜀

1946 年，张国维从国立四川大学经济系毕业后，进入成都建国中学任教，并任成都《民众时报》助理编辑。张国维以此为阵地，扩大宣传，团结进步青年在成都开展革命活动，推动成都学生运动工作。1947 年由于斗争需要，张国维奔赴重庆，在西南学院（后改名为陪都工商学院）工作，后任南林学院图书馆主任，协助马哲民教授做统战工作。1947 年 9 月他到重庆大公职业学校任教。在此期间，他曾任中共沙磁区特支委员，主要负责江北和重庆大专院校的工作，与李惠明一道参与组织了学生进步社团"六一社"，并组织重庆建民中学、蜀都中学的进步师生开展活动。张国维全身心投入到激烈的学生运动斗争中。他深入学校，与同学们同甘共苦，在课堂上，他经常以报纸读者身份，用讲时事、讲读报心得的方法，给学生讲形势，谈革命道理，启发学生思考，引导学生积极参与革命活动、参加革命组织、与国民党反动政府作斗争。张国维不仅从思想上指导学生，也在生活中关心他们。虽然自己生活很拮据，他却省吃俭用地接济其他经济困难的同学。

张国维的国立四川大学毕业论文《燕乡"租佃关系"之初步调查》

装疯御敌

1948 年 4 月，由于叛徒刘国定、冉益智的出卖，张国维和未婚妻李惠明在重庆何公馆不幸被捕，被关进了"中美特种技术合作所"渣滓洞监狱。对于张国维的被捕，国民党西南长官公署二处处长徐远举十分重视，决定亲自审讯张国维。他们采用了种种办法，威胁利诱，软硬兼施，妄图使张国维屈服。但是，张国维毫不畏惧，沉着坚强地对付他们，并当面痛骂徐远举为"九头鸟"。无计可施的敌人对张国维施以重刑，致使张国维肺部受伤，咳嗽不止。

面对敌人的残酷迫害，为保存斗争力量，张国维"装疯"，与敌人展开了巧妙周旋。坚贞不屈的张国维受到了同牢难友们的尊敬。

《狱中八条》

1948 年 9 月，罗广斌因叛徒出卖被捕，随后被关进渣滓洞监狱楼上七室，正好与张国维同室。张国维曾经领导过罗广斌的工作。他十分冷静地分析罗广斌的情况。由于罗广斌的哥哥是国民党高级将领，因此，张国维估计罗广斌最有可能活着出去。张国维是个有心人，他给罗广斌交代了一个任务："我们大多数人可能没法活着出去，但你不一样。你有个哥，掌十万雄兵。你要注意搜集情况，征求意见，总结经验，有朝一日向党报告。"罗广斌牢牢记住了张国维的嘱托，积极结交狱中难友。大家也逐渐信任他，愿意与他交流。

1949 年 1 月 17 日是江竹筠的丈夫彭咏梧同志遇难一周年，渣滓洞的难友们纷纷向江姐致敬。江姐当天起草了一份讨论大纲，要求大家对被捕前的情况、被捕后的案情应付以及狱中的学习进行总结。罗广斌从中又了解了不少信息。

1949 年 2 月 9 日，罗广斌被转押到白公馆。白公馆里关押的"重犯"中有不少党的干部，思想理论水平较高。生命的最后时刻，他们敞开胸襟，直言无忌。既没有思想束缚，也没有空话套话，他们完全凭着对革命的忠贞，披肝沥胆地道出自己的意见和想法，也托付给罗广斌。

1949 年 12 月 25 日，从大屠杀中侥幸脱险的罗广斌追记和整理了同志们在狱中的讨论和总结，写成《关于重庆党组织被破坏的经过和狱中情形的报告》，上报给中共重庆市委。他说："下面的报告是根据集中营里（渣滓洞、白公馆）所能得到的各种零星材料，同部分同志的讨论研究而组织出来的。"其中的核心就是著名的《狱中八条》：

一、保持党组织的纯洁性、防止领导成员腐化；

二、加强党内教育和实际斗争的锻炼；

三、不要理想主义，对上级也不要迷信；

四、注意路线问题，不要从右跳到"左"；

五、切勿轻视敌人；

六、重视党员特别是领导干部的经济、恋爱和生活作风问题；

七、严格进行整党整风；

八、惩办叛徒特务。

《狱中八条》

当罗广斌写下这些文字时，曾与他朝夕相处、一起交谈讨论的许晓轩、陈然、刘国鋕、王朴、江竹筠等同志，还有给他交代任务的张国维都已经长眠地下，为这份报告增加了更多的鲜血和泪水。

英勇牺牲

而在这之前，就在 1949 年 11 月 27 日这一天，张国维和渣滓洞的英雄先烈们多想看一看重庆解放后晴朗的天空，还有那雄浑的嘉陵江和巍峨的群山啊！然而，当英雄的先烈们看到了希望的曙光时，却已经流尽了最后一滴热血！

忠诚的共产主义战士，华子良式的英烈张国维同志被害于渣滓洞，时年28岁。累累忠骨长埋歌乐山下，烈烈忠魂永远驻留世间。

（胡玉晋编写，韩夏改编）

参考资料：

1. 红岩英烈：张国维烈士 [EB/OL]. https：//www. meipian. cn/35r15r1a.

2. 厉华. 红岩魂六十年祭 [M]. 重庆：重庆出版社，2009.

3. 孟力. 张国维：学运中坚 真理斗士 [J]. 红岩春秋，2012（Z1）：101－102.

4. 王建柱. "狱中八条"背后鲜为人知的历史 [J]. 先锋队，2015（4）：46－49.

5. 王建柱. 血与泪的嘱托："狱中八条"诞生背后 [J]. 党史纵横，2015（4）：44－46.

黄宁康烈士——碧血丹心志不渝

黄宁康烈士

马列指引，步入革命。

面对凶敌，立场坚定。

四次入狱，忠贞不渝。

碧血丹心，为党为民。

这是黄宁康（1905—1949）烈士的一位战友和同学在黄宁康牺牲之后写的一首悼念诗。诗虽普通，但它却是大革命失败后毅然入党的国立四川大学农学院农学系学生黄宁康烈士光辉一生的真实写照。这位华蓥山的儿子，一生四次入狱却坚贞不屈的共产党员，用他短暂而光辉的一生谱写了一曲壮丽的青春之歌。

民主思想的熏陶

黄宁康，又名黄贞福，号云雏。1905 年，他生于四川省岳池县西板乡的一个小康家庭，幼时聪明过人，15 岁时以优异成绩考入南充中学。当时，近代著名民主革命家和教育家张澜先生任南充中学校长，他创办的《民治日报》和宣传的民主思想使青年黄宁康接受了最初的民主革命熏陶。他脱下长袍，放下斯文架子，参加校内劳动，下乡宣传民主政治，反对封建军阀的横征暴敛。著名社会活动家吴玉章的到校讲学也使黄宁康大受启迪。他的心灵之窗打开了，成了一个民主革命政治的崇拜者。

在川大激流勇进

1927年夏天，黄宁康进入公立四川大学农科学院学习。在学校里，他积极参加进步学生集会，加入了党领导的进步学生社团"协进社"并成为骨干。

黄宁康（前排右二）在公立四川大学学习期间与南充同乡的合影

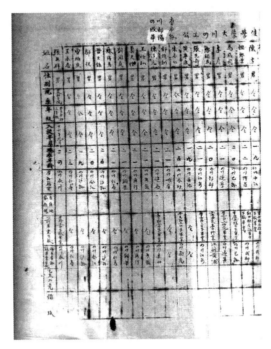

黄宁康在公立四川大学学生名册中

　　1930 年春，在针对军阀摧残教育的教育经费独立运动中，黄宁康撰写文章揭露反动派的罪恶行径，并作为学联代表与反动派斗争。黄宁康等人被抓了起来，他理直气壮地质问敌人。在被释放后，黄宁康的积极表现和组织才能引起了党组织的重视。党组织经多方考察，认为他已具备中共党员条件，由张先齐介绍吸收他加入了中国共产党。从此，他在党组织的领导下，作为忠诚的共产主义战士，从事党的工作，开始了朝气蓬勃的战斗生活。

县委书记的风骨

　　1932 年，黄宁康从四川大学毕业了，被组织派往南充地区开展党的工作。他利用教师身份做掩护，广交朋友，传播革命思想，宣传马克思列宁主义。他在当地发动群众，建立农会，开展减租减息、抗捐抗税的斗争。随着群众运动的蓬勃开展，党组织因势利导，发动了"升钟暴动"。黄宁康因被叛徒出卖而再次被捕。被捕后，在敌人的严刑拷打下，他坚守党的秘密，矢口否认自己是共产党员，只说自己刚到南部县谋职，以求供养家中病残的老母亲。敌人找不到证据，没办法，只好在几个月后把他释放。

黄宁康

出狱后，他立即回到南充向中共南充中心县委汇报了被捕和出狱的情况，请求组织对他进行审查。组织上经过了解，很快恢复了他的工作。同时，考虑到他的安全问题，决定派黄宁康前往家乡岳池工作。

家乡的山山水水使他倍感亲切。他知道，只有推翻反动统治才能使家乡父老过上幸福生活。他工作更勤奋了。他利用拜访亲友的机会，深入文化教育界，按照党组织交给他的发展岳池县党组织的任务，和一些青年学生谈心，给他们讲国际国内斗争形势。青年们受到鼓舞，很快与他接近，交谈理想和国际大事。他担任中共岳池县特支书记，使党组织更趋健全，战斗力更加强大。就在这时，他又一次被叛徒出卖。这一次被捕后，黄宁康抓住叛徒弱点，极力与敌人周旋，斥责叛徒为"钻米虫""粪桶"，是"披着人皮的豺狼"，弄得叛徒在敌人内部很狼狈。为尽快结案，叛徒便"开导"黄宁康说："你既不是共产党，又没做过反对国民党的事，那就写份悔过书取保释放嘛！"黄宁康以攻为守，逼问这个无耻叛徒说："既然我不是你要抓的共产党，又为什么要写悔过书呢？悔什么过呀？"敌人没法，只好让人把他保释出去了事。

第三次脱离虎口的黄宁康，却因中共岳池县特支遭严重破坏而找不到党组织了。黄宁康被迫远走涪陵、垫江、长寿等地，一去就是十余年。每到一地，他都以社会职业作掩护，一边设法寻找党组织，一边发动进步青年组织读书会，做抗日救国的宣传工作。他每到一处干不了多久，就被视为"危险分子"，进而遭到解雇。这期间，黄宁康与志趣相投的小学教师赵完璧结了婚。

经过十余年的奋斗，1947年5月，黄宁康找到了在岳池工作的党组织负责人蔡依渠，通过他与党组织接上了关系。重新回到党的怀抱，黄宁康格外兴奋。他愉快地接受党交给他的统战任务，投入了新的战斗。他一边做好统战工作，一边为中共川东临委领导的华蓥山游击队即将发动的华蓥山武装起义进行准备。他奔赴南充和岳池之间，做中上层人士的工作。他还卖掉自己的粮食，筹集起义资金和购买枪支弹药。他劝导妻子说："为了妇女的真正解放和你将来的前途，还是希望你多读点书，到火热斗争中去吧！"他的妻子后来在回忆这段时期的生活时，无限感慨地说："他在困难的时候，坚定不移；工作的时候，热情洋溢。他对革命事业忠心耿耿，使我深深感动。"

华蓥山不屈的儿子

黄宁康因成功地营救岳池党组织负责人蔡依渠，而被敌人侦查、追踪和监视。1948年8月，黄宁康不幸与同时参与营救工作的党员周殖繁一起被捕，被关进岳池县监狱。

在岳池县监狱中，黄宁康被敌人折磨得遍体鳞伤，血流满面。但他坚贞不屈，敌人煞费苦心却没从他身上掏出半句口供。他们抓来他的妻子，妄图以夫妻之情软化摧残他的革命意志。瘦弱的妻子看到丈夫伤痕累累便泣不成声。黄宁康强忍与亲人分离的悲痛，再三劝慰泪流满面的妻子："不要为我难过，好好地抚育两个孩子，我的事情我知道。既然又落到了他们的手里，不过一死而已。"

1948年10月4日，黄宁康被转押至重庆"中美特种技术合作所"渣滓洞监狱。他在渣滓洞狱中又投入了新的战斗。他和难友们一道举行了狱中春节庆祝活动等多次斗争。直到生命的最后一天，他都没有停止过与敌人的斗争。

1949年11月27日，黄宁康壮烈牺牲了，他用青春和热血谱写了一曲壮烈的正义之歌。这位忠诚的共产主义战士牺牲时年仅44岁。

党和人民没有忘记他

历史是最公正的，英雄的热血并没有随时光而湮没。许多年过去了，党和人民没有忘记这位不屈不挠、忠贞不渝的共产党员。1984年7月，四川省人民政府追认黄宁康为光荣的革命烈士。重庆歌乐山烈士陵园的碑铭上，镌刻了他的英名。烈士陈列馆里展出了他的英雄事迹。华蓥山不屈的儿子的名字，永远留在人们心中！

（吴镭、靳用春编写，韩夏改编）

参考资料：

1. 四川省岳池县志编纂委员会. 岳池县志：1911—1985 [M]. 成都：电子科技大学出版社，1993.

2. 中共南充地委党史工作委员会. 华蓥山游击队 [M]. 重庆：重庆出版社，1988.

3. 厉华. 红岩魂六十年祭 [M]. 重庆：重庆出版社，2009.

4. 林明. 抗日救亡运动在广安蓬勃兴起 [N]. 广安日报，2011-06-23.

5. 林明. 狱中革命英烈铸就"红岩精神" [N]. 广安日报，2011-08-15.

6. 王浩，金华. 重庆军统集中营死难人员烈士资格审查过程考略 [J]. 重庆第二师范学院学报，2017，30（2）：31-34，127.

胡其恩烈士——一颗红心颂党恩

胡其恩烈士

在一件普通而又耀眼的红岩烈士遗物中，有一颗用牙刷柄磨成的"红心"。这颗"红心"是国立四川大学物理系学生胡其恩（1919—1949）烈士当年在渣滓洞监狱里躲开敌人的搜查偷偷磨成的。它虽然只是一颗普普通通的"红心"，但象征着胡其恩烈士热爱中国共产党和忠于人民，至死不变的红心。

正直人生

胡其恩，又名胡佑、胡蕲，原籍四川省简阳县，1919年生于成都。他自幼聪明过人，四岁入学，从小学到高中，成绩均极为优秀。在中学时期，胡其恩阅读了大量的进步书刊。1938年1月在成公中学高中毕业后，胡其恩于1938年考入国立四川大学物理系学习。在校期间，他酷爱学习，不仅阅读了大量的专业文献，还阅读了《大众哲学》《辩证唯物主义》等大量进步书籍，接受了革命思想的熏陶。一年多后，因父亲生病，家境困难，加上学校南迁峨眉，他被迫休学。踏上社会后，胡其恩仍然坚持追求真理。1941年冬，胡其恩进入重庆中国农民银行第一期训练班。他关心国家大事，博览群书，刻苦学习《资本论》等著作，从中寻求救国救民的真理。同事们反映："胡其恩为人正直，作风谦虚，有正确的政治见解。"

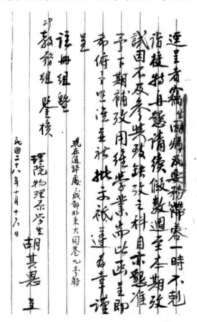

胡其恩的国立四川大学学生入学登记表

胡其恩在校期间的请假条

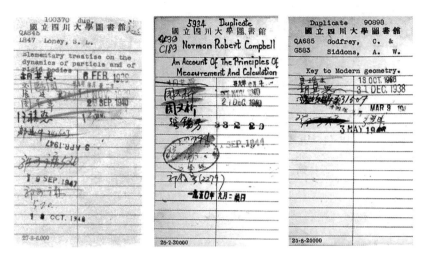

胡其恩在国立四川大学图书馆借阅图书记录

胡其恩在国立四川大学呈报 1942 年休学、退学生名册中

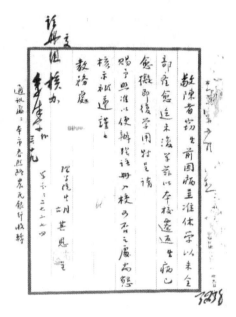

1943 年理学院学生胡其恩复学申请

追求进步

1942 年春，他被分配进入成都农民银行工作。他订阅了《新华日报》，认真学习毛主席的《论联合政府》等，并积极投入到"反饥饿、反迫害、争民主、争自由"的运动当中去。他邀进步青年到宿舍收听延安广播，激励他们追求进步。他把自己的宿舍叫作"解放区"。在《新华日报》发行点被破坏后，他冒着生命危险去取报纸给朋友们看，让大家了解解放区的形势和解放军进军情况。1943 年，他曾经申请复学，但没有得到校方的批准。

1946 年初，胡其恩加入了进步团体"成都职业联谊会"。他还带头捐款给陶行知先生办的育才学校。1946 年冬，他被调往南充工作，并经常受到特务跟踪。半年之后，他又被调往重庆北碚地区，仍在农民银行工作。胡其恩与成都的进步朋友保持着密切联系。不幸的是，胡其恩写给母校国立四川大学同学的慰问信被截获，他向香港书店邮购进步书籍的汇款单也被查出。1948 年 5 月 14 日，胡其恩被抓进了渣滓洞监狱。

胡其恩 1947 年冬于南充留影

胡其恩全家 1946 年母亲节合影

胡其恩与胡中惠、胡道衡、左本基在成都合影

秘密联络员

在狱中，胡其恩是一个革命的乐观主义者。即使在狱中最艰苦、最困难的时候，他也毫不气馁，坚信"不要紧，一切都会好的"。这句话成了他的口头禅。正是这种对革命的坚定信念和对形势的清醒认识，使他得到了难友们的信任。他还担任联络员，为共产党员余祖胜（即《红岩》小说中余新江的原型）与难友们传递消息、沟通情况。他把牙刷柄磨成一个"红心"，表示他热爱共产党，忠于人民的红心至死不变。他在传递解放军展开了淮海战役和"百万雄师过大江"的喜讯时，用"万炮齐轰"来形容这个伟大的胜利，给难友们以巨大鼓舞。

1949 年 11 月 27 日，胡其恩壮烈牺牲了。在牺牲时的那个黎明前的黑暗里，胡其恩清楚地听到了解放军的隆隆炮声，他笑了。三天之后，重庆解放了。

（陈光复编写，韩夏改编）

参考资料：

1. 中共四川省委组织部红岩英烈编写组. 党没有忘记他们：红岩英烈（上）

［M］. 成都：四川人民出版社，1984.

2. 中国人民政治协商会议四川省内江市委员会文史资料研究委员会. 内江文史资料：第 1 辑［Z］. 1986.

3. 中共简阳县委党史工作委员会. 中共简阳县地方党史资料汇编：1929 年—1949 年 第 1 辑［Z］. 1989.

4. 厉华. 红岩魂六十年祭［M］. 重庆：重庆出版社，2009.

5. 饶用虞. 四川大学在近现代史上的特殊地位和贡献［J］. 四川党史，2000（2）：19－23.

6. 孙丹年. 这里的烈士究竟有多少？：重庆歌乐山烈士陵园烈士名录考证［J］. 红岩春秋，2012（Z1）：90－92.

7. 简阳县民政局. 简阳县民政局志［Z］. 1985.

艾文宣烈士——铁窗诗人笔作枪

艾文宣烈士

在四川大学革命英烈中，有一位诗人，他就是先后在复旦大学和国立四川大学就读的艾文宣（1913—1949）烈士。

优秀教员

艾文宣，1913 年生，四川省广安县太平乡人。少年时代，他学习刻苦，成绩优异。1928 年，他进入岳池县中学学习。1931 年，他考入南充嘉陵高中，接受了马克思主义教育。同年冬天，他光荣地加入中国共产党。1939 年，他曾经在《新蜀报》和《抗战》等报刊上发表文章，宣传抗日救亡，讴歌爱国志士。他就读于在重庆的复旦大学教育系。从复旦大学肄业后，他又考入国立四川大学中国文学系学习。在校期间，他积极从事进步活动。1945 年，他毕业后回到家乡，曾当过乡长，但他厌恶国民党官场恶习，耻于阿谀奉承，终被撤职。1946 年，他到岳池尚用中学教书，任文史教员，同时从事地下工作。由于他讲解历史联系实际，深受同学们的欢迎。1948 年 3 月，他担任上川东第七工委委员，同年 8 月，他参加了岳池和武胜起义，并捐出自己的几乎全部家庭财物。起义失败后，他转移到重庆后被敌人跟踪，不幸被捕。

狱中诗人

在狱中，艾文宣始终沉着镇定，乐于助人。他以丰富的历史知识，为难友开设了历史讲座，讲述历代兴亡的史实，赞颂各朝英雄的事迹。他集合了 20 多位爱好诗歌的难友，秘密组织了"铁窗诗社"。他们组织诗社的目的，是"以竹签笔作投枪，以棉布灰作炮弹"，把诗歌当作斗争武器和战鼓，坚定难友们斗争的决心和信心，迎接革命的胜利。他们写狱中的生活和斗争，写坚贞不屈的战士，写未来的理想。他们不仅自己写，也鼓舞狱中难友一起写。当然，他们也很小心，作诗以背诵为主，必要时才抄在纸上，根本不留作者的姓名。

1949 年在狱中春节联欢会上，为庆贺"铁窗诗社"的成立，杨虞裳带头朗诵了鲁迅的七律《惯于长夜过春时》，何雪松朗读了自己的《灵魂颂》，张朗生、陈丹墀、张学云等都相继朗诵了自己的新作，何敬平唱了自编的歌《把牢底坐穿》。诗友们为之心情激奋，艾文宣也被深深地感染了。"铁窗诗社"成立后，难友们先后创作有新旧体诗 50 多首，遗留下来的大约有 20 多首。诗社成员主要有：何雪松、蔡梦慰、古承铄、何敬平、刘振美、杨虞裳、蓝蒂裕、胡作霖、余祖胜、齐亮、屈楚、唐征久、张学云、艾文宣、张永昌、陈丹墀、张朗生、史德瑞、白深富、傅伯雍等。

1949 年初，歌乐山寒风呼啸。天气奇寒，却预示着春天将要到来。难友傅伯雍激发诗情，写下了《入狱偶成》一诗：

> 权把牢房当我家，
> 长袍卸去穿囚褂；
> 铁窗共话兴亡事，
> 捷报频传放心花。

大家纷纷和诗，共同表现了大无畏的革命乐观主义精神。其中，艾文宣的和诗是：

> 别妇抛雏不顾家，
> 横眉冷眼对虎牙；
> 深知牢底坐穿日，
> 全国遍开胜利花。

另外，在狱中，艾文宣还曾经留下了一首《贺狱中难友三十寿辰》，其中的"黄杨厄运应何害，丹桂逢秋喜向荣"两句可谓狱中诗歌的佳句。这首诗是这样写的：

> 劳燕纷飞感慨生，
> 从容领导迈群英。
> 黄杨厄运应何害，
> 丹桂逢秋喜向荣。
> 福慧双全争美艳，
> 风骚兼备自怡情。
> 高材似舅钦无既，
> 明德由来有达人。

在诗歌《悼龙光章同志》中，艾文宣更是深情地缅怀和赞美先行者的英勇事迹。他在诗中这样写道：

> 不要眼泪，
> 不要人们的慰藉。
> 记着啊——
> 中国人还活着，
> 这册血写的帐（账）簿，
> 将是一块历史的丰碑！
>
> 死，是永生，
> 死，并不是战斗之火的熄灭。
> 让他永不泯灭的忠魂，

在青翠的歌乐山巅，

仰望黎明！

正是在仰望黎明之中，1949 年 11 月 27 日，艾文宣和战友们一起在重庆渣滓洞监狱惨遭敌人杀害，时年 36 岁。

（党跃武编写）

参考资料：

1. 王浩. 铁窗劲节 生死不磨：渣滓洞的狱中斗争 [J]. 炎黄春秋，2019（11）：61−65.

2. 周桂发. 上海高校英烈谱 [M]. 上海：复旦大学出版社，2011.

3. 桂永浩，等. 复旦英烈传 [M]. 上海：复旦大学出版社，2010.

4. 中共南充地委党史工作委员会. 华蓥山游击队 [M]. 重庆：重庆出版社，1988.

5. 傅显捷.《狱中斗争纪实》的豪情与诗意 [J]. 炎黄春秋，2019（12）：88−90.

6. 林明. 狱中革命英烈铸就"红岩精神" [N]. 广安日报，2011−08−15.

7. 林彦. 黑牢诗话 [M]. 重庆：重庆出版社，1983.

8. 重庆人民出版社. 囚歌：重庆"中美特种技术合作所"集中营殉难革命烈士诗抄 [M]. 重庆：重庆人民出版社，1960.

9. 中国青年出版社. 革命烈士诗抄 [M]. 北京：中国青年出版社，1966.

10. 重庆"中美合作所"集中营展览馆. 革命烈士诗文选 [Z]. 1980.

11. 杨顺仁. 囚歌 [M]. 重庆：重庆出版社，1990.

12. 重庆歌乐山烈士陵园. 红岩英烈诗抄 [M]. 北京：群众出版社，1997.

13. 重庆歌乐山纪念馆. 红岩魂·铁窗下的心歌：白公馆、渣滓洞烈士诗歌与书信选 [M]. 北京：解放军文艺出版社，2001.

14. 张宏，程远东. 重庆 [M]. 北京：中国旅游出版社，2006.

15. 厉华. 红岩魂六十年祭 [M]. 重庆：重庆出版社，2009.

第七篇　十二桥边草青青

杨伯恺烈士——书剑纵横三十春

杨伯恺烈士

在 20 世纪 20 年代后期的国立成都大学南较场幽静的校园里，人们常常会看到一个博学多才、英气勃勃的教授的身影。他像一颗耀眼的流星，虽然行色匆匆，却照亮了广大师生追求光明、追求真理的心灵。在高高的讲台上，他目光如炬，又饱含激情。国家和民族深重的苦难已融入他的血液，他用绵长的话语，娓娓地讲述给学生们听。他就是学校政治系知名教授，曾与赵世炎、聂荣臻一起赴法留学，四川地区党组织的创建人之一，中国共产党的老党员，中国民主同盟的卓越领导人杨伯恺（1894—1949）烈士。杨伯恺，原名杨洵，字道融。1892 年 12 月 16 日，他出生于四川省营山县骆市乡杨家坝。少年时，他先后在本乡和顺庆（今四川省南充市）

联中读书，后又去北京考入法文专修班，并由此走上赴法留学的道路。

满怀壮志，赴法留学

让历史的河流回溯到 1919 年春的一天，日本远洋轮船"因蟠丸"号正在通过台湾海峡。一个青年人独自站在甲板上眺望高插云霄的台岛群峰，思潮起伏，感慨万端。在一个灾难深重的年头，他在一户贫苦农家呱呱坠地。当他还没有满周岁的时候，腐败无能的清朝政府，不顾四万万同胞的反对，把美丽富饶的台湾省拱手送给了日本侵略者。

此刻，眺望着美丽的台湾岛，他怎能不满怀忧愤呢？

这个青年就是后来改名为杨伯恺的杨洵，他同许多忧国忧民的年轻人一样，多年来在艰难地探索着救国救民的真理。此刻，他作为我国第一批赴法勤工俭学学生，正同其他 88 名同学一起，踏上了前往欧洲大陆的旅程。

寻找真理，参加革命

初到法国的中国知识青年，没有被绚丽多彩的异国情调所陶醉。他们要做的第一件事就是，找寻勤工俭学的场所，站稳脚跟，开始学习。

那时第一次世界大战刚结束，法国经济不景气，工作难找。杨洵最初在里昂当干粗活的普通工人。他不愿使用所领的补助金，而是把这笔钱节省下来，帮助国内有志无钱的青年来法国留学。不久，他又和石琼、李富春、赵世炎、聂荣臻等进入制造火车头的"史乃德工厂"。杨洵孜孜不倦地钻研技术。工作之余，他手不释卷地刻苦学习。一年后，他和石琼等转到列夫来威铁工厂。这时，杨洵已有一定的技术，受到厂家的欢迎。他每天可得工资 15 法郎，生活稍有改善，学习也比较安心了。

1921 年初，法国经济危机日益加剧，工厂大量倒闭，工人失业，法郎贬值，生活费用暴涨，勤工俭学的学生过着挨饿的日子。在旧年除夕，杨洵和石琼仍在加班做夜工。他们浑身沾满乌黑肮脏的煤灰，既没有什么好吃的，更没有时间休息。杨洵的小同乡石琼想起万里外家乡的除夕之夜，想起家庭生活的温暖，而自己身在异国他乡，生活这般清苦，越想越难受，禁不住坐在煤堆上哭泣起来。

杨洵非常理解这位同乡的心情，安慰说："玉若（石琼的表字），还记得不？我们在圣水寺自修的时候，正碰上袁世凯搞复辟，大家立下志愿，读书救国。民国五年，我们住上海法租界，没钱交学费，经常空着肚子进教室，当旁听生。这种日子，还不是过来了。你自己说过的，十月革命，马列主义传到中国，开始懂点革命。后来听说李石曾、吴玉章办勤工俭学，我们进北京的法文专修班，做留法准备，而今如愿以偿，又悔不该到外国来做工受苦，这不是自相矛盾吗？"

一席话说得石琼眉开眼笑了。他凝眸东方，悠悠地说："每逢佳节倍思亲咯！唉，我的感情太脆弱了。不像你那么能控制自己。可我看得出，道融，你也是在勉强支持啊！你的胃病，一天比一天恼火，也该休息一下了。"杨洵欣然同意："也好，休息一下，大家聚一聚，把前些天向教育会提的要求再商量商量。"

原来杨洵和王良翰、毛显球、石琼、袁庆云、赵世炎、熊天祉、罗成镕、罗汉等22人，曾联名写了一封《留法勤工俭学学生对华法教育会之要求》的信，交给巴黎华法教育会学生事务部的执事先生，希望他们能够切实解决勤工俭学的学生们所面临的工作、学习和生活问题。

但是，学生事务部的执事先生们并没有认真对待勤工俭学的学生的合理要求。他们只好召开学生大会，选出赵世炎、蔡和森、王若飞等十人为发言人，于2月28日，到驻法公使馆请愿，开展了争取"吃饭权、求学权"的学生运动。

1922年5月，赵世炎为筹建旅欧中国少年共产党，奔走于蒙达尔尼、克鲁邹、里昂等地。他联络了一批志趣相同的朋友，于6月在巴黎西郊召开成立大会。会议通过了党章和党纲，并且选举赵世炎为书记，周恩来为宣传委员，李维汉为组织委员。翌年2月，"少共"改名为中国共产主义青年团旅欧支部。原"少共"中具备党员条件的即转为正式党员。28岁的杨洵，就在这个时候，参加了共产党。他与赵世炎、石琼、李富春等一起，积极进行党的活动。

学成归国，笔锋初试

1925年3月，杨洵离开法国，回到上海。时值五卅运动爆发，中国人民的反帝斗争形成高潮。在《热血日报》发刊词上，"上海市民的热血，已被外人的枪弹烧得沸腾起来了"的文字深深地感染了大家。

刚从海外归国的共产党员杨洵，马上行动起来，到处向群众作反帝爱国演说。他还特地以"道融"的笔名写了题为《是毒汁也是蠢想》的文章，揭露帝国主义的本性，热情歌颂了五卅爱国运动。文章在《热血日报》上公开发表。

当时，圣约翰大学的学生抗议帝国主义的暴行，该校校长大骂学生们是"圣约翰误养的一批强盗"。为此，杨洵在《热血日报》上又发表了一篇题为《是叛徒不是强盗》的杂文，热情赞扬了学生们的正义行动。

渝州培干，巴蜀建党

由于革命形势的迅猛发展，急需培训大批干部，加强马列主义理论教育。党中央决定在重庆筹办中法大学四川分校，并特地调派杨洵专门负责这所新式干部学校的教育工作。1925年9月14日，中法学校正式开学，吴玉章任校长，杨洵任训育主任。由于吴玉章经常不在校，实际上由杨洵全力代行校务。

杨洵教育学生要加强马列主义理论修养，不仅在行动上必须符合马列主义理论，而且在群众运动中，必须随时注意宣传马列主义，提高群众的政治觉悟，从而吸收更多的新同志参加革命工作。在这种严谨的教育作风下，学校曾培养了大批有革命理想的青年学生，如陈同生、任白戈、范长江等。

中国共产党重庆地方委员会成立后，杨闇公任书记，冉钧任组织部长，吴玉章任宣传部部长（周贡植代），杨洵为教育委员会委员。

1926年初，根据中央指示，党在各县发展党的组织，形成工农运动。杨洵利用年假回乡，积极开展筹建中共营山县支部的工作。与此同时，他还投入大量精力，与陈同生、郭金阶等一起，向各方面筹资，在骆市乡兴办一所鳌山模范学校，解决本乡失学儿童的入学问题。因见农村中文盲太多，他们又办起一个可容纳两三百农民的夜校，宣传革命道理。很快，骆市乡成立了农民协会，展开了斗争地主和减租减息活动。农会工作一直有效地开展着。

不畏杀戮，砥柱中流

1927年春，北伐军攻占南京，英美帝国主义竟明目张胆干涉中国革命。消息传到重庆，中共重庆地方委员会与国民党左派负责人商定，3月31日，在打枪坝召开市民大会，抗议英美帝国主义炮轰南京的血腥罪行。

翌日，杨洵和杨闇公、冉钧、漆树棻等都提前到会。漆刚刚宣布大会开始，突然听到几声枪响。百余人被当场抓走，死伤者不计其数。漆树棻当即壮烈牺牲。

混乱中，杨洵头部被击伤，侥幸逃脱。虎口逃生的杨洵，在重庆已无法工作，于是顺江东下来到武汉。在武汉血花剧社，他为北伐军同志讲"三三一"惨案实况，听者无不愤怒。从此以后，杨洵改名杨伯恺，由党组织安排在湖北第二中学教书。其间，杨伯恺与河南信阳第二师范学校女同学危淑元结婚。随即，他们一道去上海，一面执教于招商公学，一面从事研究工作。

礼聘到校，宣讲马列

1929年，受国立成都大学校长张澜聘请，杨伯恺回到成都，到国立成都大学任政治系社会学教授。他身体力行，正确引导广大师生追求革命的真理。张澜仿效北大蔡元培"兼容并包"的办学方针，主张学术自由、思想自由，聘请了大批知名教授。在倾向革命的前提下，张澜让校内不同学派公开进行学术讲演。除杨伯恺外，张澜还聘请了国民党的黄季陆和国家主义派（即青年党）的李璜到校任教。杨伯恺讲授社会科学概论，揭示阶级的存在和阶级间的斗争，是私有财产社会发展的根本动力。他指出，各个社会的生产力和生产关系结合的总和是形成各个社会的经济基础，是划分社会各个历史发展阶段的根据。而各个社会的政治、法律、道德、文化、艺术等，都是各社会经济基础的上层建筑，都是为统治阶级服务的。杨伯恺公开在课堂上宣讲马列主义政治经济学和社会学，是需要很大勇气的。在这些进步理论的鼓动指引下，同学们又燃起希望的火焰，荡起革命的激情，实践斗争的有效性大大增强。这些被张澜校长称为"诚笃君子，有志之士，有为青年"的学生，又在校内外活跃起来。

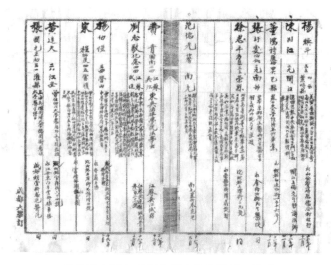

杨伯恺在国立成都大学教职员一览中

杨伯恺在国立成都大学本校教职员一览中

翌年 10 月，川军陈离部在广汉起事。反动派认为杨伯恺是主谋之一，要抓住他就地处决。于是，他只好带着由陈离资助办书店的两万元钱，和十来个青年学生重去上海。他又在海宁路三德里 45 号办起辛垦书店，接纳任白戈、沙汀等从事编辑工作。他同时潜心翻译出版了多部哲学名著，如荷尔巴赫的《自然之体系》、恭第纳克的《认识起源论》、赫尔维修的《精神论》、赫拉克里特的《哲学思想集》和德尼斯·第德诺的《哲学原理》，以及《哲学道德集》《学说与格言》《财产之起源与进化》《思想起源论》等。此外，他还编辑出版了《二十世纪》杂志，继续传播进步思想。

杨伯恺翻译的《世界经济与帝国主义》

杨伯恺是一个与人肝胆相照、休戚与共，重道义、轻钱财的人。1933年夏天，任白戈在上海被捕。敌人在没有抓到证据的情况下，答应交大洋1000元即可放人。杨伯恺闻讯积极筹资，如数交纳，把任白戈营救出狱，保护了党的干部。

见到朱德，奔走统战

抗战军兴，杨伯恺在南京见到了叶剑英，接受党的任务，与陈同生一起去山西做川军的统战工作。1937年11月，他们在山西洪洞拜见了出川抗日的第22集团军总司令邓锡侯，畅谈党对时局的主张。邓锡侯深为感佩。随后，他又见到了在洪洞一带部署工作的朱德同志，转达了邓锡侯愿意摒弃前嫌、与八路军共同抗战的诚意。

返川后，杨伯恺积极工作，常与罗世文、车耀先、张曙时、张秀熟、李筱亭、王干青、田一平等诸老友畅谈时局，研究工作。这时，在陈离的邀请下，他到协进中学当教务长。在职期间，他认真改进教学工作，对学生们谆谆教诲。他晓以民族大义，灌输爱国思想，宣传党的方针政策，指导学生学习辩证唯物主义，还不断介绍进步师生前往延安抗日军政大学学习。

顽固派对杨伯恺的活动非常头疼。1940 年 3 月，成都发生"抢米事件"，罗世文、车耀先等被捕。杨伯恺不得不辞去协进中学职务，避居城外土桥。

抗日救亡，转战《华西晚报》

杨伯恺困居土桥时，时任《华西晚报》董事长的进步军人彭焕章聘请他为主笔，专为该报撰写社论。杨伯恺即利用这个机会，紧密配合《新华日报》的宣传，周恩来还特别派黎澍、陈白尘前往协助。《新华日报》社社长潘梓年也亲自到《华西晚报》研究两报言论统一问题。

抗战末期，国内民主呼声高涨。杨伯恺不遗余力，撰写了大量有分量的社论，喊出了人民的心声。在《华西晚报》的几年中，杨伯恺为高呼抗日救亡，抨击时弊，推动民主运动，先后写出了《民主的理论性与现实性》《实现民主的实际工作》《论民主团结方式》《由民主与团结展开新局面》《民主与民权》《扫除团结的障碍》等有价值、有战斗力的评论上百篇。这些评论受到毛主席的热情赞扬。

一篇篇义正词严、笔锋犀利的文章，使反动派大为恼火。他们除耍出种种无赖手段——开"天窗"、削篇幅、撕报纸、砸印刷机、殴打报社工人外，尤其把撰写社论的杨伯恺视为眼中钉、肉中刺，必欲除之而后快。

风雨同舟，荣辱与共

1946 年，中国民主政团同盟改组为中国民主同盟。为了进一步搞好党的统战工作，以适应民主运动蓬勃发展的新形势，杨伯恺以个人名义参加中国民主同盟，积极协助张澜先生在成都建立民盟四川省支部。他被选为民盟中央委员兼四川省支部宣传部部长。

离开《华西晚报》后，杨伯恺于 1946 年春开始筹办《民众时报》。经多方奔走，该报于 5 月 1 日创刊出版。这家由刘文辉出资、张澜任社长、杨伯恺任总经理兼主笔的民间报纸，打破了成都地区的沉闷空气。可惜出版不到三个月，该报即被勒令停刊。杨伯恺又先后办起《青年园地》和《时代文摘》两种刊物，继续为广大读者提供宝贵的精神食粮。

1947 年初，杨伯恺和张志和、田一平根据党的部署，从事对地方实力派刘文辉、邓锡侯、潘文华的统战工作。次年，他得到省委指示，负责成都地区文化界的统战工作。其间，杨伯恺积极争取到邓锡侯的支持，保护了《新华日报》成都分馆人员安全撤离四川。

铁骨铮铮，正义凛然

多年来，敌人视杨伯恺如芒刺在背，怕得要死，恨得要命。杨伯恺是他们在成都地区急于拔除的首要目标之一。在敌人动手前两天，已有风声传出。当有人去通知他，问其如何办时，他斩钉截铁地说："我打定主意就是这样，决不离开岗位。"

1947 年 6 月 2 日清晨，杨伯恺不幸落入了魔爪。被捕后，他被监禁在将军衙门国民党四川省特别委员会监狱。敌人多次审讯，要他交出民盟的"秘密组织"。杨冷笑一声，指着军法官的鼻子说："你们应该弄清楚，民盟从来没有秘密组织。它是公开的、光明正大的政治团体。它的方针政策是：民主和平，团结建国。这不但过去对，现在对，将来也是对的。"

继后，经党组织和各界人士多方营救，重庆西南长官公署曾被迫同意释放杨伯恺。但国民党四川省特委军法官却趁机要杨伯恺写悔过书，还假惺惺地说："只要你随便办个手续，就可以出去了。"

杨伯恺正气凛然，严词拒绝，他说："我绝对不写一个字，就是马上枪毙我也不写。死怕什么？人生自古谁无死？但要死得有价值。"敌人又问："杨先生，你到底想不想出去？"杨伯恺厉声地宣布："放不放由你，我决不请求！"

杨伯恺横眉怒目，从不给敌人半点好颜色。但对狱中难友，他却异常亲切体贴。他把自己家里送来的肉、蛋、奶粉和糖果，大多分给难友们。对有病的同志，他更加特别照顾。

在狱中，杨伯恺利用各种机会，向难友们特别是青年同志讲马列主义，讲革命故事，讲党的方针、政策。他教育争取了看守所的看守，通过他们传书带信、夹带报纸。通过对报纸的传看分析，大家建立起必胜的坚定信心。杨伯恺的人品学问和大无畏的革命精神赢得了全狱难友的尊敬，大家称他为"铁骨铮铮的老英雄"。

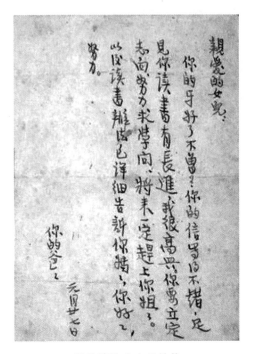

亲爱的女儿：

你的牙好了不曾？你的信写的不错，足见你读书有长进。我很高兴。你要立定志向，努力求学问，将来一定起上你姐。以后读书难处已详细告诉你婶，你好之努力。

你的爸爸

元旦廿七日

杨伯恺给小女儿的信

1949年12月7日深夜，在成都西门外抚琴台和十二桥，杨伯恺和其他革命志士，用自己的鲜血迎来了新中国第一个绚丽的春天。

（郑畅编写，韩夏改编）

参考资料：

1. 大无畏的老战士：介绍杨伯恺烈士［EB/OL］. http://www. hljmm. gov. cn/show. aspx?id＝1794.

2. 记营山县第一个中共党组织创建人杨伯恺［EB/OL］. https://new. qq. com/omn/20210415/20210415A02GR000. html.

3. 中国人民政治协商会议四川省成都市委员会文史资料研究委员会. 成都文史资料选辑：第14辑 十二桥惨案专辑［Z］. 1986.

4. 营山县县志编纂委员会. 营山县志［M］. 成都：四川辞书出版社，1989.

5. 中国人民政治协商会议四川省成都市委员会文史资料研究委员会. 成都文史资料选辑：第 2 辑 [Z]. 1982.

6. 政协四川省营山县委员会学习文史委员会. 营山文史资料：第 27 辑 [M]. 1999.

7. 胡剑. 铁骨铮铮的杨伯恺 [J]. 四川档案，2012（1）：22－24.

8. 沙汀. 杨伯恺烈士在辛垦书店的情况回忆 [J]. 南充师院学报（哲学社会科学版），1985（1）：1－8.

9. 沙汀. 沙汀文集：第 10 卷　回忆录 [M]. 成都：四川文艺出版社，2017.

10. 李致. 铭记在心的人 [M]. 成都：四川文艺出版社，2010.

11. 沙汀. 杂记与回忆 [M]. 重庆：重庆出版社，1988.

12. 中国人民政治协商会议四川省委员会文史资料研究委员会. 四川文史资料选辑：第 40 辑 [M]. 成都：四川人民出版社，1992.

14. 政协营山县委员会文史资料研究工作组. 营山文史资料：第 14 辑 [Z]. 1987.

15. 亦闻，大蓁. 巴蜀红色故里寻 [M]. 成都：四川人民出版社，2006.

16. 南充市政协文史资料委员会，南充市地方志办公室，中共南充市委党史研究室. 南充市文史资料：第 4 辑　南充人物 [Z]. 1995.

17. 蒋景源. 中国民主党派人物录 [M]. 上海：华东师范大学出版社，1991.

王干青烈士——拼将碧血洒山河

王干青烈士

在四川大学悉心培育出的英雄儿女中，有一位名字叫王干青。他是四川通省师范学堂（四川大学前身）国文部的高才生，曾被派驻延安，是一位有着传奇经历的老共产党员。成都解放前夕，王干青倒在了成都西门外十二桥畔的荒野上，他的鲜血和他衷心热爱的土地永远地融为了一体。

沐浴在学府的进步思潮里

1890 年，王干青出生在四川省绵竹县五福乡。自小父母双亡的他被寄养在叔祖父家中，饱受虐待。吃不饱穿不暖的生活，使他从小养成了吃苦耐劳、奋发图强的性格。在逆境中，他刻苦学习。凭着自己顽强的毅力，1909 年他独闯成都，并考进四川通省师范学堂读预科，两年后升正科国文部，在校长达五年之久。

在学校里，王干青在孜孜不倦、勤奋学习之余，结识了许多有民主思想的青年，阅读了许多民主革命书刊，如邹容的《革命军》、吴玉章办的

《新四川旬报》、梁启超的《新民丛刊》和《饮冰室文集》等。经历了辛亥革命的洗礼，浓厚的爱国主义热情在王干青心中激荡，他满怀着创立共和、重振中华的远大理想参加了同盟会。从此，作为一个为民族兴亡肝脑涂地的革命战士，王干青舍生忘死地奋斗了一生。

大革命失败的紧急关头毅然入党

1914 年，王干青以优异的成绩从学校毕业了，被委任为古蔺县的知事，后被选为省议会议员。他拥护广东孙中山护法军政府。北伐战争开始后，王干青回到家乡绵竹，建立了国民党左派绵竹县党部，并任书记长。他发起成立了反英反奉大同盟、学生联合会等进步群众团体，为民族的解放和振兴锲而不舍地努力着。

1927 年，重庆发生了"三三一"惨案，上海发生了四一二反革命政变。王干青亦遭逮捕，后经多方营救才获释放。此时，他清醒地认识到：只有共产党才能拯救中国。所以，在全国革命形势一片低迷之时，王干青毅然加入了中国共产党。

川西坝点燃了赤色火焰

八七会议以后，王干青受党组织派遣，秘密回到绵竹，加紧进行武装暴动的准备工作。

重返故乡的王干青心情并不轻松，他很清楚自己肩负的使命是什么。王干青和黎灌英（黎静中）、张治、李宴蟠等一起，成立半公开的团体——怒潮分社（总社在成都），由王干青负责指导。他们还搞了一个新生民导社，广泛吸收进步青年、知识分子和工农群众参加，并注意从中物色新的党团成员。他们在城镇和农村中大力筹建工会、农民协会、学生联合会和苏红之友社等群众团体。为了充实武装暴动的力量，在他们的积极努力下，全县很快就发展了党团员近 100 人，有组织的群众千人以上。依靠这支力量，他们推动了减租抗税、增加工资、改善待遇的斗争，为即将举行的暴动做好了战斗的准备。

经过三个月的紧张准备，中共绵竹县委认为，暴动时机已经成熟，即报告中共川西特委，定于 7 月 4 日举行暴动。王干青心情激动地等待着这一天的到来。然而，由于叛徒告密，敌人开始戒严布防。行动委员会不得不按县委指示提前于 7 月 4 日拂晓攻城。经过一场浴血奋斗，暴动失败了。黎灌英落入敌手，遇害牺牲。王干青潜往什邡暂避，后辗转到双流彭家场建平小学，以教书为掩护安定下来。同时，他与成都党组织保持着联系。他不断地告诫自己：革命的道路还很崎岖，但自己对党、对祖国、对人民的一片赤胆忠心必须矢志不渝！

> 三秦北户古延安，
> 上将英名说范韩。
> 自古贤豪不世出，
> 如公英武信才难。
> 十年叱咤雷霆斗，
> 一鼓和平亿兆欢。
> 沧海横流经此日，
> 更看双手挽狂澜。

1937 年 8 月，王干青去了革命圣地延安，并且受到毛泽东主席的接见。这首题为《在延安呈毛主席》的七律，便是王干青的手笔，是当时脍炙人口的优秀诗篇。它表达了作者对毛主席和党中央的无比信赖和崇敬，对革命圣地延安的无限向往和期待。这时，他对外的身份是四川军政首脑刘湘的代表。

原来，西安事变后，第二次国共合作又开始了，共产党员和左翼人士逐渐公开露面。1937 年 5 月，王干青经组织安排和社会知名的老友推荐，被军阀刘湘的四川省政府委员会委任为成都市保甲人员指导室指导。王干青利用这个身份，公开进行抗日活动，与张秀熟、车耀先、张曙时、周列三、骆是愚、洪仿予等著名人士往来密切。抗战刊物《大声》就设在他的指导室里。1937 年 9 月间，王干青在当时党在四川搞统战工作的负责同志的支持下，取得刘湘的信任，作为其代表派驻延安。刘湘派王干青到延安是想向中国共产党表达他参加抗战的决心，还要替他带去一笔捐款赠送给陕北公学。

踏上延安的土地，王干青的心情也豁然开朗，极为激动。这里所有的不是凝着血腥的紫色的泥土，而是一片可以信马由缰的黄土高坡。这里到处都是战友，是同志，是亲人。这里燃烧着不会熄灭的祖国复兴的火种。这里跳动着的是一个民族崛起的希望，延安的今天便是全中国的明天。

王干青经过一番努力，把成都和延安之间的电台架设起来。延安台代号 KR，成都台代号 KF。1937 年 9 月 15 日，两台互相呼叫，正式开始收发电报，从而促进了党中央和四川军政当局的联系和交流，推进了党的抗日民族统一战线工作，推动了川军出川抗日。王干青在延安期间，会见了许多后来的四川党组织的领导同志如车耀先、罗世文、程子健、张曙时、邹风平、廖志高、杨伯恺等，增进了彼此的联系，也为以后四川开展革命活动打下了更好的基础。

三年后，王干青回到四川。他仍深深地思念着陕北的革命军民，思念着伟大领袖毛主席。他把在延安时毛主席亲手相赠的一张照片悬挂在书房的墙壁上。1938 年 2 月刘湘逝世，毛主席发的悼念唁电，就是请王干青代转的。

在延安和成都之间频繁往返的王干青，一如既往，沉着而不动声色地拼命工作。在周旋于上层人士之间的同时，他经常关注大后方年轻知识分子和工人的进步。他直接介绍、输送了不少革命青年到延安去学习和工作，其中许多人在党的教育培养下，成了我党和我军的骨干。

十年风雨同舟

刘湘死后，蒋介石为分化川军力量，把刘湘的部队划分为四个集团军。王干青也从延安回川，被闲置在集团军驻成都联合办事处当"顾问"。

王干青对革命的赤胆忠心和他积极热情的工作态度，获得了党组织高度的信任。受四川党组织负责人张曙时之托，王干青负责做川军上层实力人物的统战工作。他参与党内讨论重大的政治问题，与相继来川领导党的工作的邹风平、廖志高、罗世文等同志密切联系，一起研究工作。

1940 年 3 月，罗世文、车耀先等同志不幸被捕，党的其他领导同志都及时向郊区转移，王干青亦避走双流。

张澜改组中国民主政团同盟时，王干青成为筹建中国民主同盟的发起人之一。此后，王干青即以民盟成员的身份，大力推进日益高涨的民主运动，从而加强了党在四川各界及上层人士中的统战工作。在近三年的时间中，他和张澜住在一起，为民族的解放事业呕心沥血地工作着。

赤胆忠心老英雄

1945 年 8 月后，王干青去重庆会见省委负责人吴玉章、王维舟。他接受党的指示，回成都开展活动。接着，王干青在国立四川大学侧门成都培根火柴厂担任厂长职务，大力支持国立四川大学等校进步学生运动。他以工厂为基地，搞歌咏队，开展爱国宣传；办工人夜校，组织民主讲坛，请加拿大友人文幼章等社会知名人士来厂讲演，启发人们的民主思想。此时的培根火柴厂不仅是慈惠堂数十个鳏寡孤独、老弱病残、贫儿弃婴所赖以生存的地方，同时是党组织的一些负责同志在危急之际最好的栖身之地。

王干青经常劝同志们多学习，读《反杜林论》和《新哲学大纲》等，以武装自己，更好为党工作。党组织为他的安危着想，曾劝他暂离成都。然而，王干青却说："活了 60 岁，还偷（贪）生怕死么?"一个老革命家，一身凛然的正气，舍生忘死地为一个目标不懈奋斗。培根火柴厂不能没有他，成都的革命工作离不开他。

1949 年 11 月 9 日，这是一个格外阴冷的早晨，敌人手持王陵基的名片，前来王干青的住处"请"他去说话。王干青早已有所预见。他非常镇静，毫无惧色地从容出门，登车而去。

约一个月之后，也就是 12 月 7 日深夜，坚贞不屈的老共产党员王干青和 30 多位革命志士一起，英勇就义于成都市西门外十二桥畔。

（郑畅、张明编写，韩夏改编）

参考资料：

1. 王勇. 王干青：英烈千秋埋忠骨 彪炳史册载英名 [EB/OL]. http://www.mztoday.gov.cn/show.php?id=26818,2017—06—16.

2. 王干青："王长子" [EB/OL]. http://www.cdsouth.com/rwzg/4721.html,2002—09—19.

3. 雷晓光. 绵竹王干青烈士墓 [J]. 四川文物，1987（4）：45.

4. 刘全. 壮士出川 一段悲壮历史的再现（上篇）：记中国共产党在川军出川抗日中的积极作用 [J]. 四川党的建设（城市版），2014（2）：68—69.

5 中国人民政治协商会议四川省成都市委员会文史资料研究委员会. 成都文史资料选辑：第 14 辑 十二桥惨案专辑［Z］. 1986.

6. 中国人民政治协商会议四川省成都市委员会文史资料研究委员会. 成都文史资料选辑：第 2 辑［Z］. 1982.

7. 四川省绵竹县政协文史资料委员会. 绵竹文史资料选辑：第 9 辑［Z］. 1990.

8. 中国人民政治协商会议四川省绵竹县委员会. 绵竹文史资料选辑：第 4 辑［Z］. 1985.

9. 政协德阳市资料研究委员会. 德阳市文史资料选辑：第 5 辑［Z］. 1986.

10. 黄燕. 王干青烈士与章璞书信和照片［J］. 四川档案，2017（3）：56.

11. 刘全. 壮士出川：一段悲壮历史的再现（下篇）——记中国共产党在川军出川抗日中的积极作用［J］. 四川党的建设（城市版），2014（3）：71-71.

12. 雷晓光. 绵竹王干青烈士墓［J］. 四川文物，1987（4）：45.

13. 中国人民政治协商会议四川省双流县委员会文史资料研究委员会. 双流县文史资料选辑：第 2 辑［Z］. 1982.

14. 中国人民政治协商会议四川省成都市委员会文史资料研究委员会. 成都文史资料选辑：第 7 辑［Z］. 1984.

15. 中国人民政治协商会议四川省绵竹县委员会. 绵竹文史资料选辑：第 6 辑［Z］. 1987.

16. 蒋万永. 中国·四川·德阳市历代文化名人选［M］. 成都：巴蜀书社，2003.

17. 中共成都市委党史研究室. 八年抗战在蓉城［M］. 成都：成都出版社，1994.

18. 成都市政协文史学习委员会. 成都文史资料选编：解放战争卷［M］. 成都：四川人民出版社，2007.

19. 中国人民政治协商会议四川省绵竹县委员会. 绵竹文史资料选辑：第 1 辑［Z］. 1982.

刘仲宣烈士——敢出污泥而不染

1945 年 6 月，四川省金堂县爆出一起特大新闻：县长刘仲宣因"贪污罪"被革职查办，并被拘于成都地方法院宁夏街监狱。时隔不久，正当这一事件在人们心中余波未平时，该县建设科科长马义遵又被人神秘地杀害于自家门前。

一时间，整个金堂县炸开了锅，街谈巷议，众说纷纭，莫衷一是。人人都想知道，这两位金堂县的"头面人物"，为何一先一后被囚被杀？这两件事内幕到底如何？又有什么联系呢？

开明县长出川大

刘仲宣（1890—1949）是四川大学的校友。1890 年农历三月二十七日，刘仲宣出生于四川省南江县长赤乡一个富裕农民家庭。在本乡私塾读完小学后，他考入了南江县中学。由于勤奋好学，1920 年他以优异成绩考入了当时的四川公立法政专门学校（四川大学前身）法律科，与革命烈士帅昌时同班。

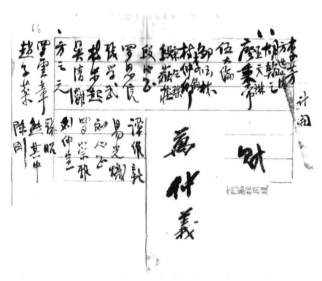

刘仲宣在四川大学馆藏档案中

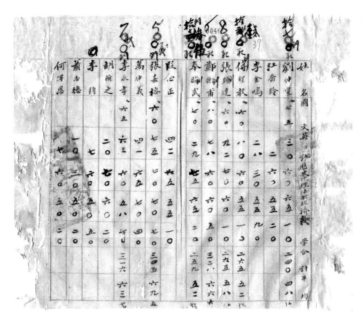

刘仲宣在四川公立法政专门学校榜示新招预科录取出榜名册中

刘仲宣在四川公立法政专门学校造报政治经济本科一班学生姓名一览表中

　　具有爱国心和正义感的刘仲宣，下决心发愤苦读，以备日后为国效劳、为民请命。对知识，他如饥似渴，博闻强识。他不仅通晓宪法、刑法、民法、行政法、法院编制法、公司条例等一系列国内的法律制度，而且对罗马法、国际公法等法律条文有所钻研，并能相互比较，融会贯通，从中归纳出各自的特点和异同，化为己用。因此，在学校的历次考试中，刘仲宣的各科成绩总是名列前茅。同时，他很关心校内新文化运动的开展，积极阅读进步书刊，接触进步思潮。

　　1924年，刘仲宣经过四年学习以优异的成绩毕业了，被派遣到雅安地方法院，担任推事一职。其后四年间，他先后在成都、泸州、自贡等地方法院任职。1932年，刘仲宣又前往重庆从事律师业务。1936年，受中共统战政策感召颇深的刘湘开办了四川省县政人员训练班。经友人推荐，刘仲宣得以进入其间，接受培训。这为他以后独当一面，担任县长打下了基础。从此，刘仲宣踏上了从政的道路。

　　1937年，刘仲宣为国民党四川省政府委派，出任垫江县县长。任职期间，他清廉正直，体察民情，其最大的成绩是严惩烟客，禁烟禁毒，匡正民风。因此，他即被委任为四川省禁烟督办公署一级密察员。

　　刘仲宣遍巡四川各地，宣示国民力戒烟癖，强身健体，以赴国难。同时，他督促协助地方政府，缉拿烟赌匪徒，惩办贩毒者，可谓成绩斐然。1941年，刘仲宣受省政府委派，前往金堂县，担任县长一职。至此，刘仲宣的仕途可谓一帆风顺，但他并没有忘记处于水深火热中的劳动人民。

　　刘仲宣在师长前辈面前，谨慎恭敬，不失为一谦谦君子。但他自小为人处世就刚直不阿，好打抱不平，对当时社会上的各种邪恶势力深恶痛绝，堪称一介勇夫。在学校求学期间，师长和进步同学的影响使他受益匪浅。国家被帝国主义列强凌辱和侵略，军阀间连年混战而殃及无辜百姓，更是深深激起了他的爱国心和责任感。在这样的时代、这种环境下成长起来的他，"出污泥而不染"。在法院任职，是与社会黑暗面打交道最多的行当之一。刘仲宣不畏强权，不惧地痞，拒收贿赂，秉公办案。特别是遇到豪强恶霸欺压良民百姓的诉讼案，他更是将个人安危置之度外，一定要抑邪扶正、仗义执言。当他升为县长之后，可以说已经成功地进入国民党的统治阶层，但他仍是数十年如一日地坚持自己的信条，为普通民众着想和办事。不知多少次，他受到恐吓，或是来自上下左右的为难和说情。对此，他总是不为所动，一笑了之。因而，刘县长博得了当地民众的尊敬。像刘仲宣这样不愿同流合污、坚定地要走上革命道路的人，是难能可贵的。

蒙冤不忘惩恶扬善

刘仲宣担任县长的金堂县，位于川西平原东北角。由于这里半是平川半是山地，向来恶霸横行、匪患频繁。加之当地距成都较近，大城市许多恶劣风习又频频袭来。在这里，吸烟贩毒和卖淫嫖赌几乎无所不有。

"新官上任三把火"。上任伊始，刘仲宣首先调阅档案文卷，遍查密访，寻找线索，搜集证据，摸清了各路地痞流氓、豪强从事罪恶勾当的情况。然后，他顶着来自各方面的压力，冒着遭暗杀和被革职的风险，集中力量，将一批批烟客、赌棍、土匪、浪人等缉拿归案，严惩不贷，毫不留情。当时，驻金堂某团副团长王从周是有名的金堂一霸。他无视法纪，贩毒通匪，鱼肉乡民，无恶不作。刘仲宣掌握了真凭实据后秉公执法，将其缉拿，押往成都法办。经过刘仲宣的全力整治，金堂县的各种恶行劣迹大为收敛，社会治安明显好转，民风渐趋淳朴。

刘仲宣的匡邪扶正之举，赢得了金堂县广大百姓的欢迎，同时也招来了一些地头蛇的痛恨。金堂县臭名昭著的袍哥舵把手，人称"浑水袍哥"的赖金迁、赖华山两个泼皮，平素勾结土匪和强盗，为虎作伥，横行乡里。正值刘仲宣大刀阔斧和全力整饬之际，他们却兴风作浪，煽风点火，造谣中伤，恣意诽谤，欲置刘仲宣于死地而后快。对此，刘仲宣把个人安危置之脑后，仍以自己不屈不挠之正气和坚忍不拔之毅力，与恶势力作艰苦的斗争。无奈天公不作美，就在这时候，被拘于成都的王从周利用他的各种社会关系，用重金贿赂了省会各有关当局，而被无罪释放。他一出狱，就立刻与金堂县地方恶势力勾结，开始了对刘仲宣的报复行动。

马义遵，原是一个县府的打杂人员。刘仲宣到职后，见他年轻有为，便破格将其提升为科员。不久，他又从科员升为建设科科长。按理，马义遵不说对刘仲宣报知遇之恩，起码也该实事求是。但恰恰是他恩将仇报，把刘仲宣送入了监狱。

王从周回县后串通了一向与刘仲宣不和的贪官污吏，如金堂县参议长曾绍琪、副参议长林伯琴和县党部书记长余光宇等人。他们或策划于密室，或活动于四方。他们唆使金堂县建设科科长马义遵伪造证据、罗织罪名，诬告刘仲宣利用职务之便，贪污该县建设款项。当时省会有关当局，与地头蛇们狼狈为奸，致使刘仲宣有口难辩，蒙受不白之冤。1945 年 6 月，当局以刘仲宣"罪名"成立而加以革职查处，将其囚禁于成都地方法院宁夏街监狱。

卖友求荣的马义遵没有换来功名利禄，却引来了杀身之祸。他的不义之举，激怒了金堂县一批好打抱不平者。当马义遵某晚回家，刚行至家门口时，忽然从暗处跳出两个黑影，手起刀落，马义遵顿时命归黄泉。这就是本文开头所叙事件的原委。

选择了光明

对于刘仲宣"贪污"一案，法院始终没有搜集到任何真凭实据，难以下判。但由于王从周等人上下行贿、八方游说，地方法院当局又不愿轻易放人，致使刘仲宣不明不白地被关押了四年之久。

在阴森恐怖的宁夏街监狱内，是无任何"人道"可言的。牢房狭窄，黑暗潮湿，虫蚤成群，老鼠成灾。刘仲宣饱尝了牢狱之苦，但最使他苦恼的是，他与爱妻娇儿亦很难见上一面。回首往事，刘仲宣自觉为人正直、居官守法，本来是"功罪是非，人神共鉴"的，不想如今却蒙冤受难，身陷囹圄。思前想后，他还是搞不懂这一切是为什么，不觉陷入了深深的苦恼和失望之中。

刘仲宣没有想到，他的入狱早已引起了同处一室的共产党员杜可的注意。杜可是 1939 年入党的老党员，对党忠心耿耿，对革命的胜利充满了坚定的信念，且具有丰富的对敌斗争经验。他联络同牢房的进步青年龙世正、彭代悌、云龙等人，成立了"在监工作组"，积极开展狱中斗争。刘仲宣入狱后，杜可很快发现刘仲宣虽然身为旧官吏，但秉性刚直、疾恶如仇。杜可很快开始接近刘仲宣，通过思想和行动来感化他和改造他。经过深思熟虑，刘仲宣心中逐渐树立起了正确的信念，认识到反动派才是最大的恶势力和社会黑暗腐败的根源。他毅然扔下了过去沉重的包袱，参加了杜可的"在监工作组"，积极参加推进川西解放的活动。

刘仲宣虽然被捕了，但他在金堂县的所作所为，有目共睹。当得知他被诬入狱后，众多百姓义愤填膺，深为不平。1949 年 6 月中旬，刘仲宣获释出狱。但这时的刘仲宣已不是以前的"刘县长"了，而是成了一名革命者。他冒着生命危险设法与熊克武的"川康渝自卫委员会"联络，计划筹建一个总队的游击武装，以配合解放大军向成都进军。在百忙之中，他还撰写了一篇《告国民党官兵书》，劝告其旧日同僚，弃暗投明，建新功、赎前愆。

由于他工作积极、活动频繁，很快就被敌人察觉，不久即再陷罗网。他和彭代悌等人被捕。被捕后，他被直接关进了成都稽查处玉带桥看守所。在狱中，刘仲宣饱受酷刑，但他不惧淫威，守口如瓶，对他参加的革命活动及其他革命志士的情况只字不露。刘仲宣读过大学，当过律师，任过县长，因而才思敏捷，能言善辩。在狱中，他有选择地对个别看守作宣传，赢得了部分看守的同情和支持，并通过他们秘密地传递消息、购买物品。

刘仲宣还与同室难友一起开展了多种形式的狱中斗争。当得知中华人民共和国成立的消息后，狱中党小组决定，趁敌人惊慌失措之际，以改善生活为名开展对敌斗争。全体难友联合请愿，向狱方提出多项条件。恰逢这天刘仲宣的女儿前来探监，在收发室大声叫道："我给爸爸送来过很多钱，为什么还在要钱。"刘仲宣一听之下，顿时愤怒之极，因他从未收到过一分钱。一气之下，他将瓦壶向看守掷去。被戳穿卑劣行径的看守恼羞成怒，立即将刘仲宣铐了起来。难友们闻知此事后当即在中午绝食，以示抗议。稽查处长周迅予怕事态闹大，不得不同意囚犯们提出的三个条件，取下了刘仲宣的手铐，并撤换了虐待囚犯的看守。

1949年12月4日晚，在成都解放前夕，刘仲宣与其他30多名同志一起，牺牲于成都西门外十二桥畔。

（张明编写，韩夏改编）

参考资料：

1. 名人故事｜成都十二桥烈士刘仲宣事略［EB/OL］. https://new. qq. com/omn/20190614/20190614A0G0RS00. html?pc,2019－06－14.

2. 中国人民政治协商会议四川省南江县委员会文史资料工作委员会. 南江县文史资料选辑：第4辑［Z］. 1991.

3. 徐德勋，中国人民政治协商会议四川省金堂县委员会文史资料研究委员会. 金堂文史 [M]. 成都：巴蜀书社，1990.

6. 中国人民政治协商会议四川省成都市委员会文史资料研究委员会. 成都文史资料选辑：第 14 辑 十二桥惨案专辑 [Z]. 1986.

7. 青白江区地方志编纂委员会. 成都市青白江区志 [M]. 成都：成都出版社，1995.

8. 成都市政协文史学习委员会. 成都文史资料选编：解放战争卷 [M]. 成都：四川人民出版社，2007.

9. 中共四川省委党史工作委员会. 五四运动在四川 [M]. 成都：四川大学出版社，1989.

缪竞韩烈士——永远为真理而战

缪竞韩烈士

1949 年 12 月 7 日，30 多名共产党员和进步人士被五花大绑、蒙眼塞口，用汽车押至西门外十二桥。就在这黎明前的黑暗中，汽车马达声掩盖住了罪恶的枪声，烈士们鲜血染红了泥土和青草。成都解放后，军管会立即组织了发掘烈士遗体的工作，其中一具遗体身中九弹，面目全非，只能从他脚穿的白色回力球鞋和身上的皮带，特别是前额上的发旋三个特征辨认出来，他就是国立四川大学法律系 1946 级学生缪竞韩（1927—1949）。

甘为革命献青春

缪竞韩 1927 年出生在四川省威远县城一个知识分子的家庭。他自幼就受到良好的家庭教育，品学兼优，多才多艺。他能歌善舞，又爱书画。早在读高小时，他就在爱国教师的领导和组织下，参加了"抗日歌咏队"，在反映沦陷区人民悲惨生活的歌剧《女乞儿》中扮演主角。进初中后，他以优异成绩被选为班级学习委员，和同学们一道组织了"晚呼队"。每天晚自习前，他们带着煤气灯，高唱抗日歌曲，高呼抗日口号。抗日救亡运动热潮，鼓舞了群众的抗日斗志，缪竞韩在革命洪流中逐渐成长起来。

1942 年夏，缪竞韩以优异成绩考入当时著名的进步学校自贡蜀光中学高中部。该校早在 20 世纪 30 年代已有党组织的活动。在"尽心为公，努力增能"的校训下，蜀光中学力倡民主精神，陶冶着缪竞韩的抗日救国情操。缪竞韩进入这样一个民主进步的环境后，在地下党组织和进步教师的哺育和关怀下，他的爱国思想日渐清晰而成熟。他自幼善书画喜篆刻，入学后更是如鱼得水，主动包揽了很多壁报的刊头设计和书画任务。他和同学们一起议国事，"家事，国事，天下事，事事关心"。

一天，他意外地发现同桌同学在背地里阅读《新华日报》和《群众》杂志，惊喜交加的他开始主动接近这位同学。釜溪河畔，垂柳树下，两位志同道合的青年互表心志，交流了对时局和国共两党的看法。共同的理想和追求，使他俩结成了情同手足的密友。密友曾送给他一篇言志短文，缪竞韩最喜欢的有这样几句："对大人物藐而小之，对富人怒目而视，对'高贵'的人卑而轻之，穷不爱钱，天生爱贫贱，斗争失败不求援。"寥寥数言，正是对缪竞韩烈士一生刚直不阿、疾恶如仇、不阿权贵、不向反动势力低头、敢为真理而斗争的个性的真实刻画。

叛逆者

早在高中时，缪竞韩就曾与密友"约法三章"，即"决不报考中央政治大学，决不参加国民党，永远要为真理而战斗"。还不太成熟的他仍抱着"以法治天下"的愿望。他所选择的"为真理而战斗"的手段是法律，当一个正直的律师，像施洋那样，为劳苦大众打官司，作辩护。就这样，1946 年秋，他考入了国立四川大学法学院法律系。国立四川大学是他人生的转折点，他终于踏上了另一条人生道路。这条道路充满了坎坷和艰辛。最终，他甚至献出了自己的生命。

当时的中国社会，正处于激烈的动荡之中。有着悠久历史的国立四川大学是成都进步学生集中的一个"民主堡垒"。国立四川大学进步学生为团结广大同学，更好地宣传党的方针、政策，先后创办了不少进步文艺团体。擅长文艺表演的缪竞韩自然成了这些文艺团体的骨干。他先后参加了"黎明歌唱团""方言剧艺研究社""戏剧研究会"。他扭秧歌，演活报剧，高唱革命歌曲。缪竞韩以他的多才多艺，集编、导、演于一身，给同学们留下了难忘的印象。他积极主动地参加这些进步文艺团体，既激励自己也鼓舞了群众的革命热情。他的立场愈加坚定，斗志愈加高昂。

　　1948 年 4 月 9 日，缪竞韩被捕，后被释放。父亲担心缪竞韩而来信询问，缪竞韩在获释后给父母的信中写道："现在的一切事情，不是左与右的问题，亦非党的问题，而是是与非的问题，是就是对，非就是不对，是我就做，非我就不做，敬请放心。"缪竞韩对自己一生的道路，开始了新的认真思索。

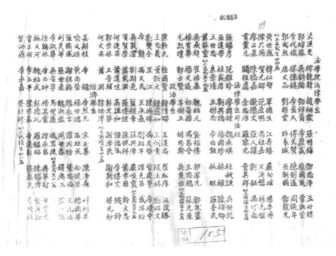

缪竞韩在国立四川大学录取新生名单中

缪竞韩的国立四川大学学生入学登记表

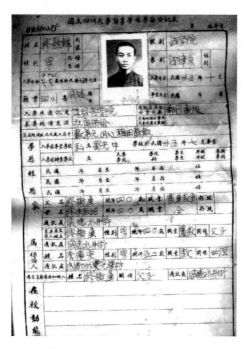

缪竞韩的国立四川大学学生学籍登记表

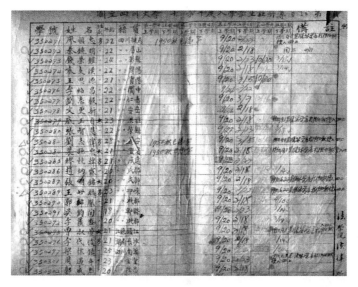

缪竞韩在国立四川大学入学学生注册簿中

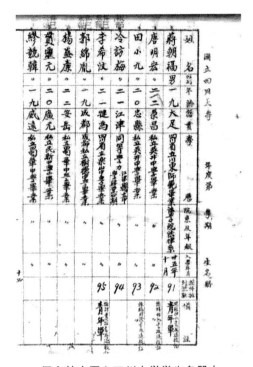

缪竞韩在国立四川大学学生名册中

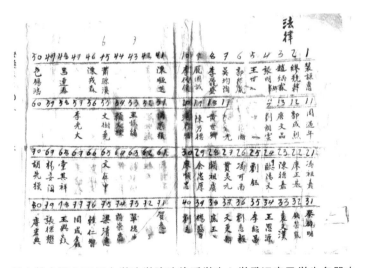

缪竞韩在国立四川大学法学院法律系学生入学登记表及学生名册中

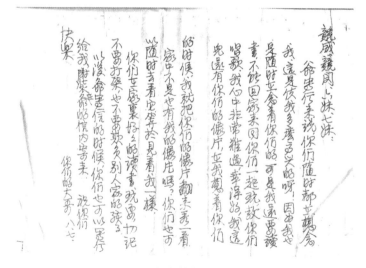

缪竞韩在国立四川大学威远同乡会
学生团体登记表中

缪竞韩在国立四川大学立心法学
研究会学生团体登记表中

缪竞韩家书

献身革命终不悔

1948 年 8 月，反动派设立了"特种刑事法庭"，传讯国立四川大学等校学生一百余名，同时大肆抓捕进步人士。为适应形势的变化，党组织转移了已暴露的中共党员和"民协"成员，停止了已有进步名声的社团活动。同时，国立四川大学党组织决定成立"方言剧艺研究社"，继续坚持斗争。缪竞韩自是不甘人后，积极参加了"方言剧艺研究社"活动，并成为其骨干之一。缪竞韩对于危险没有感到恐惧，更没有因此而逃避。他继续毫无保留地向革命事业倾注自己的热情，他最擅长的文艺表演成了插向反动派的一把尖刀。在国立四川大学盛况空前的"四九"运动一周年的纪念晚会上，素以"才子"著称的缪竞韩，不负众望，扮演了最精彩的活报剧《灵官扫台》中的小鬼。这个活报剧，把绰号"灵官"的王陵基的丑态刻画得惟妙惟肖，揭露得淋漓尽致。晚会获得了成功并产生了巨大的影响。

1949 年 4 月 20 日深夜，缪竞韩的同学余天觉、方智炯、田宗美等被捕，而他则幸运地躲过了搜捕。他从严酷的现实斗争中，看清了真理，分清了敌我。1949 年 5 月，他毅然参加了党的外围组织"民协"。从这天起，他脱胎换骨，犹如新生，在家信的字里行间洋溢着一种新的激情，他要"学习以后应该做的事情"。6 月，缪竞韩奉命留守国立四川大学，开展护校工作。他积极掩护其他同学，却唯独没考虑自己。

浩气磅礴光明永存

1949 年 8 月 8 日，当缪竞韩和几个"方言剧艺研究社"的同学在九眼桥头的茶馆喝茶时，他发现了盯梢的特务，立刻转告了邻座的同学。不一会儿，他疟疾病发，由邻座同学扶回学校休息。路上，他被前堵后截的四个特务围住，枪尖直指胸膛。缪竞韩被裹胁着途经茶馆时，尚在茶馆的同学追出来喊他，却被特务用枪尖打了回去。缪竞韩镇定自若，昂首挺胸。为保护同学，他故意对同学的喊声不理不睬，置若罔闻。

缪竞韩被捕后被关在成都将军衙门国民党四川省特别委员会的五号牢房，同室的有余天觉、田中美、方智炯等八名难友。他首先把长沙解放的最新消息带给狱中难友，以振奋人心。在狱中，缪竞韩始终保持着一种革命者的乐观主义精神。"狱中八仙"是他和同室难友的自称。缪竟韩在狱中仍没有闲置能歌善舞的才能。他和余天觉一起将校园中的革命歌曲，一首一首地教给难友，甚至还把《跌倒算什么》分成四个声部合唱，由余天觉担任指挥。从此，牢中响起了此起彼伏的歌声。他们用歌声做武器，团结和鼓舞难友，更加勇敢地同敌人进行斗争。他们也用歌声来庆祝新政协的胜利闭幕和10月1日新中国的诞生。

　　1949年12月7日，十二桥边洒满了缪竟韩等烈士的鲜血，带血的泥土掩盖了烈士的遗骨。

（黄桂芳、张真实编写，韩夏改编）

参考资料：

1. 威远县史志办. 十二桥烈士：缪竟韩 [EB/OL]. http://www. weiyuan. gov. cn/service/show/24645,2013－05－20.

2. 中国人民政治协商会议四川省成都市委员会文史资料研究委员会. 成都文史资料选辑：第14辑 十二桥惨案专辑 [Z]. 1986.

3. 中共威远县委党史工作委员会. 中共威远县地方党史资料汇编：1920年—1949年 第1辑 [Z]. 1987.

4. 成都市政协文史学习委员会. 成都文史资料选编：解放战争卷 [M]. 成都：四川人民出版社，2007.

5. 中共成都市委党史研究室. 黎明前 36 烈士谱写壮丽史诗 [N]. 成都日报，2011－07－01.

6. 饶用虞. 四川大学在近现代史上的特殊地位和贡献 [J]. 四川党史，2000 (2)：19－23.

田中美烈士——甘为中华铺路石

田中美（田宗美）烈士

田中美（1925—1949），在校用名田宗美，1925 年出生于四川省泸县通滩镇。1946 年，他考入国立四川大学，1949 年 3 月参加进步组织"火星社"。同年 4 月，他被反动派逮捕。成都解放前夕，他在十二桥英勇就义。

倔强的少年

抗日战争初期，田中美在通滩小学读高小。在老师的带领下，他和同学们一起，参加抗日救国运动，宣传动员乡亲们捐款捐物。这一活动教育了众乡亲，也教育了田中美自己。1943 年秋，田中美考入成都市立中学高中第三班。由于他待人诚恳、关心集体、办事公道、任劳任怨，先后被选为伙食委员、班长。1944 年 10 月，在"市中事件"发生时，田中美是高三班的班长，被同学们推荐为代表。他怀着极大的义愤，带领广大同学与顽固派进行坚决的斗争。他和吴钦承、张垂楷、郑富盛等四十几个同学被抓进簸箕街派出所关押。在这场斗争中，田中美经受了锻炼和考验，丢掉了对顽固派的幻想。

革命的火星

1946年9月，田中美进入国立四川大学先修班，次年9月考入国立四川大学法学院法律系，并被选为国立四川大学市立男女中学会（又名绳溪学会）主席。他积极热情地参加各种社会活动。1948年深秋，他参加了"新人读书会"。他如饥似渴地学习《大众哲学》《新民主主义论》《社会发展简史》《论联合政府》《整风文献》等进步书籍，用马列主义来武装自己的头脑。

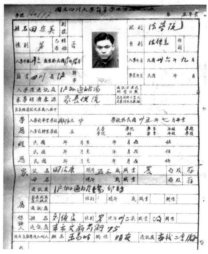

田中美（田宗美）的国立四川大学学生学籍登记表

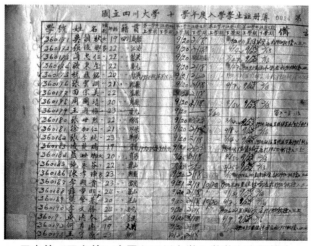

田中美（田宗美）在国立四川大学入学学生注册簿中

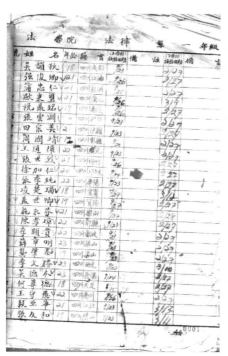

田中美（田宗美）在国立四川大学　　　　田中美（田宗美）的国立四川大学
　　法学院注册表中　　　　　　　　　　　学生历期成绩表

1949年3月，国立四川大学改选学生自治会理事会，田中美当选为学生自治会理事。同时，他被吸收为"火星社"社员。他激动地对介绍人说："我长期思考的结果是，只有共产党才能救中国。现在我还不够入党条件，我要投身到党领导的实际斗争中去，锻炼自己，让党考察。总之，我这一辈子就是跟着共产党走，生要为新中国的诞生呐喊助威，死仍为新中国的诞生铺路。"参加火星社后，田中美就自觉地以革命战士的严格标准来要求自己，不知疲倦地工作。在1949年4月20日凌晨的大逮捕中，田中美与杨政声、冷观樵等同时被抓进了监狱。

天快亮时

田中美被捕后，被关在将军衙门国民党四川省特别委员会的牢房内，与国立四川大学同学余天觉、缪竞韩等同室。田中美在狱中十分坚强，严守秘密。对革命组织的情况和牵涉到其他同志的问题，他毫不吐露。他经常朗读文天祥的《正气歌》，以"人生自古谁无死，留取丹心照汗青"的高尚气节来激励自己和同伴。据后来出狱的同志讲，他们这间牢房最活跃。晚饭后，经常听到他们唱《团结就是力量》《山那边哟好地方》等革命歌曲。在他们的带动下，大家也常唱"坐牢算什么，算什么，我们骨头硬，骨头硬。生要站着生，站着生；死要站着死，站着死……"那坚定有力的歌声，响遍监狱各个牢房，鼓舞着同志们更加勇敢坚决地同敌人斗争。

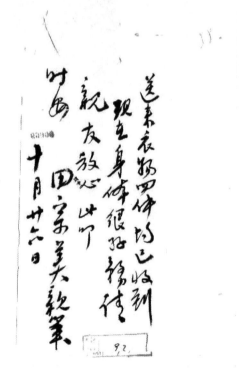

田中美（田宗美）在狱中给亲人的家书

天快亮，更黑暗。12月7日，田中美、余天觉、缪竞韩等30余人被残杀于成都西门外十二桥。成都刚解放，留在成都的火星社社员张垂楷协助市军管会去现场认领烈士遗体，发现田中美头部用麻袋捆着，两臂用麻绳反绑，罪恶的子弹射中头部和胸膛，四肢、背腹等处伤痕累累。由于尸体被埋得很浅，田中美的一条腿已被野狗吞噬。田中美是坚强的革命战士，是火星社的优秀社员。他用实际行动实践了自己的誓言："生要为新中国的诞生呐喊助威，死就为新中国的诞生铺路"！他最喜欢的诗句是：
"前进！前进！穿过坟墓前进！"

　　田中美烈士牺牲时年仅24岁，他短暂的一生闪耀着革命的火花。他不断追求真理，最终为人民献出了自己的生命。

（"火星社"革命斗争史编写组编写，韩夏改编）

　　参考资料：

　　1. 成都英烈网. 田中美［EB/OL］. http://www.cdylw.cn/cdylw/lsyml/lsymllb/402880874e96afb6014eb9fe9cfa007a.html.

　　2. 中国人民政治协商会议四川省成都市委员会文史资料研究委员会. 成都文史资料选辑：第14辑 十二桥惨案专辑［Z］. 1986.

　　3. 成都市政协文史学习委员会. 成都文史资料选编：解放战争卷［M］. 成都：四川人民出版社，2007.

　　4. 中共成都市委党史研究室. 黎明前36烈士谱写壮丽史诗［N］. 成都日报，2011—07—01.

　　5. 饶用虞. 四川大学在近现代史上的特殊地位和贡献［J］. 四川党史，2000（2）：19—23.

余天觉烈士和方智炯烈士——丹心永照十二桥

余天觉烈士　　　　　　　方智炯烈士

　　1950年1月18日上午，四川大学校园沉浸在一派悲痛肃穆的气氛之中。随着萦绕在空中的低沉钟声，人们来到大礼堂，追悼为新中国的诞生而献出生命的校友。

　　礼堂讲台上，端端正正地并排挂着殉难先烈们的遗像。两侧是师生和成都市各界群众送的挽联、花圈。会场里，不时传来一阵阵难以抑制的抽泣声。先烈们舍身就义的事迹，激励着会场里的每一个人。悲痛的悼诗和悼词，把人们深切怀念的情绪推到顶点。

　　望着英烈遗像中熟悉的面容，年轻的大学生们终于抑制不住自己的情感而失声痛哭了。曾和他们朝夕相处、同窗共读的余天觉、方智炯等烈士，离开课堂、离开同学师长，才仅仅一个多月啊！课桌上似乎还放着他们未完的作业，校园里仿佛还闪动着他们的身影，宿舍里好像还回荡着他们的歌声。

法律系的佼佼者

　　余天觉（1926—1949）和方智炯（1923—1949）都是国立四川大学法

学院法律系的学生。或许，他们当初都是抱着"以法治天下"的愿望，而特意考入法律系的吧！他们有着不同的经历、不同的体验，却踏上了一条共同的人生道路。

余天觉来自万里长江和天险乌江汇合处的四川省涪陵县（现重庆市涪陵区）。他从小失去父母，在备尝寄人篱下之苦的艰辛中度过了童年时代。雄伟灵秀的江山，把他哺育成一个一心奋发、不甘人后、自强自爱的人。读中学时，他就以乐于助人、多才多艺而崭露头角。每当学校举办演讲比赛，他常常以清晰有力、富于激情的演说，赢得大家的赞许。他热爱生活，兴趣广泛，不但会拉胡琴和小提琴，也会唱歌、演剧，更写得一手好字，因而受到老师和同学的称羡，被选为成都树德中学"弘毅学会"理事长。高中毕业后，经过几番犹豫，他选择了报考国立四川大学法律系。

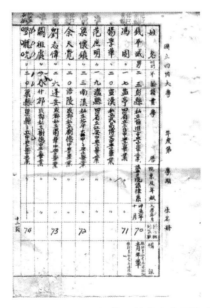

余天觉在国立四川大学入学学生注册簿中

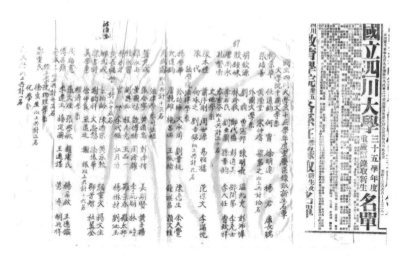

余天觉在国立四川大学 1946 年重庆区录取新生名单中

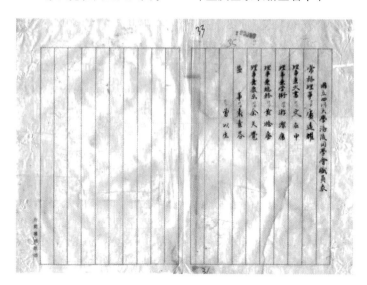

余天觉在国立四川大学涪陵同学会职员表中

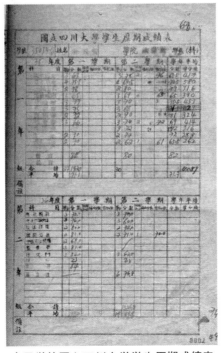

余天觉在国立四川大学法学院入学学生注册簿中

余天觉的国立四川大学学生历期成绩表

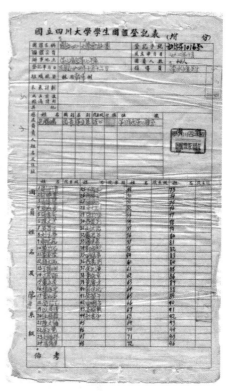

余天觉在国立四川大学平剧社   余天觉在国立四川大学歌咏团
　　学生团体登记表中　　　　　　　　　　学生团体登记表中

　　不苟言笑的方智炯是湖北省松滋人。1935 年，他毕业于松滋县立小学。1937 年，抗战全面爆发后，他随家人流亡来到四川。可能是饱经战乱之苦而又身在异乡吧，方智炯平素寡言少语，不善交际。可是，动荡艰难的生活，磨炼出他坚忍不拔、急公好义、富于爱国热忱的性格。1944 年 8 月，他毕业于重庆国立第十二中学。1946 年 9 月，他由重庆市教育局保送，先入国立四川大学暑期补习班。1947 年 9 月，他进入国立四川大学。1948 年，他转入法律系。不久，他就参加了中国民主同盟。

　　在严酷现实的教育下，方智炯逐步认识到，只有追求进步，只有接受真理，才能改变中国社会极端不合理的现状。在学校的一份调查表中，他毫无顾忌地在"你将来的意愿如何"一栏中回答道："我要对全人类的幸福有所贡献。"

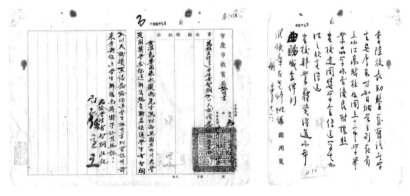

方智炯在国立四川大学 1946 年暑期补习班直升大学一年级学生名册中

重庆市教育局保送学生方智炯入校有关函件

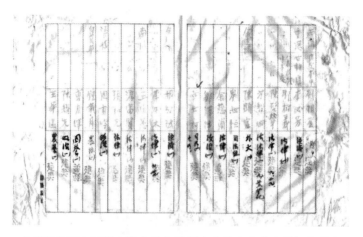

方智炯在国立四川大学各县市奖学金先修班直升大学部名册中

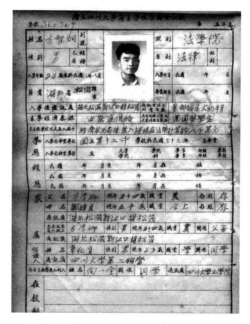

方智炯的国立四川大学学生学籍登记表

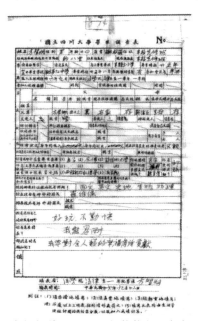

方智炯在国立四川大学关于重庆八省积谷办事处设置奖学金数额函中

方智炯的国立四川大学学生调查表

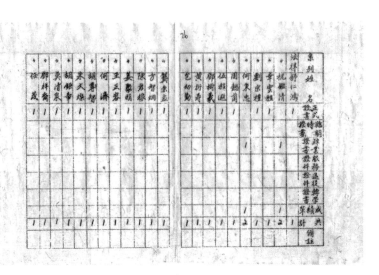

方智炯在国立四川大学造报 1947 年新生入学呈交证件清单中

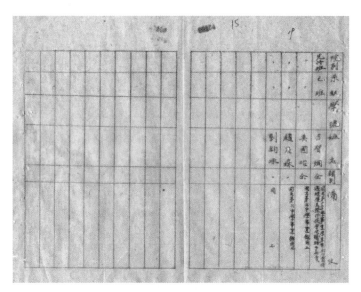

方智炯在国立四川大学 1946 年 10 月份请领学生膳费清册中

方智炯在国立四川大学已社社团登记表中

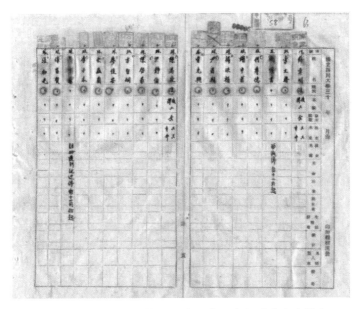

方智炯在国立四川大学1948年下期二年级建奖生底册中

血的启迪

1948年3月底，寒假刚过，以国立四川大学为首发起的成都大中学校学生为争温饱的"助学运动"已经接近尾声。"四九"运动使余天觉、方智炯对真理的认识，达到了更宽广的领域和更深的层次；他们对自己的人生道路，开始了新的思索。他们对建立新中国、振兴中华民族的理想更加坚定了。

国立四川大学进步学生为团结广大同学，更好地宣传党的方针、政策，先后创办了不少进步文艺团体，擅长文艺表演的余天觉成了这些文艺团体的骨干。他参加了"方言剧艺研究社""黎明歌唱团""戏剧研究会"等社团，并积极参加社团组织的各项活动。

对爱与憎、是与非有十分鲜明态度和立场的余天觉，是一个才华横溢、锋芒毕露的青年。"四九"血案后，亲友们非常为他担心，多次劝他小心谨慎。但他坚信自己是站在真理一边的。

1948年8月，方智炯被列入了黑名单而被传讯。幸好学校正在放暑假，他回家了，拒不出庭而免于受迫害。回校后，他没有害怕和动摇，而是勇敢地承担起更重的斗争任务，担任了民盟四川大学区分部法律系小组长。

难忘的"四九"晚会

1949年4月1日，南京发生了国民党当局镇压学生的"四一"惨案。在校内举行的"四九"运动一周年的纪念晚会上，个头矮小但声音洪亮、词锋犀利的余天觉担任了晚会的主席。公开出面主持这样的大会，无疑是需要很大勇气和胆略的。但余天觉毅然挺身而出。

这天，夜幕刚刚降临，同学们就从四面八方纷纷来到操场。就连余天觉兼职任教的桂溪中学的学生们，也步行十余里赶到了会场。会上，人们情绪高昂，自编自演形式活泼的节目。以"才子"著称的缪竞韩，不负众望地扮演了最精彩的活报剧《灵官扫台》中的小鬼。这个活报剧把当时国民党四川省政府主席兼四川省保安司令王陵基的丑态揭露得淋漓尽致。当一个同学拿腔拿调地用作道场、念祭文的腔调，诵读中文系进步同学写的《祭戡建委员长文》时，同学们忍不住为这些尖刻嘲讽的词句叫好，整个会场响起一片嘲笑声。"四九"晚会像一把尖刀，刺痛了反动派。

从学校到监狱

1949年4月20日深夜，国立四川大学校园里一片静谧，人们早已进入了梦乡。当同学们被粗暴的喊声惊醒时，余天觉、方智炯和另外几个同学已经被押出了宿舍大门。经过斗争，有几个同学被释放了，而余天觉、方智炯却仍身陷囹圄。

在看守所里，余天觉、方智炯戴着刻有"U.S.A"字母的手铐，被关进阴森森的牢房。当他们接触到狱中难友们关切和信任的目光时，他们平静下来了。新难友入狱，老共产党员杨伯恺教授总是慰勉备至，尤其是对他曾经任教的国立四川大学的学生。杨伯恺说："我们因革命入狱，这是我们的光荣，敌人要我们悔过，我们没有过错，所以也就无过可悔。"杨伯恺告诉难友，要"泡咸菜"，准备长期战斗；他还利用放风的机会，经常给难友们讲革命理论，分析形势的发展，让大家增强对胜利的信心。从难友们充满传奇色彩的经历中，从杨老的慰勉和启示中，余天觉、方智炯吮吸着种种新的知识。他们下定决心不惜牺牲青春和生命来实践自己的誓言。

能言善辩的余天觉，在审讯者面前异常的沉默。当他一个人的时候，他常常陷入沉思。跟同伴相处时，他谈起了自己早逝的双亲、孤苦的童年，谈起了在学校的那些难忘的日子。而他默默的、若有所思的神情，蕴含着希冀的目光和欲言又止的激动，道出了他心中的隐衷：他是多么为自己的"无党无派"而惋惜呵！他早已踏上了一条崎岖不平的革命道路，但却没有走进志同道合的革命者的组织行列！

家境尚佳且已有妻室的方智炯，不仅没有为了有个温暖的小家庭而盼望侥幸出狱，反而决心要把牢底坐穿！面对反动派的威胁和侮辱，方智炯仍像往常那样平静。

监狱的铁门关不住年轻人满腔的激情。余天觉把学校里的那些进步歌曲，一首首教给难友们唱。余天觉又以指挥者的身份，把难友们分成四个声部，唱起《跌倒算什么》。

跌倒算什么？
我们骨头硬。
爬起来，再前进！
天快亮，更黑暗，路难行，
跌倒是常事情。

歌声使大家忘却了失去自由的痛苦，振奋和激励着难友们的斗志。探讨和争论，成了他们生活的主要内容。狭窄黑暗的囚室、潮湿的地铺，没有妨碍他们激烈的谈论。从古到今，从天上到人间，从秦始皇到希特勒，从世事沧桑到人生坎坷……不过，他们谈得最多的还是"明天"！明天，寄托着他们美好的希望；明天，全中国都会成为"山那边哟好地方"。他们各自都在想象着。方智炯微微一笑，说道："我要改个名字，就叫'方坐穿'吧！你们就叫我'方坐穿'吧！"一句话激荡了他们每个人的心！年轻的大学生们相视一笑，又唱了起来，喊了起来。

丹心永照十二桥

1949年12月7日，也就是古老的锦官城获得新生的20天前，稽查处中队长唐体尧在阴惨惨的深夜率领16名武装特务来到看守所，粗暴地把余天觉、方智炯等30余人用麻绳捆绑，用棉花塞住嘴巴，用黑布蒙住眼睛，强行押上刑车，来到十二桥西南200米远的乱坟坝。特务们开始了疯狂的大屠杀，用刺刀、手枪把志士们残忍地杀害。殷红的鲜血染红了十二桥畔的青草，洒进了热土。四川大学的优秀学子余天觉、方智炯等人就这样英勇地长眠在了十二桥畔，他们的一片丹心化作明月，永远地照耀着十二桥。余天觉、方智炯，他们的人生是短暂的，但是他们走过的路却是不平凡的，给后人们留下了永不磨灭的记忆和深刻的启迪。

（王宗力、吕启光编写，朱连芳改编）

参考资料：

1. 巴渝传媒网. 涪陵故事｜尽忠革命事业的烈士余天觉（上）［EB/OL］. http://www.fulingwx.com/show-74-58919.html,2020-07-20.

2. 巴渝传媒网. 涪陵故事｜尽忠革命事业的烈士余天觉（中）［EB/OL］. http://www.fulingwx.com/show-73-59011.html,2020-07-27.

3. 巴渝传媒网. 涪陵故事｜尽忠革命事业的烈士余天觉（下）［EB/OL］. http://www.bycmw.com/news/newsshow-159152.html,2020-08-10.

4. 中国人民政治协商会议四川省成都市委员会文史资料研究委员会. 成都文史资料选辑：第14辑 十二桥惨案专辑［Z］. 1986.

5. 成都市政协文史学习委员会. 成都文史资料选编：解放战争卷 [M]. 成都：四川人民出版社，2007.

6. 中共成都市委党史研究室. 黎明前 36 烈士谱写壮丽史诗 [N]. 成都日报，2011－07－01.

7. 饶用虞. 四川大学在近现代史上的特殊地位和贡献 [J]. 四川党史，2000（2）：19－23.

张大成烈士——滔滔岷江水长流

张大成烈士

在十二桥烈士当中，有一位平凡而普通的革命者。在他短暂的一生中，他像许多同时代的人一样考入了大学，随后又像其他许多优秀青年一样加入了中国共产党，默默地为党奉献出自己的青春乃至生命，一生何其平淡。但也正因其平淡，更让人觉得他真实和可贵；因其平凡，更让人感其伟大而动人。他就是张大成（1920—1949）烈士，国立四川大学农学院农艺系 1944 级学生，一名普通而伟大的共产党员。

出身平凡，疾恶如仇

张大成，字文龙，1920 年 9 月 19 日生于四川省郫县德源乡。他来自一个勤劳、朴实的劳动人民家庭，父亲教书，母亲在家务农。在家庭的熏陶下，他从小就热爱劳动，常帮助母亲在田里干活。

1934 年的一天，疾恶如仇的张大成路过家乡义林寺附近时，见一伙反动兵痞正在抢劫老百姓的财物。年仅 14 岁的他顿时满腔怒火，挺身而出，痛斥这伙兵痞，但却因年小力弱被匪徒用枪托打成了重伤。年幼的他深深感受到了国家的混乱和贫苦百姓的艰辛。

考入川大，投身革命

1944 年 10 月，勤奋好学的张大成从四川省立成都师范学校毕业后，考入了国立四川大学农学院植物病虫害系，翌年转入农艺系，和江竹筠（在校用名江志炜）烈士成了同学。

当他怀着激动兴奋的心情来到这座西南最高学府时，幼年时惨痛的经历不时地闪现在他的脑海中，因此，他毫不犹豫地投入革命的洪流中。很快，校园中开始闪现张大成矫健的身影。

1945 年"一二·一"惨案后，张大成工作十分积极，带头搞宣传、办墙报。随后，他又主动参加了国立四川大学当时重要的进步社团"自然科学研究社"和"时事研究社"，和同学们一起办"时事研究壁报"，组织时事座谈会。很快，张大成的努力得到了周围同学的肯定，他被选为时事研究社社长。

张大成已逐渐成熟起来，渴望进一步参加革命组织。1946 年夏，张大成经同学介绍，参加了中国民主同盟，不久即担任小组长。这之后，他革命的决心更加坚定，行动也更加积极主动。在反对《中美商约》、抗议美军暴行运动，声援南京"五二〇"惨案的斗争中，他都是积极的参加者和组织者。

1947 年，张大成的二哥不幸被捕。他得知这一消息后没有被吓倒，反而向民盟四川省负责人张志和主动请战，把二哥曾经领导过的郫县民盟小组和读书会重新加以组织和发展。

1948 年 4 月，在"反饥饿、反内战、反迫害"的"四九"运动以及随后的尊师运动、助学运动等斗争中，年轻的张大成总是勇敢地站在前列。这段时期，国立四川大学民协、民盟组织了一批同学到学校后门的培根火柴厂开办工人夜校。张大成积极报名并投身其中，他开始走出校门，进一步接触工农大众。

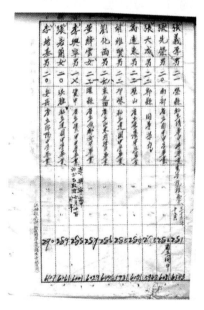

张大成的国立四川大学学生入学登记表

张大成在国立四川大学新生名册中

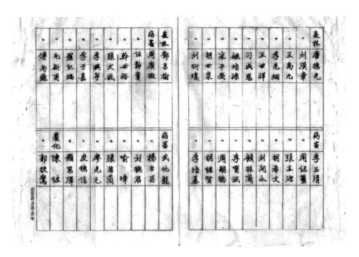

张大成在国立四川大学农学院一年级自费生名册中

张大成在国立四川大学 1944 年第一学期新生名册中

张大成在国立四川大学 1945 年转院系学生名册中

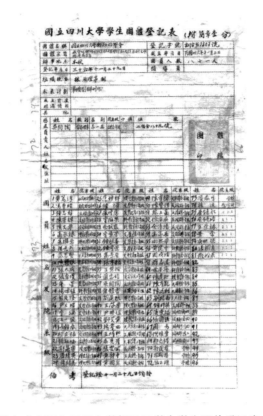

张大成在国立四川大学郫县同学会学生团体登记表中

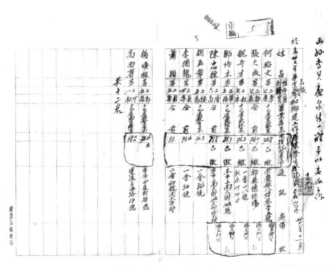

张大成在国立四川大学向乡村建设协会巴璧实验区函介本大学毕业生的函中

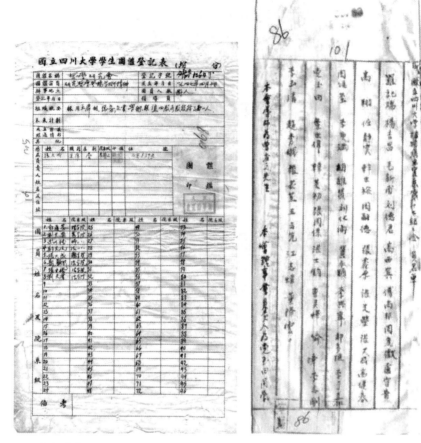

张大成在国立四川大学哲学研究会
学生团体登记表中

张大成在国立四川大学植物
病虫害十七级级会中

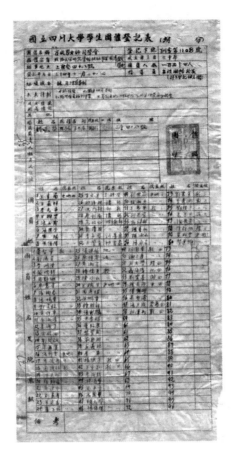

张大成在国立四川大学省成男女师同学会学生团体登记表中

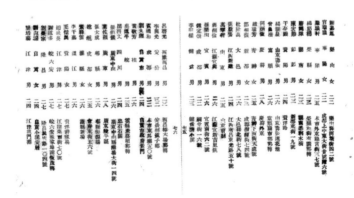

张大成在国立四川大学第十七届毕业同学通讯录中

毕业返乡，撒播火种

1948 年秋，张大成从国立四川大学毕业后回到了郫县老家。不久，他受聘到简明女中教书。在这样一个平凡的岗位上，他并没有忘记革命斗争，没有忘记自己应尽的责任。张大成一方面利用教师这个身份，向广大学生宣讲解放战争的胜利形势，进行革命启蒙教育；另一方面团结了许多有正义感的教师，与地方封建势力进行了坚决的斗争。为此，他被学校解聘了。

川西地区党组织注意到了张大成进行的革命活动，派国立四川大学学生、共产党员马锡禄到郫县去与张大成联系，打算通过张大成岳父的关系，把马锡禄调去灌县女中任教，以便在灌县一带支援农民武装斗争。张大成积极地帮助马锡禄在灌县站稳脚跟，开展工作。此后他经常往返于灌县与成都之间传递消息。

通过实际工作锻炼、接触党员同志和阅读革命书籍，他懂得了更多的革命道理，表现出要成为一名无产阶级先锋战士的强烈愿望。党组织根据他的表现，决定吸收他参加中国共产党。1949 年 5 月，经马锡禄介绍，张大成光荣地加入了中国共产党。在入党宣誓时，他心情激动，热泪盈眶，决心为党奉献一切。不久，张大成又根据党组织的指示，到灌县中学任教，设立党的联络点，接待在成都与灌县间来往的党员。他以灌县中学为主要阵地，团结男中、女中两校教师，合办英语刊物，宣传革命理论。

坚如磐石，迎接黎明

1949 年 8 月，经张大成介绍去灌县煤矿的党员出了事，暴露了灌县中学的联络点。张大成撤退不及，于 1949 年 10 月 12 日被逮捕。他很快就被押送到成都，监禁在将军衙门国民党四川省特别委员会监狱。

在狱中，特务严刑逼供，妄图从他身上打开缺口，破坏岷江上游一带的党组织。敌人用尽了各种野蛮的法西斯手段，甚至把张大成的一条腿打断，也未能从他嘴中得到一丝一毫有用的情报。特务们面对这位坚如磐石的共产党员束手无策。拷打得不到他们想要的东西，他们又阴险地变换了手段，假惺惺地告诉张大成，只要写份"悔过书"就可以让他出狱。张大成识破敌人伎俩，丝毫不为所动。特务们黔驴技穷，无可奈何，只得把他重新拖回牢房。1949 年 12 月 7 日深夜，张大成和其他革命同志一起被国民党反动派杀害于成都外西十二桥畔。

张大成以他的坚贞不屈，很好地保护了岷江一带的中共党组织，使该地区的中共党组织及其领导的岷江支队得以有力地配合了川西地区的解放。他工作过的郫县党组织和民盟以及岷江支队七大队，在川西地区解放后担任郫县城防和防止土匪暴乱中都起了重要作用。后来的这些累累胜利果实，可以说有张大成的一份功劳，是可以告慰烈士英灵的。

（杨世秀、靳用春编写，朱连芳改编）

参考资料：

1. ［革命英烈］张大成烈士：滔滔岷江水［EB/OL］. https://dag.sicau.edu.cn/info/1020/1131.htm，2018－10－08.

2. 中国人民政治协商会议四川省成都市委员会文史资料研究委员会. 成都文史资料选辑：第 14 辑 十二桥惨案专辑［Z］. 1986.

3. 成都市政协文史学习委员会. 成都文史资料选编：解放战争卷［M］. 成都：四川人民出版社，2007.

4. 中共成都市委党史研究室. 黎明前 36 烈士谱写壮丽史诗［N］. 成都日报，2011－07－01.

5. 饶用虞. 四川大学在近现代史上的特殊地位和贡献［J］. 四川党史，2000（2）：19－23.

黎一上烈士——一心为民迎解放

黎一上烈士

锦水清了又浊，浊了又清。江畔的杨柳梧桐，脱了旧装，换了新颜。江边的人们不会忘记一个陌生而又熟悉的名字——国立四川大学法律系 1944 级学生黎一上（1922—1949）。这是一位生命永远定格于 27 岁的革命烈士。

青春，在血与火中锤炼

黎一上，又名黎汉林。1922 年 2 月一个春寒的日子，他出生于四川省铜梁县（现重庆市铜梁区）东部铁佛寺村一个普通的百姓家中。

幼年时的黎一上天资聪颖。读私塾时，他深得先生的喜爱。1937 年，他开始在铜梁县飞谊中学读书。1941 年，他考入铜梁县中学。他酷爱文学，曾在铜梁县举行的中学生作文比赛中荣获第二名。各种荣誉接踵而至，但是黎一上心中却有很深的忧虑和苦闷。从小，他就看到土豪劣绅们鱼肉乡民、横征暴敛。四川古来有天府之国的美誉，然而铜梁县却是那样的贫瘠。这一方穷山恶水似乎永远养不活苦难深重的乡民，黎一上苦苦地思索着。

1944 年，黎一上进入国立四川大学法学院法律系读书。这是令人热血沸腾的一年，抗战胜利的曙光就在眼前。22岁的黎一上以其年轻人单纯的心思热切地期待着胜利的号角响遍中国大地。然而，现实却无情地打碎了这位年轻人纯真的梦想，抗战胜利后，国民党发动了内战，抢占胜利果实，苦难的中国人民再次陷入水深火热中。

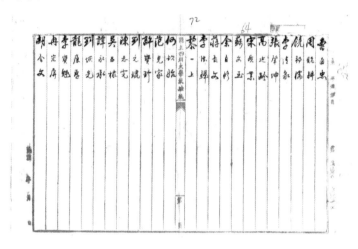

黎一上在国立四川大学造送1944年考取司法组新生名册中

黎一上的国立四川大学学生学籍表

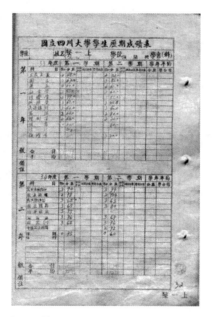

黎一上的国立四川大学学生历期成绩表

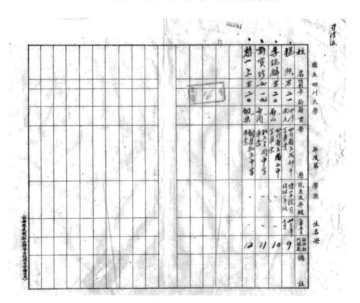

黎一上在国立四川大学 1944 年第一学期转学生名册中

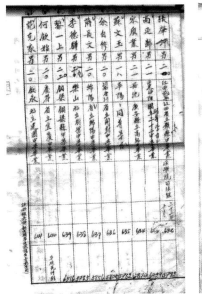

黎一上在国立四川大学法学院
新生名册中

黎一上在国立四川大学法学院
新生注册表中

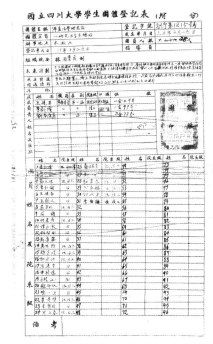

黎一上在国立四川大学平直法学研究会社团登记表中

黎一上在国立四川大学学生自治会社团登记表中

黎一上在国立四川大学 1945 年 1 至 12 月学生贷金明细分户账中

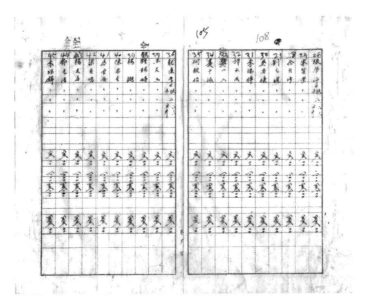

黎一上在国立四川大学 1945 年 9 月份司法组公膳费印领清册中

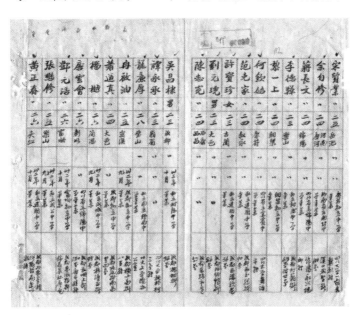

黎一上在国立四川大学法律系应届毕业生名册中

　　在国立四川大学念书的四年里，黎一上学习非常刻苦。他要在书本中找到一条民族自救、振兴的道路。他加入了学生自治会，并被选为代表，积极参加各项政治活动。在与进步老师、同学交流中，在现实的斗争中，黎一上的思想进步很快，表现出了极大的勇气和智慧。

行动，只为一个信念支撑

在 1948 年"四九"运动中，黎一上联络进步同学，以铜梁旅蓉同学会的名义，创办了刊物《新铜梁》。1948 年 7 月，黎一上从国立四川大学毕业后，进入设在北较场的国民党中央陆军军官学校成都分校工作。黎一上的心中有一个血与火烙下的信念，那就是为了祖国的解放和人民的自由民主，赴汤蹈火在所不辞！

黎一上的工作又是那样默默无闻，在陆军军官学校里，他只是一个热情的青年军官。一些青年为他的人格魅力所吸引，也有邪恶的眼睛正在背后暗暗地紧盯着他。对于这一切，黎一上都非常清楚。

黎一上的国立四川大学毕业论文《犯罪行为之责任论》

黎一上在国立四川大学第十七届毕业同学通讯录中

生命，在人民解放事业中永恒

1949年4月，黎一上经其在国立四川大学时的同学、民革成员王建昌的介绍，加入了中国国民党革命委员会。黎一上所在的北较场是一个国民党训练军官的重要基地。该军校拥有学生、教导团数千人，而且装备精良，实力非常雄厚，因而成为成都民革的工作重点之一。

为了方便工作，民革把他们在军校的民革小组编成直属组，由黎一上任组长，具体负责工作。他先后在军校发展了10多人加入民革组织，并在校内建立了一个学术研究会。研究会吸收了30多人，经常在老西门外犀角河附近的树林开会、活动。

就在1949年春天，中国民主联军川康军分会成立了。川西军区司令王蕴滋准备起义，急需由崇宁至雅安的军用地图。而此图只有军校有，于是，民革把取图的重任交给了黎一上。在与王建昌、曹立中等民革成员接头后，黎一上决定开始行动。他认识到，这是向中国人民解放事业献上厚礼的一个绝好机会。

军校的地图管理极其严密，固定两人轮班保管，戒备森严，接近藏图地点也十分困难。在这种情况下，黎一上开始千方百计地接近地图保管员，并很快与其中的一个熟悉了。鉴于当时全国的形势已经十分明朗，此人为给自己留条后路并乘机捞笔钱，于是答应了给黎一上取图。

4月的一天晚上，风雨大作，地图保管员终于寻得了一个机会，取出十多张地图交给黎一上。黎一上获得地图后十分兴奋，给了保管员30块大洋。但是，谁知这位保管员忙中出错，误取了龙泉山至简阳一带的军事地图。黎一上发现后，急托他另取，自己则将所得地图交给了与其联络的曹立中送走。该保管员虽口头应承下来，但转念一想，一旦东窗事发，性命一定难保。于是，他怀揣着30块大洋，逃之夭夭了。

地图被盗，保管员失踪，引起了敌人的极大惊恐。军校校长关征麟异常震怒，责令部下限期破案。正当关征麟寝食难安、一筹莫展之时，成都警备司令部稽查处处长周迅予和国民党四川省特别委员会秘书李祥麟提供了抓住黎一上等人的线索。

原来，黎一上、王建昌和与之联系的曹立中，早在大学期间就被敌人注意上了。1949年5月14日，黎一上和王建昌、曹立中先后被捕了。面对敌人的威逼利诱、严刑拷问，黎一上对一切均矢口否认，并以大无畏的精神怒斥敌人，使军校内的其他民革成员得以幸免于难，保护了民革组织在军校内的力量。

1949年12月7日，黎一上永远地倒在了成都市西门外十二桥畔，他的鲜血被掩盖在黎明前的黑幕中。

四川大学为黎一上补发的
毕业证书存根

（吴镭、阮林编写，朱连芳改编）

参考资料：

1. 铁血老枪. 曹立中、王建昌、黎一上：成都十二桥畔的民革英魂 ［EB/OL］. http://www. 360doc. com/content/21/0130/08/8250148 ＿ 959676456. shtml，2021－01－30.

2. 中国人民政治协商会议四川省成都市委员会文史资料研究委员会. 成都文史资料选辑：第 14 辑 十二桥惨案专辑 ［Z］. 1986.

3. 成都市政协文史学习委员会. 成都文史资料选编：解放战争卷 ［M］. 成都：四川人民出版社，2007.

4. 中共成都市委党史研究室. 黎明前 36 烈士谱写壮丽史诗 ［N］. 成都日报，2011－07－01.

5. 饶用虞. 四川大学在近现代史上的特殊地位和贡献 ［J］. 四川党史，2000（2）：19－23.

王建昌烈士——始终和党在一起

王建昌烈士

他生于贫寒的家庭，长于艰难的时世。追求光明和正义的崇高理想，把他带入了国立四川大学这所西南最高学府。他就是国立四川大学法律系1944级学生王建昌（1923—1949）。

正义少年

王建昌，又名王强。1923年，他出生于四川省宜宾县泥溪区一个贫困农家。祖传的几亩薄地，本身就收获甚微，加之兵匪为患，捐税沉重，一家人难得温饱，更别提让儿女进学堂读书了。王建昌的祖辈世代农耕，目不识丁，饱尝了缺文少墨之苦。他的父亲眼见儿女成群却无一人知书，不觉心中悲伤。王建昌自小便聪颖伶俐，在同龄人中卓然不群。他父亲看准他是一块读书的好料，于是，设法向人借贷，以帮助王建昌求学。

王建昌虽然年幼，但很能体恤大人的心情。他上学后，十分勤奋，好学不辍。由于成绩甚为优秀，他深得老师和家人的喜爱。小学毕业后，王建昌考入宜宾中学。其间，他除了继续致力于学业，潜心攻读，还敢于仗义执言，表现出强烈的正义感。

学府熏陶

　　1944 年，21 岁的王建昌以优异的成绩考入当时四川的最高学府国立四川大学，就读于法律系。王建昌来到这里，视野大为开阔，耳目为之一新。活跃的政治气氛、众多的进步报刊、风起云涌的民主运动，为王建昌思想上的不断进步和政治上的不断成熟提供了良好的条件。

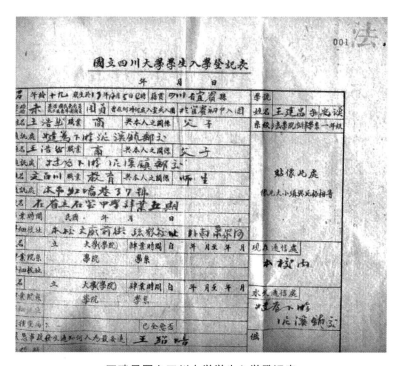

王建昌国立四川大学学生入学登记表

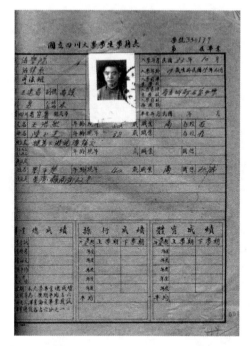

王建昌国立四川大学学生学籍表

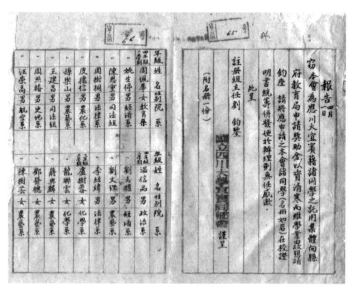

王建昌在国立四川大学宜宾县籍学生名册中

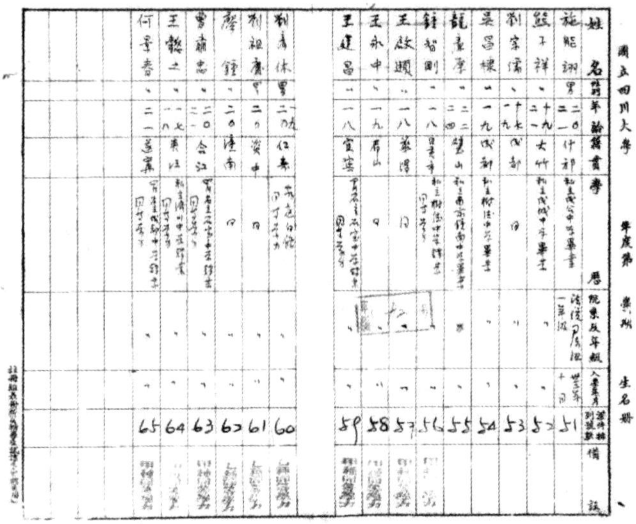

王建昌在国立四川大学 1944 年第一学期新生名册中

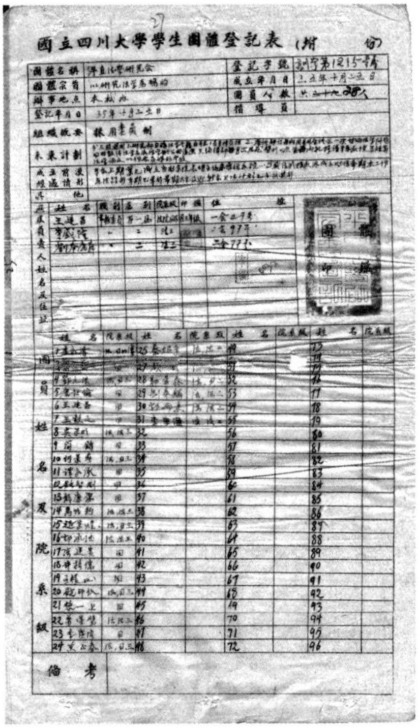

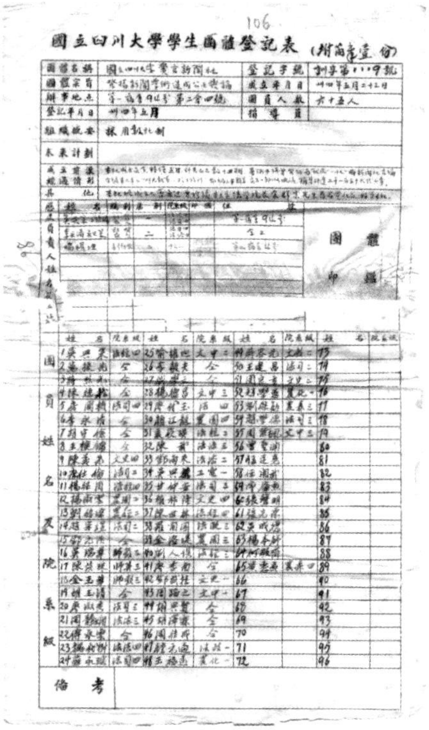

王建昌在国立四川大学平直法学
研究会学生团体登记表中

王建昌在国立四川大学黉宫新闻社
学生团体登记表中

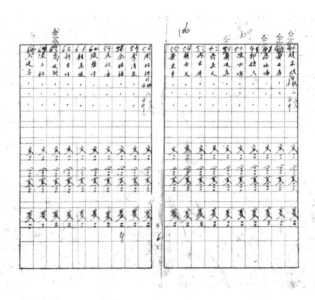

王建昌在国立四川大学 1945 年 9 月份司法组公膳费印领清册中

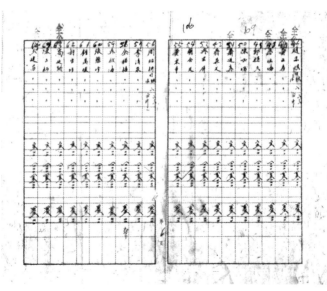

王建昌在国立四川大学 1945 年 9 月份司法组公膳费印领清册中

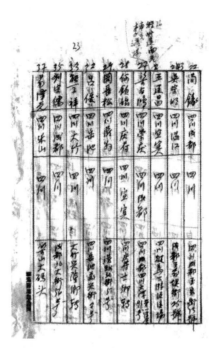

王建昌在国立四川大学法律系司法组毕业生名册中

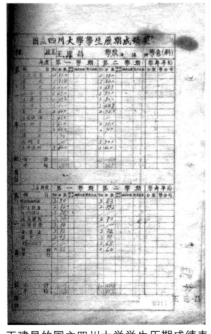

王建昌的国立四川大学学生历期成绩表

王建昌的国立四川大学毕业论文《重婚之研究》

王建昌一方面刻苦学习专业课程，努力掌握法律业务知识，以备日后服务社会。他的几门主要功课——法律学、刑法总论、民法通则、国际公法、罗马法，门门优秀。另一方面，他秘密阅读进步报刊，积极参加各种民主运动。从1944年的"双十一游行"，到1945年的声援昆明"一二·一"运动的活动，从1946年底的反对《中美商约》和抗议美军暴行，到1948年的"四九"运动和1949年声援南京"五二〇"惨案的斗争，每次都能看到他活跃的身影。在严酷的现实和一系列的斗争中，他认清了真理，认识到应该坚决和中国共产党站在一起。

愤然离职

1948年7月，从国立四川大学毕业后，王建昌来到成都税捐处工作。他工作主动、为人正派，又是法律系的大学毕业生，对国家的法律条文、税收政策很熟悉，本来是很有发展前途的。但当时的税捐处管理混乱、账目不清。一气之下，王建昌辞去了税捐处的工作，离开成都，去眉山县法院谋了一个职位。不久，因为不愿同流合污，王建昌又愤然出走。

王建昌从眉山返成都后，结识了民革川康分会副主任李宗煌。通过李宗煌的介绍，王建昌于1949年春加入了中国国民党革命委员会。入会后，王建昌积极活动，努力工作，注意发现和培养积极分子，发展新成员。国立四川大学是王建昌的母校，他熟悉情况、认识人多，群众基础好。他利用这一有利条件，发展了十余名进步同学加入民革，为壮大民主力量作出了重要贡献，其中包括在国立四川大学法律系深造、后又考入陆军军官学校工作的黎一上。

智取军用地图

1949 年，中国国民党革命委员会川康分会筹组的中国民主联军川西军区准备在崇宁县发动武装起义，迎接解放，急需崇宁、灌县、邛崃、雅安一线的平面地图，于是派人向川康分会求助。这种地图只有国民党中央陆军军官学校成都分校才会有，而王建昌发展的民革成员黎一上在军校的地下工作做得很有成绩，因此，川康分会即派王建昌与黎一上联系。

王建昌深知这项任务责任重大，他经过仔细的考虑和慎重的准备，约黎一上在一家小酒馆见面。他对黎说："一上，革命的形势越来越紧迫了，就像一台机器，要保证它的正常运转，就必须保障每个部件工作正常。革命这台庞大的机器更需要我们每个人坚持不懈地斗争下去！我们就像那一个个小小的零部件、细细的螺丝钉，虽然不易察觉，却都起着不可替代的作用，只有坚守岗位，才能支持机器高效率地运转下去，革命才能取得最终的胜利！"然后王建昌严肃地把组织的决定告诉了黎一上。黎一上知道这一任务十分艰巨，而且风险很大，但为了革命的需要，他还是毫不犹豫地答应了下来。

黎一上通过各种关系，结识了军校机要室的地图保管员。他开始以交朋友的方式，摸清了对方各方面的情况。他知道此人对前途十分悲观，只想得到一笔钱，去外地另谋生计。于是，黎一上趁机提出，只要把军用地图弄出来，可以换取一定的报酬。再三犹豫后，该保管员答应了黎一上给出的条件。

军用地图的保管十分严密，常常是双人轮流值班看守，一时不易下手。一天晚上，雷雨大作，军校内冷冷清清。趁值班同事打瞌睡的机会，保管员在雷雨声中偷偷取出一卷地图，挟在雨衣内带出大门，径直送交黎一上。可惜，这并非所需地图，而是龙泉山至简阳一带的。原来，保管员心慌意乱拿错了。黎一上嘱咐他再想办法，他虽一口答应，但一转身觉得此事必然很快败露，金钱事小，性命事大，三十六计，走为上计，于是天一亮就逃之夭夭，不知去向了。

过了几天，黎一上始终不见保管员。他向代替王建昌前来与他联系的民革成员曹立中报告智取军用地图发生差错的情况，并请将地图转交民革川康分会。可是，他还不知道，就在这个时候，王建昌的活动和他同黎一上、曹立中的联系，已经被敌人察觉了。

陷入魔掌

王建昌早在国立四川大学读书期间积极参加学生运动的情况，就已引起卢文宗、任炎民等的注意。毕业后，他回校活动，发展民革成员，又引起他们的注意，并报告了国民党四川省特别委员会。王建昌与黎一上、曹立中智取军用地图事发后，他们已处于一种危急的状况中。

民革川康分会考虑到王建昌已有被捕的危险，便将他派往川南隐蔽。不幸在途中遇土匪抢劫，王建昌重返蓉城联络，即被等候多时并已持有他的画像的敌人逮捕了。

1949年5月中旬，王建昌、黎一上和曹立中三人先后被捕。因系同案，于是，他们一齐被解送将军衙门国民党四川省特别委员会监狱。

王建昌入狱后，虽然失去了自由，但是黑牢关不住他那向往光明的心，锁链锁不住他那向反动派宣战的喉咙。残酷的刑具可以折磨他有形的肉体，却摧残不了他那无形的意志。少年时代的正义感、青年时代的理想，这些早已融入他的血液。刑讯逼供，他坚强不屈；许愿利诱，他嗤之以鼻。在狱中，王建昌和难友们一道，抓住各种机会向监狱看守做思想工作，宣讲革命道理，争取各种可以争取的力量。

6月份的一天，见左右无人，他就和一个操着川南口音的年轻看守攀谈起来。不久就得知他姓李，并且和自己是同乡，经进一步交谈，还发现他们有亲戚关系。他即抓紧机会向李进行形势和前途宣教，请李为他们传递消息，密谋越狱。有一次，他请李带纸条，告诉外面的战友："我们几经严刑拷问，未供出组织及一个同志。为了革命，纵然肝脑涂地也心甘情愿。"

1949年12月7日深夜，王建昌越狱计划来不及实施，就和黎一上、曹立中一起，英勇就义于成都西门外十二桥，时年26岁。

四川大学为王建昌补发的毕业证书存根

（吴镭、阮林编写，朱连芳改编）

参考资料：

1. 铁血老枪. 曹立中、王建昌、黎一上：成都十二桥畔的民革英魂 ［EB/OL］. http：//www. 360doc. com/content/21/0130/08/8250148_959676456. shtml,2021－01－30.

2. 中国人民政治协商会议四川省宜宾县委员会文史资料组. 宜宾县文史资料选辑：第 2 辑 ［Z］. 1983.

3. 中国人民政治协商会议四川省成都市委员会文史资料研究委员会. 成都文史资料选辑：第 14 辑 十二桥惨案专辑 ［Z］. 1986.

4. 成都市政协文史学习委员会. 成都文史资料选编：解放战争卷 ［M］. 成都：

四川人民出版社，2007.

5. 中共成都市委党史研究室. 黎明前 36 烈士谱写壮丽史诗 [N]. 成都日报，2011－07－01.

6. 饶用虞. 四川大学在近现代史上的特殊地位和贡献 [J]. 四川党史，2000 (2)：19－23.

毛英才烈士——花雨何如血雨红

毛英才烈士

毛英才（1925—1949）烈士是华西协合大学一名优秀的青年学生。她在党和进步组织的影响教育下，努力学习，追求革命真理，积极参加学生运动，不幸被敌人逮捕入狱，于成都解放前夕被杀害，壮烈牺牲于成都西门外十二桥。她是十二桥烈士中最年轻的、也是唯一的女烈士。为了纪念毛英才烈士，我们深切缅怀她的光辉事迹，学习她的革命思想和革命品质。

从小聪明好学，积极要求上进

毛英才是四川省夹江县人，出生于一个工商业兼地主家庭，父名毛春山。毛英才有五个哥哥，她排行第六，家人称她为六妹。她是父母唯一的女儿，深受家人宠爱。

她幼时读私塾，师从夹江县李旭初老先生。她聪明好学，成绩优异，深得老师和亲友的赞许，老师特意为她改名"英才"。当时她和同学彭丹相处得很好，常常去彭家玩。彭丹的哥哥和姐姐都是共产党员，因而，她从小就受到新思想的影响，积极要求上进。

她父母受"女子无才便是德"的封建思想影响，在她读了几年私塾后就不让她再读书了。同时，她被许配给年收 300 多石租的大地主谢家做儿媳妇。父母让她有点文化，是希望她能当家理财，享受一辈子的地主生活。可是，她厌恶这样的生活，反对包办婚姻。她努力阅读新书刊，追求新思想，并积极要求继续升学。父母看她求学心切，最终同意她在成都大墙西街实用补习学校补习英语和数学，准备升学。

经过一年的勤奋补习，她于1940年考入成都华美女中高中部。在进步老师和同学的影响下，她参加了文艺书籍读书会，开始阅读俄国民主革命时期的文艺书籍和进步书刊《新华日报》，逐渐认识到帝国主义的侵略野心和国民党反动统治的腐败无能，初步有了反帝、反独裁、争民主、争自由的先进思想。

参加协辉团契，学习进步思想

1944年，毛英才高中毕业后，考入乐山国立蚕丝技术专科学校。次年秋，她考入成都华西协合大学哲史系历史专业。在学校里，她连续三年都与共产党员徐玉良同一个寝室。在徐玉良的影响帮助下，她积极参加进步学生活动。1946年，徐玉良介绍她参加了华西协合大学师生自由组合的友谊小团体——协辉团契。协辉团契是中国共产党领导下的、以党员和党的秘密外围组织"民协"成员为骨干的群众性组织，是中国共产党在教会学校中利用宗教组织做掩护、团结教育广大青年学生开展斗争的特殊形式。

1947年，她在共产党员、民协成员和进步同学的支持下，被选为女生院学生自治会的康乐股长。

毛英才在华西协合大学学生生源统计表中

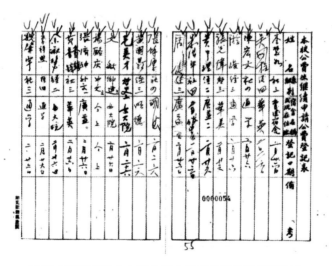

毛英才在华西协合大学1947年2、3月份公费生领取公费名单中

毛英才在华西协合大学公费生继续申请公费登记表中

565

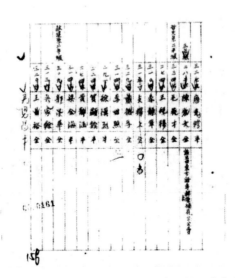

毛英才在华西协合大学 1946 年 9 月份请领学生膳费清册中

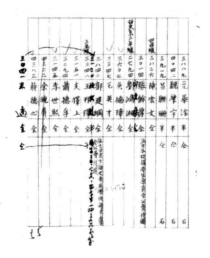

毛英才在华西协合大学 1947 年 10 月份请领学生膳费清册中

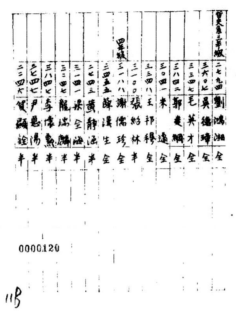

毛英才在华西协合大学 1948 年 9 月份请领学生膳费清册中

毛英才的华西协合大学成绩表

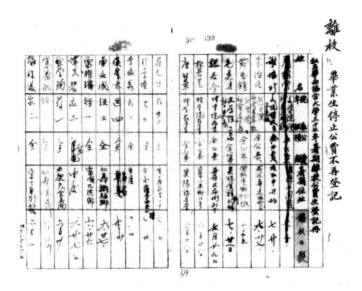

毛英才在华西协合大学 1948 年暑期离校公费生登记册中

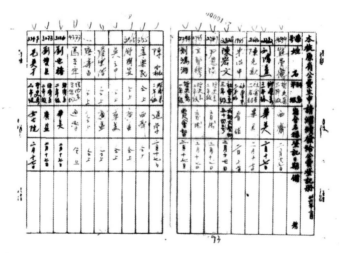

毛英才在华西协合大学 1947 年原有公费生申请继续发给公费登记册中

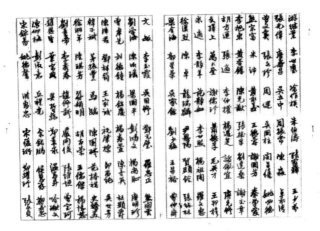

毛英才在华西协合大学公费生贷金生名单中

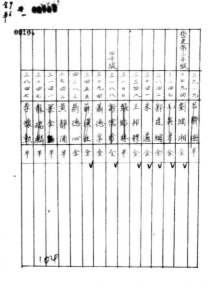

毛英才在华西协合大学 1948 年呈请
核发本校普通班及高建班公费生
9 月份膳费文中

毛英才在华西协合大学 1948 年呈请
核发本校普通班及高建班公费生
2 月份膳费文中

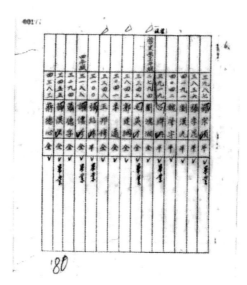

毛英才在华西协合大学呈报 1948 年第一学期
普通班及高建班公费生名册中

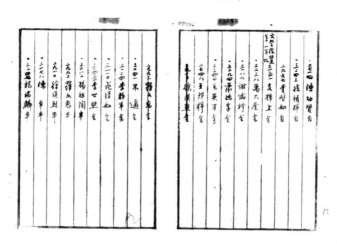

毛英才在华西协合大学呈请核发本校贷金生及公费生
1946 年 2 至 5 月份膳费文中

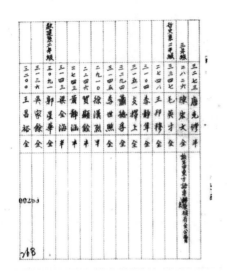
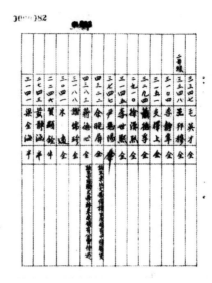

毛英才在华西协合大学呈请核发本校
普通班公费生 1946 年 9 月份膳费文中

毛英才在华西协合大学呈请核发本校
普通班公费生 1947 年 2 月份膳费文中

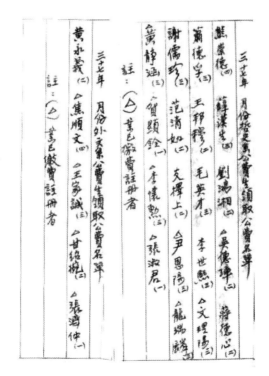

毛英才在华西协合大学公费生分院系名册中

毛英才在华西协合大学 1948 年第二学期应届毕业生名册中

毛英才在华西协合大学 1948 年第 35 届应届毕业生名单中

毛英才的华西协合大学毕业论文《历代古镜之研究》

在协辉团契和进步同学的影响下，特别是在读了徐玉良借给她的论述中国革命的《中国往何处去？》等小册子以后，毛英才思想觉悟不断提高，渴望建立民主、自由、独立富强的新中国。她喜欢学习《中国妇女》，向往延安妇女的生活。她说："延安的妇女真是翻了身，政治、经济、生活自由；这里的妇女即使读了书，也是当'花瓶'。延安妇女的今天，就是我们的明天。"因此，她坚决反对包办婚姻，要求解除父母给她订的婚约。她说："我不做大地主的少奶奶"，"我不喜欢公子哥儿"。当时要冲破封建婚姻的束缚是有很大困难的，但她不顾家庭的反对和对方的巨大压力，不顾邻里街坊传统观念下的非议，毅然通知对方解除婚约。

她喜欢阅读文艺书刊和鲁迅的著作，崇拜丹柯为了集体和群众福祉而勇敢地献出自己生命的自我牺牲精神。她读了高尔基的《母亲》之后，在自己笔记本扉页上记下了书中一句令她感触最深的话："真理是用血的海洋也扑不灭的。"她常背诵鲁迅的名句："真的猛士，敢于直面惨淡的人生，敢于正视淋漓的鲜血。"显然，这些文艺书籍对她走上革命道路和为革命献身起了很重要的作用。

参加学生运动，经受革命锻炼

抗战胜利后，在共产党的领导下，成都市的青年学生与各地的青年学生一样，积极开展了革命的学生运动。1945 年底，成都青年学生开展了援助昆明学生的斗争，毛英才积极参加了这一活动。1946 年 12 月，北平发生了美军侮辱北大女生沈崇事件，她积极参加了党领导的华西协合大学学生反对美军暴行的斗争。开始的第一天晚上，她与协辉团契的姊妹兄弟一起整整战斗了一个通宵。她积极收集情况，搞宣传，打火把，呼口号，参加游行。在"反饥饿、反内战、反迫害"的斗争中，华西协合大学学生在党组织的领导下，准备召开保障人权大会，毛英才被派往成华大学搞联络。由于路远、天冷，她直到深夜才回来。1947 年底到 1948 年初，她还积极参加了群众性助学运动。1948 年，党组织领导成都市的青年学生开展了声势浩大的要求配给平价米的"四九"斗争，她积极参加了宣传活动。由于她对学生运动热情积极、表现突出，于是有些人说她是共产党。

1948 年"四九"运动中，华西协合大学学生被捕 18 人。敌人还设特刑庭传讯学生，华西协合大学有多名学生被传讯。8 月 20 日，华西协合大学学生有四人被捕。毛英才对此很气愤。她说："现在不但读书不自由，连走路也有人监视，这是什么世道啊!?"

在敌人的白色恐怖下，她没有退缩，坚持斗争。这时，协辉团契被迫停止了活动。每当她听到悄声通知晚上在外籍教师费尔朴先生家或荷花池畔碰头时，她总是先到。她和许多同学一起为援助被捕同学积极工作，送衣物、搞宣传……她日夜奔忙着。她参加了华西协合大学有名的学术文艺团体"新地址"的活动，积极投入到进步报刊《时论周报》的工作，为《时论周报》的筹款、校对、出版到处奔忙。《时论周报》创刊后才出版了第一期，在国民党四川省政府主席王陵基的亲自追查下就被迫停刊了。一天晚上，她与一位同学一起，冒着生命危险，将办《时论周报》用作参考的《新华日报》从宿舍转移到另外的地方。随后，她又参加了由"民协"发起的、目的在于团结同学的"哲史团契"，并成了团契的主要人物。

毛英才不仅学习好、思想好，生活也很朴素。她经常穿一件蓝底白印花布衣服，不烫头发，也不用化妆品。当时，即使是华西坝上风靡一时的舞会，她也很少参加。

为了追求真理，不幸被敌逮捕

1949 年春，毛英才的朋友杨某从武汉大学毕业后回到成都工作。不久，杨的武汉大学同学、共产党员符其燮参加华蓥山起义失败后住在杨家，并组织了一个马列主义读书会。在杨家的角楼上存放着马克思、列宁、毛主席的著作和一些革命文件等，还有《新华日报》合订本和解放区出版的《北方文学》等进步书刊。毛英才常去杨家如饥似渴地阅读这些进步书刊，有时还带回学校反复看。她曾同符、杨讨论当时的形势，并在她的日记中写到"同 F、Y 讨论时势，估计伪政权至多存在三个月"。1949年 5 月，毛英才知道符、杨等准备到农村发动农民进行革命斗争，她说："待你们在农村把工作安排就绪后，我也准备去。"为此，她特别从他们那里拿了一份《中国土地法大纲》进行学习。

1949 年 6 月 14 日，她在小天竺街"章身"裁缝店做衣服，不小心将一个装有文件的书夹掉在那里，裁缝店的老板将书夹送给伪警察局派出所。敌人从书夹中得到我党的革命文件，如获至宝，妄图以此为突破口，对共产党和进步人士进行大规模的搜捕镇压。他们立即进行了周密的部署，准备逮捕丢掉革命文件的人。

毛英才发现书夹掉了，十分着急，连续三次去裁缝店寻找。次晨裁缝店小伙计到女生院找毛英才说："毛小姐，你的书夹找到了，师父请你去拿。"由于缺乏斗争经验，她竟急忙向裁缝店走去，刚到店门就被逮捕了。

对敌坚贞不屈，死得光荣伟大

敌人先将毛英才囚于伪稽查处，后又转入将军衙门国民党四川省特别委员会监狱。她在敌人暗无天日的监狱里被困了近六个月之久，身心受到严重摧残。特务妄想从她那里了解共产党人和进步人士的线索，所以，一进去就对她进行多次威胁和拷打，问她是不是共产党，还有哪些同伙，等等。

面对这关系生与死的严峻考验，她开始也感到痛苦，有时还暗中哭泣。可是，在狱中的共产党人和革命者及时通过各种秘密的形式对她进行帮助。老党员杨伯恺同志向她讲革命道理和革命气节，并根据狱中所得材料，分析形势发展，指出光明前途。特别是她看到杨伯恺、许寿真等同志面对敌人坚贞不屈、视死如归的革命精神，深受感动。她在生死攸关的严峻考验面前，变得坚强起来。在敌人的审讯过程中，她除了自称是民盟盟员外，没有承认与共产党有任何关系，没有出卖一个革命同志，没有向敌人退让一步。

随后，敌人又改用欺骗的办法。特务头子徐中齐说："毛英才可以保释出狱，但要写悔过书。"可是，她坚决不写，严词拒绝说："我写不来悔过书，文章写得来，悔过书不会写"，"我悔啥过，我无过可悔"。特务们眼看拷打、欺骗都不行，又变换手法，通知她64岁的老父亲前来劝她，妄图利用父女之情，动摇她的革命意志。在父女会见之前，几个特务威胁老先生说："毛英才是共产党员，有证据，应该枪毙，如悔改了并答应我们的条件，就饶了她。"当她与老父亲见面时，特务在旁说："当着老太爷的面，你就答应我们的条件罢。"她亲切地问候父亲之后，回答说："我要说的都说了，别的没有什么。"当父亲谈到特务要他拿十二两黄金买她出狱的事。她气愤地说："天哪！真卑鄙！竟然把人当生意来做……你到哪里去找那么多黄金？即使有，把我买出去，我也得不到自由，还背个不好听的名声。"说完后，她挥泪而别。

敌人见她毫不屈服，不愿悔过，也不愿拿黄金赎命，就歇斯底里地威胁说："今后不准你再与父亲见面，也不准家里送东西来，断绝家里的经济联系。"毛英才毫不动摇地说："那没有什么关系。"她转头就回牢房去了。

她在狱中为革命学习，坚持学俄语，与狱中革命者一起唱革命歌曲，唱《国际歌》《坐牢算什么》等。她为革命形势的胜利发展欢欣鼓舞，深信胜利即将来临。她剪掉辫子，决心革命到底，把牢底坐穿。

1949年12月7日夜，敌人秘密地将拘押在监狱的毛英才等30余名革命志士押到成都西门外十二桥残酷屠杀，制造了惨绝人寰的"十二桥惨案"。20天后，成都迎来了解放。很快，成都军管会组织力量挖掘出了死难者的遗体。1950年1月19日，成都市各界人民在支矶石街层板厂外隆重公祭十二桥、抚琴台烈士，川西北军政委员会副主任王维舟代川西北军政委员会主任贺龙主祭，各界代表及群众千余人参加了公祭活动。

毛英才烈士为了革命真理，为了新中国的明天，抛头颅，洒热血，献出了自己宝贵的生命，她不愧是中国人民的优秀儿女，不愧是青年学生的光辉榜样！她死得光荣，死得伟大！

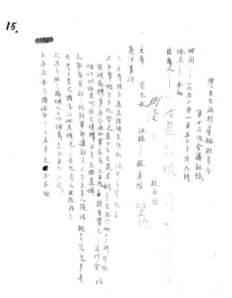

华西协合大学学生生活指导处职员会第十三次会议有关毛英才被害情况通报记录

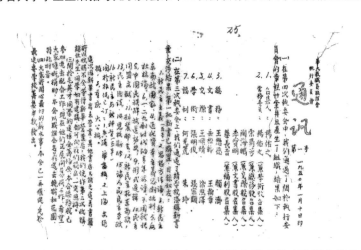

华西协合大学教职员联谊会通讯第一号第十三次会议有关毛英才追悼会筹备会情况

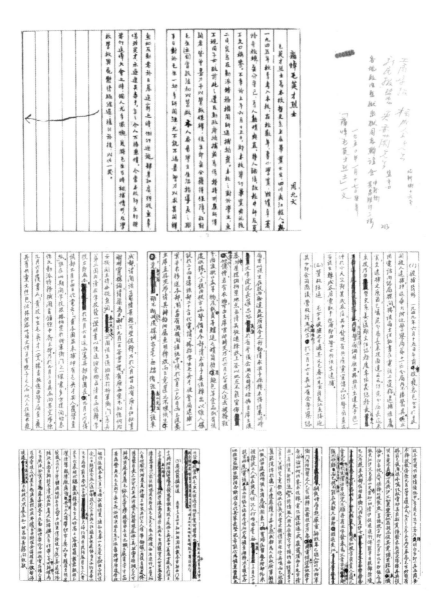

痛悼毛英才烈士（周允文文稿）

著名文学家、翻译家罗玉君校友曾经诗挽毛英才烈士：

花雨何如血雨红，

梦醒华西夜半钟。

我进课堂英才去，

桥畔谁与品芙蓉。

四川大学华西校区毛英才烈士纪念塑像

（四川医学院马列组编写，朱连芳改编）

参考资料：

1. 雷宇. 从邻家女孩到巾帼英雄："成都十二桥惨案"之毛英才烈士 [J]. 四川档案，2019（4）：60－62.

2. 彭丹. 毛英才和她的难友们 [J]. 红岩春秋，1998（4）：34－42+1.

3. 中国人民政治协商会议四川省成都市委员会文史资料研究委员会. 成都文史资料选辑：第14辑 十二桥惨案专辑 [Z]. 1986.

4. 四川省夹江县编史修志委员会. 夹江县志 [M]. 成都：四川人民出版社，1989.

5. 成都市群众艺术社. 成都风物：第1辑 [M]. 成都：四川人民出版社，1981.

6. 《华西坝风云录》编辑组. 华西坝风云录：纪念民主青年协会成立六十周年 [Z]. 2004.

7. 成都市政协文史学习委员会. 成都文史资料选编：解放战争卷 [M]. 成都：四川人民出版社，2007.

8. 中共成都市委党史研究室. 黎明前 36 烈士谱写壮丽史诗 [N]. 成都日报，2011－07－01.

9. 中国民主同盟中央委员会宣传部文史委员会. 民盟英烈：第1集 [Z]. 1988.

第八篇　五星红旗血染成

顾民元烈士——天光常照浪之花

顾民元烈士

　　"莫为江流悲永逝，天光常照浪之花。"这是顾民元（1912—1941）《自传》中的一句诗。其时正值 1941 年 1 月，顾民元被国民党俞福基部队逮捕囚禁。被囚禁期间，他写下了 3000 多字的《自传》，其中，用"莫为江流悲永逝，天光常照浪之花"以明志。不久，顾民元就牺牲了，时年29 岁。

　　顾民元是南通地区 20 世纪二三十年代从事革命活动的先驱之一，曾任启东县抗日民主政府首任县长，为南通地区革命事业的发展做出了重大贡献。1929—1931 年期间，顾民元曾在当时的国立成都大学（四川大学前身）攻读外国文学，兼攻中国古典文学，在美丽的国立成都大学校园度过了两年的学习时光。

生于书香世家

顾民元，字弥愚，1912年11月5日，顾民元出生于江苏省南通一个知识分子家庭。当时正值民国元年，父母为纪念这个划时代的纪元，于是为他取名民元。

顾民元的祖父顾少轩，工于篆隶，喜欢金石刻画，擅长经学。他的父亲顾怡生，是南通地区著名的学者和教育家，在当地颇有声誉。他的母亲李氏，温柔贤良，略通文墨，相夫教子，操持家务。在这样的家庭环境里，顾民元从小受到精心呵护和良好的教育。

他在《自传》中写道："十岁以前，幸福的回忆联系着父亲在夜间把唐诗教我和姐姐，照映书卷的灯火，上床以后眼睛闭了，我看见一片五色的光彩，这样繁复的想象，交织在绚烂的闪耀中间，终于甜蜜地入梦。唐诗以后是《诗经》。《国风》经父亲讲解和唐诗一样使我感觉亲切。后来父亲又教《四书》，教我老庄，他要我熟读它们。"博大精深的中华民族传统文化，滋养着年幼的顾民元。其中的传统美德和爱国主义，更是深深地扎根在顾民元幼小的心灵中，成为他日后成长发展的重要基石。除了大量阅读传统文化书籍外，顾民元还阅读《小说月报》《新青年》《新潮》等进步刊物。这些涉及社会时事的书刊，像是通往另一个世界的大门，展现了一片崭新、广阔的天地，极大地开阔了他的视野。

良好的家庭教育，再加上顾民元天资聪颖、勤奋好学，他的文化程度超过了周围一般的同学，即便是与年长的人对言，学问也不见稚嫩，所以当时被人羡慕地称为"神童"。在10岁的时候，他和同学史白、理朴等"独立编印一种纯文艺的半月刊《月潮》"，被学校老师赞叹是"可造之材"。

辗转探索求真知

1927年9月，顾民元进入南通中学高中部学习。虽然在这里学习到了丰富的知识，但是对顾民元来说，最大的收获却是在这里结识了他一生的挚友——江上青。他们志趣相投、无话不谈，成为知己。在这一年的学习过程中，顾民元的学问更上一个台阶，思想也变得更加成熟。1928年夏天，南通城局势紧张，顾民元被迫中断学业，离开南通，前往上海，进入上海艺术大学学习。一年之后，江上青也来到这里，两人再一次成为校友。但是，好景不长，1929 年 3 月，上海艺术大学被国民党当局查封，学校被迫停办，顾民元的学习生涯再次中断。

1929 年春天，顾民元随姐姐顾民豫来到成都，转入姐夫景幼南任教的国立成都大学攻读外国文学。景幼南是著名的哲学家，历任东北大学、成都大学、南京中央大学、浙江大学、武汉大学、安徽大学、扬州师范学院教授，著有《哲学论文集》《哲学新论》《道德哲学新论》《名理新探》等。

在美丽的大学校园里，在浓厚的文化氛围中，顾民元孜孜不倦地汲取着世界文化宝藏的养分，充实自己的心灵。顾民元说："读了好些名著，我爱恩格尔的书，文学名著的浏览，包含了犹里极底斯、莎士比亚、佛罗贝尔、屠格涅夫①的几乎全部作品。"攻读外国文学的同时，顾民元还兼攻中国古典文学，有时他也自己创作古典诗词。跟他的年龄相关，这一阶段他的诗词受纳兰性德、龚自珍和苏曼殊的影响，清新淡雅而稍带消极气氛。

在业余时间里，他还翻译外国文学名著，如和友人杨汁合译了《泰赖斯波尔巴》。顾民元在国立成都大学度过了两年的学习时光，发表了不少诗歌、小说和戏剧等文学作品。1931 年夏天，他从国立成都大学毕业。这一年，顾民元刚满 20 岁。虽然这段大学时光非常短暂，但却是顾民元人生中的重要阶段。

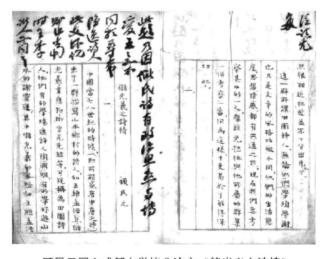

顾民元国立成都大学毕业论文《储光义之诗情》

---

① 译名均为引文原文。

顾民元在校时的留影

执教育人，春风化雨

顾民元大学毕业后回到家乡南通，由于身体原因，他在泰州光孝寺休养了一段时间。1932 年秋，顾民元受聘于江苏省立淮阴师范学校，教授初中国文，深得学生爱戴。

两年后，即 1935 年 8 月，因不愿与反动专制的校长共事，顾民元辞职前往山东济南第一师范任教，一教又是两年。在这期间，顾民元与好友于在春、江上青、王石诚共同创办了月刊《写作与阅读》，并于 1936 年 11 月正式出刊。这一刊物在全国教师和学生中产生了很大影响。从杂志名称上来看，《写作与阅读》是一本研究语文教学，指导青年学生阅读、写作和加强文艺修养的刊物，内容上主要对各类诗词文章进行分析研究，提高教师和学生的写作水平。但是实际上，它通过刊物编委及特约撰稿人的文章和对国内外进步书刊的评价，积极宣传抗日救国、爱国主义、唯物主义的思想。正如张绪武先生所指出的那样："虽然名义是研究语文教学，而实际上是宣传抗日救亡、爱国主义和唯物主义思想。"

1937 年 2 月，顾民元到省立镇江中学任教，教高中国文，并且在这里继续编写《写作与阅读》刊物。因身体原因，不久顾民元离开镇江中学，回到家乡南通养病。

1937年8月，南通地区局势动荡，南通中学面临倒闭。顾民元与吴天石、李俊民等人不遗余力地奔走努力，终于在1938年2月，实现了复校开学，顾民元任校长兼国文教师。但两个月后，因日寇偷袭南通城，全城沦陷，学校只好解散，顾民元他们也转移到乡下。

从1932年到1938年，六年的执教生涯虽然时间不长，却是顾民元短暂的一生中浓墨重彩的一笔。作为教师的顾民元无疑是称职的，"他常选一些进步作品为教材，深受青年学生欢迎"。许多学生经过他的培养，在他潜移默化的影响下走上了革命道路。

投身革命即为家

马克思主义战士不是一天长成的。顾民元出生和成长的年代，伴随着激烈的社会动荡和五四新文化运动的开展，有志之士无不积极探索国家和社会的出路，顾民元也不例外。从青少年起，顾民元"在读书时代就和刘瑞龙、李俊民等一起参加革命"，从最初的接受安那其主义（无政府主义）到后来的信仰共产主义，最终成为一名坚定无畏的革命者。

1927年夏天，顾民元和姨兄刘瑞龙等人，在当时著名革命活动家恽代英的弟弟恽代贤的帮助下，成立了南通"革命青年社"，组织起一群南通城的有志青年参加革命活动、宣传革命思想。这一时期，顾民元阅读了大量马列译作，特别是阅读了《共产党宣言》，这篇宣言对他产生了深刻的影响，他虔诚地称《共产党宣言》为"那篇光芒万丈的宣言永远是我生命力的源泉"，"我失去了对于安那其主义的兴趣，对于新的世界的信念确立了"。

经刘瑞龙介绍，顾民元正式加入了中国共产党，年仅15岁的他还成为南通城共青团负责人。不久之后，顾民元又介绍了好友江上青参加了共青团，将他引导上革命的道路。从此，两人在革命的道路上相互鼓励、相互支持，为了彼此心中共同的理想共同奋进。

1928年夏天，在中共江苏省农委书记王若飞的指导下，顾民元和刘瑞龙参加了如泰"五一"农民大暴动。暴动失败后，中共南通党组织遭到国民党的破坏，许多共产党员遭到国民党当局的逮捕。为了躲避追捕，顾民元被迫逃往上海，进入由进步人士创办的上海艺术大学学习。学习期间，顾民元和江上青等人积极寻找党组织，并很快在上海艺术大学接上关系，重回组织怀抱，开始了新的战斗。他白天上课，夜晚就和其他进步青年一起秘密张贴革命标语，诸如"拥护共产主义！""打倒蒋介石！"等。出现在上海大街小巷的这些标语，极大地鼓舞了民心、震慑了敌人。此外，顾民元和张一林等人组织创办"同轨社"，以文学创作鼓舞民众。他以当时地下党组织深入农村发动反对苛捐杂税的斗争为背景，创作了小说《东方的太阳》，反映了农民翻身做主人的强烈愿望以及革命必胜的坚定信念。

在济南第一师范任教期间，顾民元积极参加救国会，利用"读书会"这一合法的形式开展革命活动。此外，还公开支持济南学生响应北平一二·九运动。他的儿子后来回忆说："父亲自参加革命之日起，就没有停止过战斗。"

热血抗战为报国

1937年7月7日，日本发动卢沟桥事变，中国全面抗战爆发。这个时候，顾民元从镇江回到了南通，满腔热忱地投入家乡的抗日救亡运动。当时，国内动荡不安，南通城陷入了一片混乱。南通中学校长冯月君看到形势不妙，卷款潜逃，学校停课。顾民元邀集了钱素凡、马一行、吴天石、李俊民等人，共商学校的恢复事宜。

经过一番努力，1938年2月，以顾民元为校长的南通中学复校开学了，顾民元计划把这所学校改造成培养抗日青年、为抗日输送人才的摇篮。但是开学还不到两个月，日军进攻南通城，全城沦陷，学校被迫解散，顾民元他们只好转移到金沙乡下。两个月后，原国民党江苏省第四行政专员公署特务处主任也来到乡下，他希望组成一支能够抗日的游击队，为此，召集了一批进步知识分子和热心的爱国青年学生。顾民元觉得这是一个机会，在"特务总队"这支国民党武装力量的翼护下，依靠南通中学原有的基础，"在南通县于家园，与进步分子一起积极参与创办'抗敌学校'，培养抗日青年"。这所学校不仅讲授中国共产党的抗日民族统一战线的政策，也学习毛泽东关于抗日游击战争的思想，同时也注意培训部队的宣传员和指导员，培养了很多抗日骨干。但是，好景不长，两个月后形势发生变化，抗敌学校被迫停办。虽然南通中学和抗敌学校恢复创办的时间都很短暂，但是它们在为青年学生传播抗日的思想、培养抗日力量方面做出了卓越的贡献。

顾民元在抗敌学校（中着长衫者）

为得到党的领导，改变现有的混乱局面，开创南通抗日的新局面，顾民元只身前往上海寻找党组织。1938年夏，在经过种种曲折后，顾民元终于在上海找到中共江苏省委的地下机关，向他们介绍了当时南通地区的抗日形势，要求省委派人到南通领导抗日。当时，江苏省委也正在多方联系，准备筹组"中共江北特委"，以开辟江北的抗战工作。因此，顾民元的上海之行恰好成为有力的"催化剂"。很快，中共江北特委在上海成立，特委成员吴佐成、唐守愚、陈伟达等先后到南通金沙开展工作。从此，南通地区的抗日运动进入到一个崭新的阶段。顾民元的这次上海之行，是加速中共江北特委建立和中共党组织向江北进军的一个直接因素。

1939年2月，在国共合作和全国一致抗战的呼声下，抗日进步人士、国民党启东县县长董国桢邀请顾民元到启东任县政府第一科科长，同时负责启东动员委员会的工作。很快，顾民元便来到启东，从此与启东这片土地结下了不解之缘。1939年至1940年初，国民党发动了第一次反共高潮，县长董国桢不久被迫辞职，而接任的县长董伯祥打压排挤进步人士，顾民元被迫离开启东。这年夏天，顾民元来到海门，在那里主办小学教师训练班，在知识分子中广泛宣传抗日救国思想，扩大共产党的影响，壮大革命力量。

施政启东展新颜

1940年6月起，郭村保卫战和黄桥决战后，新四军扭转了苏北的形势，抗战新局面形成。新四军解放了苏中的大部分地区，并建立了通、如、海、启四县的抗日民主政权，顾民元被任命为启东县抗日民主政府首位县长。

为了治理、发展启东这块新土，顾民元在担任启东县抗日民主政府县长之初，就颁布了《启东县政府布告》，郑重提出了"实现民主、组织民众、培养干部、巩固治安、废除苛杂、改善民生、统筹军粮、奖励生产、刷新司法、明辨忠奸"等十条施政方针，为启东的未来规划了美好的蓝图。《启东县政府布告》贯彻了中国共产党抗日根据地政权建设的方针政策，采用六言韵文写成，文辞优美，思想上、政治上也达到了一个新的高度。而且这篇布告朗朗上口、通俗易懂，在那个文盲占人口大多数的年代，很好地起到了宣传发动群众的效果。很快，这篇布告受到了启东民众的广泛欢迎。

此外，顾民元以自身从政的实践验证了"枪杆子里面出政权"的道理，他就任后立即着手筹建县武装大队，为开创抗日斗争的新局面、巩固抗日民主政权做出了积极的贡献。

因误杀而牺牲

1941年1月29日，顾民元奉命前往掘港开会途中，遭到了国民党俞福基部队士兵的拦截绑架，俞福基企图以顾民元作要挟向新四军索要巨额赎金。当时顾民元不顾个人安危，怒斥俞福基这种绑架勒索破坏抗战的罪行。被禁期间，他深知凶多吉少，便做好了牺牲的准备，写下了3000多字的《自传》，即绝命书。其中写道："莫为江流悲永逝，天光常照浪之花。"1941年2月24日，新四军奉命围剿俞福基部时，顾民元被误杀。1941年4月2日，苏中四分区党政军机关在掘港召开追悼大会，追认顾民元为烈士。

1985年6月8日，中共南通市委作出审〔1985〕3号文件《关于顾民元同志的结论》："由于当时八路军所属'武抗'的党组织处于地下，与新四军党组织还没来得及联系，致使顾民元同志被怀疑为'托派'，因而于同年（1941年）2月在我方追剿俞福基匪部时，顾民元同志被我方误杀。"因此，"续认顾民元同志为革命烈士"。顾民元的烈士身份再一次得到确认。

"莫为江流悲永逝，天光常照浪之花。"顾民元的一生既是短暂又是光辉的。在短暂的一生中，他都在探索真理，追求光明。在那个艰难动荡的年代里，他始终都坚持自己的革命信念，没有过一丝的动摇。"为革命而生，为革命而死"，这是他人生最真实的写照。

（朱连芳编写）

参考资料：

1. 南通史志网. 顾民元 ［EB/OL］. http://www. ntszw. gov. cn/?c＝index&a＝show&id＝311.

2. 叶闽. 顾民元及其革命活动研究 ［D］. 南京：南京师范大学，2014.

3. 《顾民元烈士诞辰一百周年纪念文集》编写组. 顾民元烈士诞辰一百周年纪念文集 ［M］. 上海：上海人民出版社，2012.

4. 中共南通市委党史工作委员会，中共启东市委党史办公室. 天光常照浪之花：顾民元烈士牺牲五十周年纪念 ［M］. 南京：江苏文艺出版社，1991.

5. 林柄秋. 洪泽纪念文集 ［M］. 上海：上海社会科学院出版社，2000.

6. 张承钧. 抗战英烈录 ［M］. 北京：北京出版社，1995.

7. 江苏省地方志编纂委员会. 江苏省志：人物志 ［M］. 南京：凤凰出版社，2008.

8. 朱骏弛，等. 启东 ［M］. 南京：江苏人民出版社，1992.

9. 中共南通市委党史资料征集研究委员会办公室，南通市民政局. 江海英烈传 ［M］. 南京：江苏人民出版社，1987.

10. 中共江苏省委党史工作委员会，江苏省民政厅. 江苏革命烈士传选编：抗日战争时期 ［M］. 南京：江苏人民出版社，1988.

11. 中国新四军和华中抗日根据地研究会. 新四军和华中抗日根据地人物辞典 ［M］. 北京：中共党史出版社，2016.

饶孟文烈士——春蚕到死丝方尽

饶孟文烈士

1946 年 12 月 25 日，延安《解放日报》第一版刊登了一篇讣闻，沉痛宣告优秀共产党员饶孟文（1910—1946）因病去世。这则讣闻中提到的为革命工作 20 余年，最终倒在工作岗位上的饶孟文同志，就是华西协合大学制药系 1932 级校友饶世俊。

少年崭露头角

饶孟文，原名饶世俊，1910 年出生于四川荣县城里一个知识分子家庭。他自小聪明好学，成绩优异。他先后就读于荣县模范小学、荣县县立高等小学、荣县县立中学、华西协合高级中学。1928 年，他加入了共青团，光荣地成为一名共青团员。受组织派遣，他以教书作掩护，回荣县任城区区委书记，开展革命活动。虽然年纪轻轻，可是他以同龄人少有的沉稳老练和足智多谋，深入广大农村，先期创建荣县城北乡农民协会，在荣县高山铺、鹿角岩等地组织了"儿童团""镰刀把会"，参加人多达百余人，成为当地农会的一支重要力量。

1929 年春，饶孟文去荣县东兴场开展革命活动。他利用教师身份深入农家宣传革命，团结贫苦农民，组建了东兴乡农民协会和青年团东兴区委。当时，荣县农民运动正值高潮，各地农民协会组织开展了如火如荼的抗捐斗争。对此，反动军阀政府非常害怕，妄图扑灭农民运动的烈火，无端逮捕了三名农民协会会员，这更激起了众怒。中共党组织和县农民协会立即组织数千农民，包围了县公署。在巨大的革命力量面前，当局被迫释放了逮捕的农民，斗争获得全胜。而饶孟文在这次斗争中负责总交通任务。5 月 25 日，中共双石乡支部领导农民协会，组织群众斗争当地的恶霸地主，县知事派马弁前去镇压。事后，饶孟文作为骨干在党领导的"复仇队"中积极组织农民进行了多起游击活动，打击了地主恶霸和敌人的嚣张气焰。

1930 年农历八月十三，地下党总指挥梅自乾、熊白虹在高山铺宣布武装起义。饶孟文接到"14 日夜半起义，15 日到双石汇合"的命令后，带领人马起义支援。最后，因敌我力量悬殊，起义宣告失败。

华大孜孜求学

1932 年，饶孟文从荣县监狱出狱后，进入华西协合大学制药系学习。读书期间，他使用饶世俊的名字，努力学习专业知识，丰富自己的学识。此外，他热情关注时局，关心教育问题。他在《学生履历及志愿表》中写道："教育为一切社会建设之基础，以小学为重，欲振兴我国教育，必增加教育经费，彻底改良小学教育不可。"这与他后来筹办药科学校、重视医疗教育有着密不可分的联系。

饶孟文（饶世俊）的华西协合
大学保证书

饶孟文（饶世俊）在华西协合大学全国
各专科以上学校学生一览表中

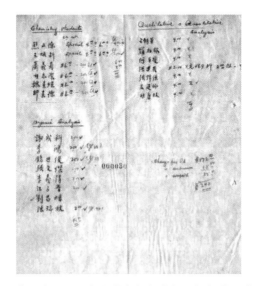

饶孟文（饶世俊）在华西协合大学有机化学与无机化学班学生姓名表中

经华西协合大学文学院的共青团员徐庆坚的报告，共青团组织批准恢复了他的团组织关系。徐庆坚、饶孟文同华西协合高中的朱进诚组成了华西协合大学共青团支部，由徐庆坚任支部书记。不久，饶孟文经组织批准又恢复了党组织关系。1932年7月，刘湘在成都设立四川省公署特种委员会成都分会，大肆屠杀共产党人。为了免遭敌人的破坏，中共成都县委和共青团成都县委均撤销，新成立东、南、城区三个中共区委，直属省委领导。饶孟文任华西协合大学所在南区的区委组织委员，后继任书记，积极进行革命斗争。

1933年4月，区委被敌人破坏，饶孟文再次失去了与党组织的联系。1933年党组织派党员彭蜀岭来华西协合大学，改华西协合大学团支部为领导成都文化活动的中心支部，由直属省委代理书记苟永芳领导。团支部主要活动在校外，每周一个晚上在华西协合大学附近的东巷子一带进行用木炭或红土写革命标语等活动。后来由于共青团四川省委执行"左"倾路线，解散了华西协合大学共青团支部，徐庆坚、饶孟文等都失去了团组织关系。但是，他们仍然继续宣传党的团结抗日主张，并团结一批进步师生同校内反动势力作斗争。

1935年夏，在华西协合大学反动势力的密谋下，饶孟文、徐庆坚、伍玉和、艾西由、李宋、程毓才、李景扬等七人被敌人逮捕入狱。由于华西协合大学进步力量、广大师生和社会人士的积极援救，七天后，国民党反动派被迫释放饶孟文等七位进步学生，斗争取得胜利。当年，饶孟文肄业离开学校。

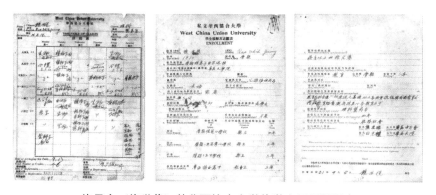

饶孟文（饶世俊）的华西协合大学休学生履历课程表

工作成绩斐然

1936 年 9 月，饶孟文支持侯方岳等组织了成都进步青年参加的"海燕社"。饶孟文在社内进行党的基本知识教育，并把该社中的骨干作为党的发展对象。1936 年 10 月，饶孟文参与成立了中华民族解放先锋队成都队。1937 年 4 月，饶孟文联系失掉了组织关系的共产党员十多人，建立成都特别支部，饶孟文任书记，积极开展各项抗日救亡活动。1938 年 2 月，饶孟文与犹凤歧等在成都组建抗日团体——群力社，其宗旨是为扩大抗日民族统一战线，深入发动群众，坚持抗战到底。成员主要是国立四川大学、协进中学的学生，约七八十人。群力社建立了中共党支部，犹凤歧、何仁仲先后担任支部书记，下分歌咏队、宣传队、群力宣传团。以黄爽英为主在《四川日报》办有《群力副刊》。除在市区内进行宣传活动外，群力社还到郊县去宣传演出。

1938 年 7 月，饶孟文接受恢复发展自贡党组织的任务。来到自贡以后，他深入调研当地党员和党组织情况，根据实际情况灵活调整，并及时上报党组织。8 月，经中共四川省委批准，中共自贡特别支部委员会成立，饶孟文任书记，后扩大为中共自贡中心特支、中共自贡中心县委，10 月改为中共自贡中心市委，饶孟文任市委书记。饶孟文仅仅用了三个月的时间，将自贡党组织发展、建立、完善，工作成效斐然。

1939 年 7 月 17 日，"四川省抗敌后援会"成立，中华民族解放先锋队队委康乃尔进入常委，共产党员甘道生、民先队骨干侯方岳、陈伯林等进入宣传组，饶孟文、犹凤歧进入组织组。他们利用这个公开合法的阵地，广泛地发动和组织群众开展救亡工作，掀起了轰轰烈烈的救亡高潮。

1940 年 3 月，成都"抢米事件"发生后，三台地区政治局势异常紧张，三台中心特支领导人身份遭到暴露，被迫先后转移。4 月，中共川康特委派饶孟文到三台紧急疏散党员，稳定形势。饶孟文到达三台以后，立即着手布置相关工作，将已暴露的侯方岳、杜孝初、王朴庵等党员干部疏散到安全地区，为三台地区党组织力量的保存起到了重要作用。在国民党掀起反共高潮的严峻形势下，到 1940 年 11 月，三台中心特支仍先后建起 8 个特支，发展党员 216 人。1941 年 2 月，黄友凡身份暴露，转移到中江土门寺。随后至 1945 年，中共川康特委先后派张文轩、张光昭、王叙五负责中心特支区域内党的工作，按照中共中央南方局的指示，党的活动转入地下。

1941年春，饶孟文被调到延安。3月，根据中央的指示，饶孟文在大砭沟（也是八路军药厂厂部所在地）筹办药科学校，隶属中国工农红军军医学校发展而来的中国医科大学。1942年1月，药科从中国医科大学中分出，成立"延安药科学校"。校部设在大砭沟，和八路军药厂厂部在一起。饶孟文任学校教育长。主要的药科教员有龙在云、李广训、翁远、谢崇璋、孙绎志等，还有些是和医大共用的教员以及从地方聘请的中学教员等。当时抗日进入关键时期，医务人员奇缺，药品供不应求。延安药科学校的成立，解决了当时的迫切需求。先后有数量众多的药学专业人才毕业，毕业生全部分配到抗日前线部队工作。与此同时，饶孟文根据党中央的安排，担任了临卫制药厂厂长，并且按照卫生部的约请，承担部分医大课程。面对纷繁复杂的工作，饶孟文刻苦钻研技术，勤奋学习药学知识，出色地完成了党交给的任务。

1946年，他被派往重庆，奉命担任"和平谈判"工作员。当年秋天，他返回延安。天有不测风云，12月22日，饶孟文在检查安排工作时，突然晕倒在工作岗位上，经抢救无效去世。噩耗传出，师生同事无不扼腕叹息，为之失声痛哭。

1946年12月25日，延安《解放日报》第一版刊登讣闻："临卫药厂厂长饶孟文同志，不幸于本月22日下午7时逝世。孟文同志在蒋管区从事革命二十年，倍历艰辛，百折不挠。今秋返延，任药厂领导工作。此次为备战制药，奔赴安塞，突因狭心症发，竟至不救，诚为我党之一大损失。除灵柩运延，准备定期开会追悼外，谨此讣文。"12月30日，延安各界代表集会举行饶孟文同志追悼会。会上，人们深切哀悼这位因公殉职、无私奉献的优秀共产党员。春蚕到死丝方尽，蜡炬成灰泪始干。饶孟文同志生命不息、工作不止的奋斗精神值得人们永远怀念！

（朱连芳、党跃武编写）

参考资料：

1. 杨绍安. 四川抗日救亡运动述评［J］. 四川师范学院学报（哲学社会科学版）.

1992（2）：91－97.

　　2. 邓前程，徐学初. 中国共产党是如何推动地方实力派走向抗日战场的：以四川为例的统战史考察 [J]. 四川师范大学学报（社会科学版）. 2007（5）：100－106.

　　3. 郑伯克. 川康三年 [J]. 四川党史，1997（2），58－61.

　　4. 谢鸣明. 荣县农运骨干饶孟文（图）[EB/OL]. http://www.zgm.cn/html/a/2011/0710/16246.html, 2011－07－10.

　　5. 四川省荣县志编纂委员会. 荣县志 [M]. 成都：四川大学出版社，1993.

　　6. 自贡市地方志编纂委员会. 自贡市志 [M]. 北京：方志出版社，1997.

　　7. 刘宗灵，王伟民. 论抗战时期三台中共地下党的组织发展历程及其经验教训 [J]. 绵阳师范学院学报，2016，35（10）：27－34.

　　8. 刘宗灵. 抗战初期中共四川地下党组织的重建与整顿 [J]. 中共党史研究，2017（9）：87－100.

　　9. 张峻. 抗战时期中共成都党组织述论：1937—1945 [D]. 成都：四川师范大学，2017.

　　10. 张瑞. 抗战时期中共四川地方党组织建设研究 [D]. 成都：中共四川省委党校，2015.

　　11. 郑伯克. 川康三年 [J]. 四川党史，1995（2）：58－61.

徐达人烈士——崍山巍巍奋战急

徐达人烈士

雄伟巍峨的邛崍山脉连绵数百里，延伸 20 余县，连同其边缘地带，矗立在成都平原的西边。这里是藏龙卧虎之地，1935 年红军长征经过崍山地区，还建立了苏维埃政权。1946 年开始，党在以大邑为中心的崍山地区，组建了川西南武装工作队，后又扩展为规模更大、范围更广、组织更严密的川康边人民游击纵队。根据中共川康特委和成都市委的安排，国立四川大学陆续有近 100 名党员和进步学生，来到游击纵队活动的各县，发动群众，开展武装斗争。许多同学在斗争中锻炼成长，分别担任了纵队、支队、区队的负责人，立下了功勋，有的还献出了年轻的生命。国立四川大学中文系 1944 级学生、民盟成员、川康边人民游击纵队骨干徐达人（1919—1948）烈士，就是他们中的杰出代表。

走上革命路

徐达人，名绍成，四川省大邑县王泗乡罗院寺人，1919 年出生于一个贫困家庭。他自幼寄养于伯父家，童年时代先后在家乡私塾、王泗小学和大邑县立初级中学读书，后来在成都济川中学上高中。1944 年秋，已经在五十年代出版社成都办事处工作的他考入国立四川大学夜校中文组。

五十年代出版社成都办事处给徐达人出具的工作证明

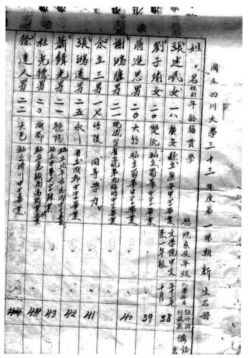

徐达人在国立四川大学 1944 年第一学期新生名册中

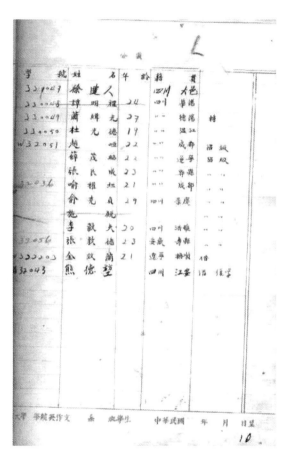

徐达人在国立四川大学注册表中

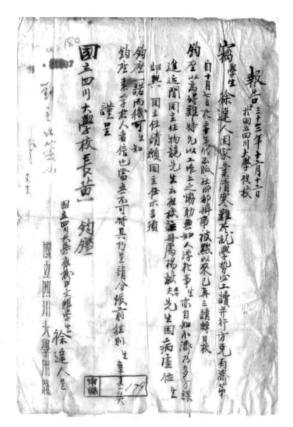

徐达人的求职报告

徐达人在国立四川大学读书期间深受共产党员、同乡李惠明等的影响和教育，他学习勤奋，爱看进步书刊，思想倾向革命，积极投身学生运动。寒暑假回家时，他又在当地老党员孟鹤松带领下参加革命宣传活动。

在大学校园里，徐达人先后参加了"朝明学术研究社""离离草社"等进步学术团体，是其中的重要成员。他经常给同学们推荐革命书籍，讲革命道理，并且从生活上热情地关心他们。他还积极组建大邑籍进步同学组成的由肖国琳任社长的"清风文艺壁报社"，并任主编。他用笔作武器，热情歌颂人民民主革命的胜利，揭露国民党陷人民于水深火热之中的罪行。

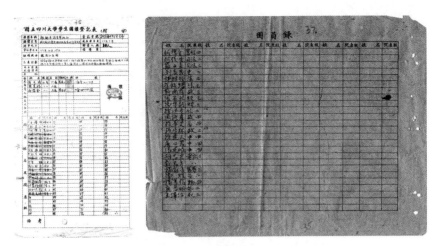

徐达人在国立四川大学离离草社学生团体登记表中

徐达人的国立四川大学毕业论文《韩非思想之分析》

身在川大，心系家乡

　　1946 年夏天，徐达人经既是中共党员又是民盟盟员的李惠明介绍，与同乡白开茂、李均一起参加了中国民主同盟。1947 年春，李惠明在征得组织的同意后，又将徐达人等三人介绍至民盟大邑分部。三人的组织关系旋即由民盟四川省支部转至民盟大邑分部。三人很快与大邑地区肖汝霖取得了工作联系。从这时候起，徐达人便直接在党组织的领导下进行工作，将党的方针政策和组织意图传达给民盟大邑分部负责人王安懋，使民盟大邑分部更积极、有效地配合党在大邑地区的中心工作。

就这样，徐达人在国立四川大学和家乡同时进行革命活动。他曾协助王愈文等革命青年联系党的关系，联合城乡进步力量，使三岔乡小学成为党在大邑活动的重要据点。

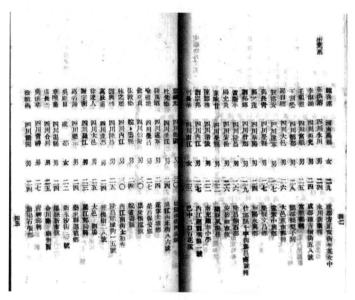

徐达人在国立四川大学校友录中

团结一批知识分子

1946年夏天，为了在大邑城镇知识分子中扩大党组织的影响，壮大革命力量，李惠明、肖汝霖、周鼎文、徐达人等在成都开会商定以学会形式团结青年。1947年暑假，由徐达人、白开茂等出面发起、筹备，吸收大邑籍的部分在蓉大学生和县里的中小学教师参加，以大邑邮江命名的"邮江学会"在大邑县西壕沟乐善局正式成立。学会先后发展会员60余人，徐达人负责宣传和联络工作。他不但提供革命书刊，而且积极组织会员学习革命理论，如毛泽东的著作以及《共产党宣言》和《大众哲学》等。同时，他不断介绍其他地区的革命情况，鼓舞大家的斗志。

为了更好地宣传革命，发动群众，学会决定创办《邮江导报》，徐达

人任主编。他夜以继日地工作，集撰稿、编辑、校对、出版于一身。该刊
发行 1000 余份，在当地产生了重要影响。徐达人才思敏捷，文笔犀利，爱
憎分明，疾恶如仇。他以笔作武器，像一位勇猛的战士冲锋陷阵。《邮江
导报》的主要内容是揭露反动派的本质，鞭挞地方封建势力的罪恶，表达
人民群众的正义呼声。每篇文章如匕首、如炮弹，振聋发聩，对教育群众
和团结进步的知识分子，推动大邑地区党领导的革命斗争做出了巨大贡
献。1948 年初夏，徐达人等通过学会组织、发动全县公立中小学教师开展
"反饥饿、反迫害"的斗争，最后取得了胜利。

上山打游击，热血洒崃山

　　1948 年夏天，徐达人从国立四川大学毕业了。根据组织安排，他谢绝
了成都待遇优厚的工作，毅然回到他的家乡，参加中国共产党组织领导的
武装斗争，跟随时任川西南人民武装工作委员会主任兼武装工作队队长的
肖汝霖工作。一到队里，徐达人即冒着酷热，穿上草鞋到大邑鹤鸣山的唐
湾做农民武装杨德孚的转化工作。杨德孚是带领二三十条枪的"草头王"，
其本性善良，有胆有识。由于仇家的逼迫，他带起了一支队伍，急于寻找
出路。徐达人等多次上门做工作，终于教育说服了他。这支队伍转化为革
命武装后，壮大了人民力量。不久，杨德孚也加入了民盟。
　　当时革命形势发展很快，群众工作、统战工作和武装工作均有很大进
展。当时川西南人民武装工作队准备夺取附近一座武器库，7 月 12 日，武
装工作队在大邑唐场受到地主刘文彩的武装偷袭。武装工作队当即转移分
散活动。肖汝霖率 70 余人上崃山，转战三县，历时两月，最后被困在西康
省芦山县的象鼻山。为了改变武装工作队的险恶处境，变被动为主动，武
装工作队负责人肖汝霖化装潜行下山与坝上同志安排转移接应问题。徐达
人首先接待了他，9 月 24 日两人一起去大邑鹤鸣、邮江等地。不料，次日
上午，徐达人、肖汝霖二人走到大邑凤凰乡龙门坎山坡时，突与土匪郭保
之一伙狭路相逢。二人不幸落入敌手，随即被送到安仁镇刘文彩处。当
晚，刘文彩私设公堂，对他们二人进行野蛮刑讯。他们大义凛然，坚贞不
屈，视死如归。刘文彩假意称将他们押送大邑县政府究办，途中行至大邑
苏家乡王幺店子时，将二人杀害，并把他们的尸体抬到县城南门外墙下示
众，震惊全省。徐达人牺牲时年仅 29 岁。

肖汝霖、徐达人的鲜血没有白流，他们的壮烈牺牲进一步激发了武工队的斗争意志。在一举歼灭了一股敌人后，武装工作队胜利突围，后来发展为川康边人民游击纵队。

1998年9月25日，徐达人烈士的老战友周文成同志写下了《满江红——纪念徐达人烈士牺牲五十周年》一词：

> 万家墨面，没蒿莱，震怒英烈。
> 心浩茫，誓求利剑，挥斩妖孽。
> 追名逐利粪与土，舍生忘死功和业。
> 莫等闲，奔向光明路，遇人杰。
>
> 为学会，沥心血，传真理，共学习。
> 举《导报》投枪，魑魅震慑。
> 战友并肩遇贼寇，威武不屈蔑暴虐。
> 丹心照，青史垂不朽，同歌泣！

（靳用春编写，朱连芳改编）

参考资料：

1. 四川省大邑县志编纂委员会. 大邑县志［M］. 成都：四川人民出版社，1992.

2. 中共成都市委党史工作委员会. 甘洒热血拯中华：成都革命烈士传 第1辑［M］. 成都：成都科技大学出版社，1987.

刘则先烈士——虽九死其犹未悔

川西解放后的第一个春天，在平息双流县永安乡的一次土匪暴乱中，20世纪20年代公立四川大学外国文学院英语系学生、老红军战士刘则先（1908—1950）不幸落入敌手，壮烈牺牲在乡长的光荣岗位上。

在白色恐怖中入党

刘则先，又名刘蜀平、刘述平，四川省富顺县城关人。虽然出身于没落的地主家庭，但他秉性爽朗倔强，勤奋好学，各科成绩常名列前茅。当他从富顺中学肄业时，大革命的浪潮正席卷这个川南的小县城。1927年初，风华正茂的刘则先积极参加了反对帝国主义文化侵略和经济侵略的斗争。

刘则先来到成都，转入储才中学读书。1928年，刘则先加入了中国共产主义青年团。当年秋天，他考入公立四川大学外国文学院英语系学习，积极参加学校党团组织领导的进步学生运动。经过两年的组织考验，1930年，他加入了中国共产党。从此，他坚定地踏上了更为艰难曲折而又充满乐观战斗精神的人生之路。

到延安

经组织安排，刘则先于1930年冬进入中央苏区的江西瑞金县，不久又去上海法租界和北平、川陕边区从事党的工作。1936年，党组织送他赴延安学习，他成为抗日军政大学第四期学员。1938年8月毕业后，他回到家乡工作。

刘则先与同学杨华村等一行经过汉中时，遭遇宪兵。他们连同另外两位从抗日军政大学返回四川的邓泽、李智一起，被强送到西安国民党办的战时干部训练团第四团，并被拘留在原东北大学职工宿舍的一个小院里。刘则先去时，那里早已关着五六十人，大多是从抗日军政大学和陕北公学毕业回川工作或是准备前往延安学习的。

为了争取早日回川，刘则先和其他党员同志建立了党小组，并设法与八路军西安办事处取得了联系。同时，他们要求每个党员都要团结群众，使党小组成为坚强的战斗核心。不久，党小组接到八路军办事处指示，说朱德总司令自洛阳回延安，在路过西安时，要求胡宗南不可羁留抗日青年。因此，希望大家坚持斗争，争取早日获释。党小组将指示传达后，群情激奋，大家回川工作的信心更足了。10月上中旬，被拘留在战时干部训练团第四团的共产党员和抗日青年先后得到释放，由八路军办事处安排到各自的岗位上。

1939年1月，中共川康特委选派刘则先为彭山、仁寿、华阳特区书记，在华阳县付家坝付氏宗族小学，以教书为掩护开展党的工作。他一到特区，就抽时间深入籍田铺、煎茶溪、秦皇寺、苏码头、加乐庄、黄龙溪等地进行调查，对特区党组织的工作情况和农民的生活状况等都做了细致的了解。特区各地党组织纷纷举办农民夜校、组建业余剧团、创作板报墙报以及开设书店等，大力向群众宣传党的抗日主张。刘则先亲自到夜校上课，他身着一件旧蓝布长衫，显得十分朴实大方、和蔼可亲。他讲起话来通俗易懂，农民都喜欢听他讲课。一到逢场，业余剧团便在街头演出《三江好》《米》《打鬼子去》《放下你的鞭子》等抗日剧目，吸引了许多群众。书店里摆上了《新华日报》《大声周刊》《大众哲学》等书报。在码头，订阅《新华日报》的就有30多户。短短的时间内，这里的抗日救亡运动就搞得有声有色。同时，他十分注意加强党的组织建设，培养积极分子，恢复和发展党员10余人，还选送王孟凡、夏逊、夏森、王梓楠、冯德枢等赴延安学习，为党输送了一批优秀干部。

在县委书记岗位上

1939年8月，中共川康特委调派刘则先任汉源县委书记。他住在九襄镇后山曹家祠一户农民家里。约一个月光景，国民党西康保训所九襄保安中队的人发现刘则先操外地口音。保安处长王靖宇派人前往搜查，在刘则先住处仅仅发现烧过的信纸灰迹和一张有姓无名的纸片。就这样，他们把刘则先扣往保训所，由特务处长杨家桢审问。刘则先佯称自己是成都的大学生，来亲戚家躲空袭的，纸片上的姓是记下来与朋友通信用的。但是，杨家桢认定那是一些需要联络的地下党人，所以，他反复逼讯，拿出纸笔硬要刘则先写出全名。刘则先愤然写下"我是共产党员"几个大字，掷给杨家桢说："要办我，只能明办，不能黑办。"杨家桢又继续追问领导人和同组织党员，刘则先总是回答："不晓得。"这时，国民党西康保安特别党部书记张练安企图插手，国民党西康省党部也派人到九襄，要保训所将刘则先移交给省党部审讯。川康特委知道刘则先被捕后，立即进行营救。特委书记罗世文以18集团军驻成都代表的身份，出面向刘文辉交涉，并通过一些上层人士做工作，要求释放刘则先。刘文辉只好电告保训所，驱逐刘则先出西康省。实际上，这就是变相释放。

刘则先回到成都，向川康特委副书记邹风平汇报了狱中情况，并对自己因警惕性不高而给党的工作造成损失，诚恳地做了自我批评。之后，刘则先被分配在成都做青年文化运动工作。同年12月8日，刘则先与在斗争中结识的共产党员付德玉结为伴侣。

1940年3月后，为了保存力量，党组织将在成都的大部分党员疏散到外地，少数留下的党员采取单线联系。有一天，刘则先去长顺街一家书店与他的领导人进行联系时，正遇上警察查封那家书店，他机警地躲开了。但从此，他失掉了与党的联系。夫妇俩如断线风筝，成天处于苦闷彷徨之中。一些同志又陆续遭到逮捕，成都无法立足了。1942年4月，他们只好回到富顺老家。

坚持斗争

刘则先在家乡早就以"赤色分子"闻名，回乡不久就被特务注意上了。一天，富顺县警察局派人来对付德玉说："警察局长请刘则先谈话。"付推说不在家。这时，刘则先在室内听到外面的说话声，心知不妙，赶紧躲进了邻家。特务闯入内室，搜寻不着，只得作罢。过了几天，县党部书记长刘家民，唆使与刘则先任女同校教书的刘彦绪到付德玉家串门，探听虚实。当刘彦绪窥见刘则先仍留家中，就告了密，当晚特务们把人抓到警察局。刘则先能言善辩，弄得警察局长无计可施，只得放人了事。继后，刘则先就躲到荣县双石桥妹妹家去了。

那时，刘则先生活十分清苦。堂兄刘孝和介绍付德玉到县府会计室当小职员，微薄的工资难以度日。孩子们营养不良，瘦得皮包骨。还有一个女儿长期瘫在床上，也无钱就医。敌人的追捕和艰难的岁月，没有动摇这对革命夫妻的信念。刘则先常常吟诵屈原的诗句"亦余心之所善兮，虽九死其犹未悔",用以自励自勉。但是,夫妻二人经常为找不到党组织而焦急不安,刘则先有时不免大发脾气,后来也逐渐冷静了下来。他安慰妻子说:"不能因为失掉党的联系就自暴自弃,共产党员在任何条件下都要为党工作。"一天,付德玉偷偷带回几张《新华日报》,刘则先欣喜若狂,连忙展开,一边读,一边流下了激动的泪水。从此,他常常通过报刊消息分析形势,了解党的方针政策。他还利用在永善茶馆、西湖茶馆喝茶的机会,结识一批进步青年,向他们讲屈原、高尔基和鲁迅的作品,讲延安和苏联的情况,为他们后来走向革命打下了初步的思想基础。

1944年3月,冯玉祥将军到富顺搞献金救国活动。一些地方官吏乘机贪污,中饱私囊,刘则先和一些热血青年暗中进行调查,然后整理成材料送给冯玉祥。刘家民探知此事为刘则先等人所为,就使用软套套,说要为刘则先弄个职位。刘则先断然拒绝说:"我饿死也不吃你那碗饭。"刘家民等人恼羞成怒,经常派人监视搜查,欲除之而后快,刘则先也只有再度隐蔽起来。

组织游击队

富顺已无法住下去,刘则先多次去成都找党组织也未成功。1947年2月,付德玉和子女先搬到华阳付家坝的娘家住。11月,刘则先也来到这个曾经战斗过的地方。夫妻俩都在付家坝的双泉寺小学任教。他们利用上课的机会,给学生讲革命故事,教唱进步歌曲。同时,他借这个岗位进行活动,很快就团结起一批进步群众。

1949年7月,曾在汉源一起工作的前任特支书记陈树堂(即任治荣),受党组织的派遣来仁寿、华阳、彭山一带组建游击队。战友相逢,分外高兴。陈向他传达了党的指示,要他发动群众,组建地下武装,迎接解放。由于刘则先有较好的群众基础,组织游击队的工作进行得比较顺利。8月6日,在付家坝双泉寺,川康边人民游击纵队第2支队第4大队正式成立,下设公兴、古佛、黄甲和永安四个队。游击队除收缴国民党散兵游勇的枪械和从土豪劣绅手里明借暗夺枪支外,还进行策反地方武装起义。川西解放时,游击队配合解放军作战,做了许多工作。在围歼胡宗南部的战斗中,游击队曾牵制敌军一个营的兵力,缴获了不少枪支弹药。

为人民大众而死，死何足惜！

1950 年 1 月，华阳县刚解放，刘则先立即与县委取得联系，向县委详细反映情况，提了许多好的建议。县委以游击队为基本力量，改编为华阳县公安大队，任命刘则先为永安乡乡长。刘则先上任后，立即进行复市、复工、复课的工作，建立了永安乡的社会治安新秩序。在大力开展征粮的工作中，他成绩斐然，仅三天多的时间即征粮百余石，为全县之冠。

这年的 2 月 15 日，临近传统的春节。双流县黄甲乡一带的土匪突然暴动，袭击公兴乡公所。川西区党委通知各县，大力防备土匪的大规模暴乱。华阳县县委调刘则先带原游击队保卫县城。三天后，县委派他与刘章志到公兴、永安、黄龙一带了解暴乱土匪的潜在活动情况。20 日，二人通知有关人员到永安召开治安会议。这时，永安邻近的顺河、佛洞的土匪开始暴乱，赶集的群众纷纷逃避，应该参加会议的人也未到齐。面对这种情况，刘章志要刘则先立即撤回县城，可他泰然地说："我是乡长，在危险的时候不能离开岗位。"

刘章志走后，土匪打进场镇。刘则先镇定自如，派人渡过府河，向县政府报告，然后自己才躲进了一家烟馆。匪众在"反共自救联合团"总部参谋付秉之等人的带领下，挨户搜查刘则先，气势汹汹地扬言："不交出共产党刘则先，要把全街的房子烧光。"同时，匪徒抄查了革命群众的家，把未来得及撤退的游击队员抓了起来，其中游击队员付建华被押到场口，惨遭枪杀。

22 日，一个本地的二流子进了烟馆，发现了刘则先，就去告了密。暴乱土匪蜂拥而至，将刘则先捆绑起来，直向府河边推。

久经斗争考验的党的老战士刘则先，早已置生死于度外。他一边走一边高呼："中国共产党万岁！""中华人民共和国万岁！"最后，他来到府河边一个小塔旁，土匪问他还有什么话讲。他坚毅地说："为人民大众而死，死何足惜！"罪恶的子弹，狠狠地射向永安乡人民的首任乡长。刘则先烈士和多年来血肉相依、苦乐与共的家乡人民永别了！

江山日新，英雄长在。刘则先留给人民的，是永恒的怀念！

（双流县党史研究室编写，朱连芳改编）

参考资料：

1. 中共成都市委党史工作委员会. 甘洒热血拯中华：成都革命烈士传 第 1 辑 [M]. 成都：成都科技大学出版社，1987.

2. 中共成都市双流区地方志编纂委员会. 双流县志：1911—1985 [M]. 成都：四川科学技术出版社，2016.

3. 中国人民政治协商会议四川省双流县委员会文史资料委员会. 双流县文史资料选辑：第 7 辑 纪念双流县解放四十周年 [Z]. 1989.

6. 中国人民政治协商会议四川省富顺县委员会文史资料委员会. 富顺文史资料选辑：第 13 辑 [M]. 1999.

7. 中国人民政治协商会议四川省富顺县委员会文史资料委员会. 富顺县文史资料选辑：第 1 辑 [M]. 1986.

8. 中共自贡市委党史研究室. 盐都英烈 [M]. 成都：四川人民出版社，1991.

杨家寿烈士——誓死捍卫新政权

杨家寿烈士

中华人民共和国成立前后，西南地区形势复杂，斗争激烈。许多四川大学培养的优秀学子顽强不息、奋斗不止，为中华人民共和国的建立和稳定孜孜不倦地努力着：迎接解放、征粮剿匪、镇压地主恶霸、开展民主建设……在这样恶劣的环境里，有的学生甚至还为此流尽了最后一滴热血。农学院农艺系1945级学生杨家寿（1923—1950），就是其中一个典型。

读书不忘救国

杨家寿，又名杨含，化名杨福林，1923年出生于四川省南川县（现重庆市南川区）隆化镇。他自幼文静、勤奋，从南川县道南小学毕业后，考上了有名的重庆南开中学。1945年秋，他考入国立四川大学农艺系畜牧组。此时，其父已去世四年，家庭经济已日渐困难，他的读书费用多靠他哥哥供给。在学校，他常穿一件褪色的蓝布长衫，过着简朴的生活。

杨家寿富有正义感，爱读进步书报杂志，关心时事政治。进入国立四川大学后，他先后参加了进步学术团体"离离草社""黎明歌唱团"和

"自然科学研究社"，成为这些进步社团的活跃分子。1948年3月，杨家寿成为党的外围革命组织"民协"成员。

　　杨家寿参加"民协"后，革命积极性更高了，他善于耐心细致地做群众工作的才能得到了发挥。1948年8月20日，反动派在国立四川大学逮捕了一批革命同学。面对形势的发展，党组织决定改变斗争策略，由社团路线向系级路线转变，即由以进步学术团体为主，逐步转到以系级活动为主，并注意通过同乡会、同学会开展工作。

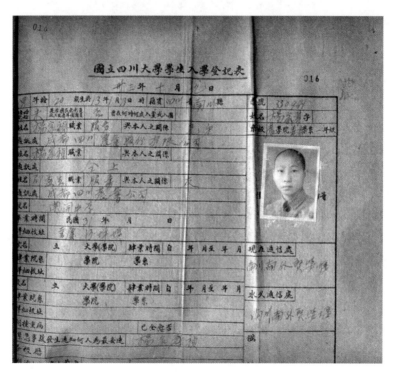

杨家寿的国立四川大学学生入学登记表

杨家寿的国立四川大学学生学籍表

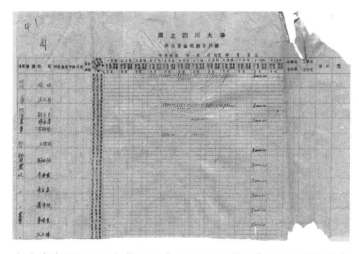

杨家寿在国立四川大学 1945 年 4 至 11 月学生贷金明细分户账中

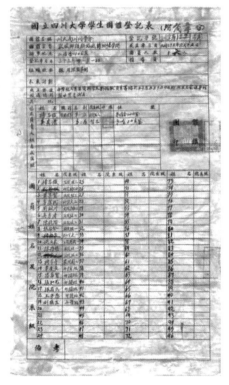

杨家寿在国立四川大学南开同学会
学生团体登记表中

杨家寿在国立四川大学南川同学会
学生团体登记表中

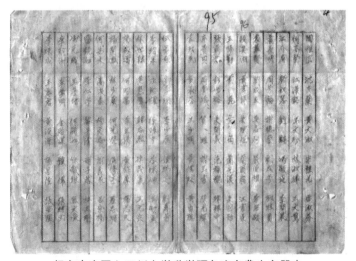

杨家寿在国立四川大学升学预备班自费生名册中

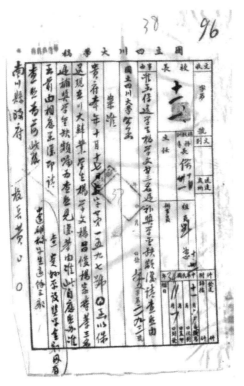

杨家寿在国立四川大学 1945 年南川县保送学生杨学文等三名奖学金缺额函中

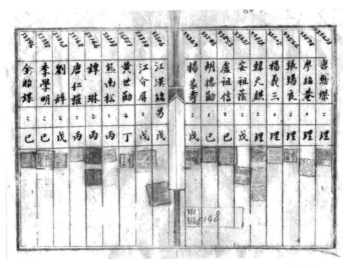

杨家寿在国立四川大学升学预备班第三伙食团团员名册中

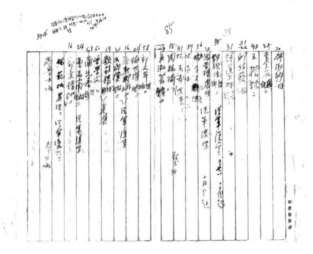

杨家寿在国立四川大学 1945 年 9 月份乙种公费生膳食补助及贷金引领清册中

杨家寿在国立四川大学作物学会学生团体登记表中

杨家寿在国立四川大学黎明歌唱团学生团体登记表中

从此，杨家寿的工作重心转入农艺系。在斗争中，他沉着冷静。无论是观察人、处理事，还是研究问题、阐述观点，他总是不动声色，抓住要领，点到即止，使人乐于同他接近。因此，他很快打开了工作局面。他组织起"十人读书会"，阅读革命书刊，在全年级中起着核心骨干作用。1948年下学期开学不久，杨家寿跟同年级中5位"民协"同志一起，推选政治上可靠的同学担任级理事长，理事则由在群众中有威信、热心群众工作、能代表各种类型同学的人担任。通过理事会，他把同年级80多个同学都团结起来。他善于根据青年特点进行工作。当时，毕业在即，同学都有依依惜别之情，杨家寿抓住时机，在半年之内，组织了4次全年级大型活动,如运动会、郊游等。每天晚饭后,校园各个角落,处处在扭秧歌、齐唱进步歌曲,形成了进步学生自己的"解放区"。

在这些活动中,杨家寿默默做了许多具体工作。在开运动会时,他争着背球。在郊游活动时,他给大家照看衣物,关心、搀扶体弱的同学,协助安排好同学们的食宿等。

1948年杨家寿和同学们参观四川省农科所

参加武装斗争

1949年春,根据中共成都市委关于"储蓄力量,迎接解放"的指示,国立四川大学党组织先后转移了部分进步同学下乡参加斗争。仅川西地区,就有数十名党员、"民协"会员、"火星社"社员前往。1949年4月20日,国立四川大学又一批进步学生被捕。党组织采取措施,撤退了一批同志。杨家寿也在4月底,毅然放弃即将举行的毕业考试,坚决服从党的决定,离校下乡,参加农民运动。临行时,他十分激动,但又十分从容地向级理事长说:"我有事要离开,不参加毕业考试了。要团结更多同学,搞好级上工作,准备迎接解放。"他叮嘱,有事要多找其他几个进步同学商量。他什么东西都没拿,不露任何迹象,一个人悄悄奔赴新的战场。

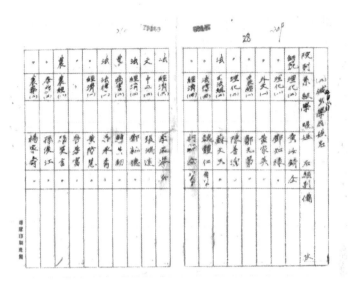

杨家寿在国立四川大学减少学生姓名表中

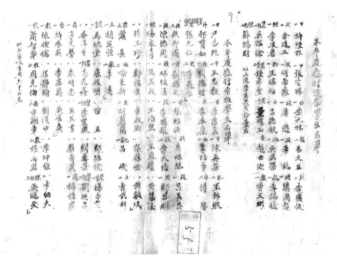

杨家寿在国立四川大学 1946 年本年留级退学通知及名单中

　　杨家寿到川西农村后，由中共川康边党组织安排在邛崃县西北临济乡做农民工作。临济乡是 1933 年川西抗捐暴动的策源地，那里有党长期工作的基础。经过党组织的大量工作，当年的党团员和烈士家属重新活跃起来。杨家寿去后，从他们那里受到很好的革命传统教育。开始，杨家寿以喻岗保国民学校教师的公开身份为掩护，向学生宣传革命思想、教唱革命歌曲，深得学生和家长的爱戴。不久根据工作需要，杨家寿被组织派到烈属喻中和家里充当雇工。他化名杨福林，剃光头发，缠上白帕子，俨然一副当地人模样。他学着下田栽秧、喂猪打杂，还常访贫问苦，扎扎实实地做启发群众、组织群众的工作。晚上开完会，他就钻进玉米壳堆里，盖上棕毡睡觉。由于他有做群众工作的经验，农民运动工作很快打开了局面。当年 6 月，经上级党组织批准，杨家寿被吸收为中共正式党员。不久，他担任临济乡党小组组长。后来党组织发展为党支部，他又任支部书记。他和支部的全体同志一起，用"土地会""穷人会""农民协会"等组织形式，把附近一些农民组织起来，并与大邑地区大规模的"二五"减租斗争相呼应，从当地情况出发，开展抗捐抗款斗争。1949 年 8 月秋收时，地方反动势力抓丁勒索，杨家寿等以亲帮亲、邻帮邻的办法，发动群众进行抗丁斗争。大家见到抓壮丁的来了，互通情报。有人被抓，大家站出来抗争，不准抓走。抗捐抗款取得了良好的斗争效果。

迎接川康解放

邛崃临济地区背靠大山，面扼川康公路，是东联邛崃、大邑的重镇，也是西往名山、雅安的交通要冲。由于这里群众基础好，川西边临委在将"川西南人民武装工作队"扩大为"川康边人民游击纵队"时，即决定以此为游击队重要地带。为此，上级党组织派人来此地加强工作，建立中心工作组。杨家寿也是中心组的领导成员之一。4 个月后，上级决定将临济与名山、邛崃接壤地区的群众武装组成"川康边人民游击纵队"下属的"名雅邛支队"。支队下属 3 个大队，第 3 大队即"名邛大队"，由临济、龙安、道佐、平落几乡的有作战能力的 180 名群众武装组成，杨家寿为大队副指导员。他和指导员、大队长一起，一面整训队伍，一面为游击纵队队部率领的"大渡河支队"和"名雅邛支队"共 1000 多人过境时的三天食宿做准备。

"名邛大队"宣告成立时，杨家寿带着队伍，打着红旗，戴上五星臂章，高呼口号，欢庆解放的鞭炮声不绝于耳。12 月 15 日，在廖场，他们与纵队部和支队会合，一同行军，当晚占领了邛崃平落区。16 日早，他们占领了道佐场，在此停留两天，整顿队伍。晚上，游击队举行盛大的营火晚会，由宣传队带领队员们唱革命歌曲、扭秧歌舞。18 日，游击队按计划向邛崃、大邑接壤的石坡乡进发，以会合坝上其他支队。当天，游击队即与国民党四川省保安八团、九团在马岩岭发生遭遇战。19 日到水口乡，游击队又与恶霸丁友光一伙发生战斗。20 日游击队到石坡乡，立即同该处集结的崃山支队、临邛大队等一起阻击国民党 21 军军长王克俊率领的 3、6 两团和军直属队共 4000 余人。激战一天后，王克俊部溃败被困，与游击队谈判。中国人民解放军于 19 日解放邛崃，敌军向解放军 12 军 36 师投降。杨家寿所在的"名雅邛支队"随纵队队部到大邑王泗区，游击队又与邛江支队会合。25 日至 27 日，解放军在邛崃地区堵击胡宗南的李文兵团 7 个军，游击队出动 2000 余人配合行动。纵队队部率领的"名雅邛支队"等 4 个大队在邛崃、大邑交界的童桥配合阻击敌第 1 军和教导团，经过一整日激战，击溃胡宗南部。到了年底，战斗胜利结束。

杨家寿在行军战斗中，肩负重任。在游击队从邛崃山区下坝前，他们主要任后卫，在大队后面收容伤病员、处理粮钱等遗留问题。当时，队伍刚刚组成即整天整夜行军，战士十分疲惫，一路上又饥又渴。在马岩岭战斗后，有的战士竟拔群众的萝卜吃。杨家寿一面掏钱赔偿，向群众道歉，一面对战士进行教育，同时就地购买一箩筐红苕，分发给战士暂时充饥，鼓励他们跟上队伍。

队伍抵达大邑王泗区后，由于敌情复杂，杨家寿便带领大队在王泗、桑园公路上值勤戒备。他认真查哨，从不轻易离开驻所，表现出了高度的警惕性和责任心。

在马岩岭遭遇战中，杨家寿身先士卒，投入战斗。在水口一战，他举着几个手榴弹，带头参加突击队，攻打碉堡。在童桥战斗中，大股敌军使用八二炮、二〇炮等向游击队轰击，一时竹木横飞，杨家寿等率部英勇反击，表现出大无畏的革命精神。但在每次战斗结束评功时，他总是十分谦逊，推举别的同志受奖。

川康边人民游击纵队配合解放军共俘敌 3000 余人，缴获武器 3000 余件，游击队牺牲了 80 余人。1950 年元旦，解放军二野 12 军与游击队在邛崃桑园机场举行盛大的会师祝捷大会，杨家寿等人率队参加了这次大会。12 军副军长肖永良和政治部主任李开湘在会上热情讲话，给游击队发了奖品和慰问金，并表彰了战斗模范百余人。

热血染红旗

1950 年元旦前后，川西各县相继解放。杨家寿被任命为邛崃平落区副区长，带领原来的游击队组成区警卫队，开展征粮剿匪、建立新生政权的工作。他带领征粮工作队在临济、石头、下坝、孔明、卧龙等乡，夜以继日地征集粮食、侦察匪情。当时生活极其艰苦，每天只有两顿盐巴拌饭。他白天跑路，晚上开会，眼里布满血丝，双脚长满冻疮，扶着手杖东奔西走。哪里有困难，他就往哪里去。邛崃西连大山，历来土匪特别多。此时，土匪与恶霸地主、袍哥势力勾结作乱，异常猖狂。他们仇恨杨家寿，出大米 20 石捉拿他。1950 年 1 月 16 日，下坝的恶霸黄名高、骆孔贤等，命人磨好刀子，打算当晚杀死杨家寿。幸得群众报信，杨家寿连夜紧急转移到 5 里以外的安全地方，才使敌人阴谋落空。

由于杨家寿联系群众多，对土匪动向了如指掌。根据群众反映的情况，他们觉察到土匪活动猖獗，形势严重，于是在 1 月 17 日赶到邛崃向县委汇报，要求派部队下乡剿匪。但是，当时县城刚解放，解放军兵力不多，对土匪暴乱估计又不足，无法派出大部队。杨家寿等只好于 21 日带队伍回平落区。出城后，他得知当地土匪即将暴动，于是队伍就地警戒，派人化装去平落侦察。22 日，土匪开始在全县发动暴乱，邛崃县城被围。杨家寿等率领的队伍被大通、卧龙、孔明和蒲江县复兴等乡的几股土匪包围在邛崃南河乡土地坡一带。南河大桥也被土匪占领，卡断去路。他带领几个人掩护队伍涉水过河，拟回城与解放军联系。当时杨家寿双脚生冻疮，靠人扶往老百姓家隐蔽。不料大股土匪包围上来搜查，杨家寿因外地口音被察觉抓去，当天就被土匪惨杀在孔明乡金店子，时年 26 岁。

邛崃县城被围一个月后，人民解放军 18 军 53 师、54 师联合剿匪，很快平定了土匪叛乱。事后得知，杨家寿被土匪抓到后，大义凛然地说："我就是杨家寿，是共产党员，是平落区副区长。"同时，他向土匪讲形势、讲政策，斥责土匪是"一小撮小毛虫，翻不起大浪"。他要他们"考虑后果，只有缴械投降，立功赎罪，才有出路"。他是在斥责土匪时惨遭杀害的，表现得极其英勇。1951 年人民政府在镇压反革命运动中，镇压了杀害杨家寿的土匪，杨家寿被追认为革命烈士。

杨家寿牺牲的消息传到国立四川大学农艺系 18 届同学耳中，大家同声哀悼，每年的老同学聚会上，大家都要回忆他，同学们在他当年的照片后面题词：

> 他创造了人民的春天。
> 他却在春天里长眠。

在缅怀他的大会上，有同志即席挥毫，留下了这样的诗句：

> 卅八年前卫干城，
> 邛州捐躯正初春。
> 惩顽已见功绩著，
> 临刑犹赞主义真。
> 宣传马列传火种，
> 领导学运带路人。
> 难忘最是读书会，
> 方向指明永循遵。

（李特筠、樊家训编写，朱连芳改编）

参考资料：

1. ［革命英烈］杨家寿：用热血捍卫新生的人民政权 ［EB/OL］. https://dag.sicau. edu. cn/info/1020/1090. htm，2018－09－10.

2. 《邛崃市志》编纂委员会. 邛崃市志：1986－2005 ［M］. 北京：方志出版社，2011.

3. 四川省南川县志编纂委员会. 南川县志 ［M］. 成都：四川人民出版社，1991.

4. 范宝俊，朱建华. 中华英烈大辞典 ［M］. 哈尔滨：黑龙江人民出版社，1993.

曾廷钦烈士——党和人民好女儿

曾廷钦烈士

　　1947年夏秋之交，"反饥饿、反内战、反迫害"运动掀起了高潮。国立四川大学校园此时也已是沸沸扬扬、热闹非凡。

　　进入初冬以后，在文彬馆的几间教室中，几乎每晚都有几十个男女同学在这里开展学习和活动。作为国立四川大学进步学术团体文艺研究会即"文研会"的会员，他们在党组织的领导下，组织学习毛主席《目前形势和我们的任务》《在延安文艺座谈会上的讲话》和《中国土地法大纲》等重要文献，举行"文研会"成立十周年的纪念活动。在他们中间，有一个看似沉静却有着坚定革命意志的女同学。在一大群年轻人当中，她较为年长，但她对进步的执着追求，在文艺习作中所表露出的进步倾向和斗争的坚毅果敢，都给人留下了深刻的印象。她就是在征粮剿匪中壮烈牺牲的人民的好女儿——国立四川大学农学院蚕桑系1945级学生、共产党员曾廷钦（1923—1950）烈士。

少年追求进步

　　曾廷钦，乳名清答，别名曾纹、曾文，四川省井研县人，1923年农历二月出生在一个破落的封建家庭中。

20 世纪 30 年代初期，曾经留学西欧的李嵩高在井研县创办了一所六泽公学。曾廷钦的哥哥曾廷藩在那里就读，受到该校进步教员思想的影响，参加了革命活动，并在日记里记下了活动情况。后来，曾廷藩被迫离开了家乡。曾廷钦仔细阅读了哥哥留在家中的日记，深受感动，从中受到了革命的启蒙教育。

12 岁那年，曾廷钦考入井研中学读初中。在那里，她受到了进步教师左泉等人的影响。不久，这几位教师被逮捕，曾廷钦也因此受到了牵连，被迫停学。次年秋天，她考进了乐山县女中。初中毕业后，她又考进了公费的江苏蚕桑学校。一年之后，在好友李树明的资助下，她考入了成都成公中学。曾廷钦和李树明的生活一度陷入了极为艰苦的境地，但她们还是咬紧牙关继续读了下去。

学府踏上征程

1945 年秋，曾廷钦考入了望江楼畔的国立四川大学农学院蚕桑系。这对于青少年时期就受到进步思想熏陶的曾廷钦来说，无疑是人生的重大转折。

曾廷钦的国立四川大学学生入学登记表

　　曾廷钦平时沉默寡言，喜欢读书，尤其喜欢文学书刊。通过与农学院进步女同学的接触，她逐渐加入到革命学生运动的行列中，并成为国立四川大学进步学术团体"文研会"的会员。在"文研会"中，她认真学习了毛泽东同志《在延安文艺座谈会上的讲话》等重要文献和李何林的《近二十年中国文艺思潮论》等进步的文艺理论，阅读了鲁迅、郭沫若、巴金等人的文艺作品。她还向报刊投寄稿件，有时也在《半月文艺》壁报上写一些文章。同时，"文研会"和其他进步学术团体，如"时事研究社""文学笔会""自然科学研究社""女声社""自由读书会""旭光学术社""离离草社"等一样，是在国立四川大学党组织和"民协"领导下的进步学生的主要力量。在这些进步社团里，曾廷钦勇于实践，不断锻炼和提高自己的革命理论水平。

曾廷钦在国立四川大学 1945 年入学学生注册簿中

曾廷钦的国立四川大学学生学籍表

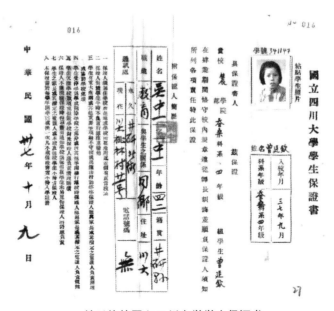

曾廷钦的国立四川大学学生保证书

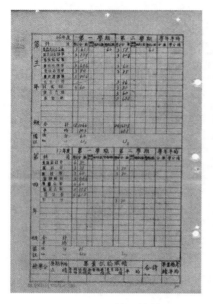 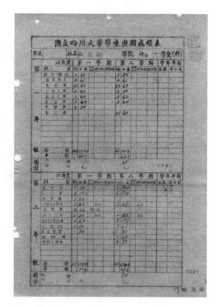

曾廷钦的国立四川大学学生历期成绩表

在 1947 年冬至 1948 年春开展的"助学运动"中，曾廷钦被编入了以"文研会"会员为主的助学队。从大年初一起，他们就到南郊武侯祠一带开展宣传讲演和义卖活动。以后的两个星期里，他们都在城内进行义卖、义演和劝募，在少城"公馆区"深入街巷逐户宣传，义卖助学花、助学报、助学春联、助学贺年片等。曾廷钦的身体很瘦弱，但她并不因此而有一丝懈怠。大家劝她休息，她坚决不要特殊照顾，和大家一起很好地完成了任务。

1948 年"四九"运动后，已经在斗争中发展壮大起来的进步力量在党的领导下，贯彻上级党组织关于"隐蔽精干，积聚力量，以待时机"的指示，将已暴露的共产党员和"民协"会员设法撤离到外地去工作，尚未暴露的同志则继续留校工作和斗争。曾廷钦由于未暴露，就继续留在学校。这时，她在校参加学习世界语的活动中，结识了为人诚朴的国立四川大学理学院化学系男同学伍权钧。伍权钧是国立四川大学进步学术团体"自然科学研究社"的成员，他们在接触中建立了深厚的感情。

马边河畔干革命

1949 年夏天，中共四川大学党组织根据川康特委的指示，再次有计划地转移了一部分党员和"民协"会员到农村去发动群众、组织群众、迎接解放。此时已大学毕业的曾廷钦以高笋乡小学教员的身份为掩护，被组织派到沐川马边河据点去工作。不久，她就在那里与伍权钧结为革命伴侣。

1949年9月，"民协"在沐川舟坝师范学校建立了干事会。曾廷钦是高笋地区的"民协"联系人，勤恳踏实地在教师和学生中进行革命的宣传教育工作。她经过群众工作的实践和考验，提高了觉悟，被吸收为中共党员。

曾廷钦既有坚强的革命意志，又有严格的组织纪律性。她和伍权钧尽管是夫妻，互相有深刻的了解，但他们没有直接联系的组织关系。他们经常一道学习，分析形势和情况、研究革命工作方法，但从不涉及各自的组织方面的问题，彼此却能很好地配合。

1949年10月，上级党组织指示，要在沐川马边河一带着手组织革命武装，以配合解放军主力部队截击国民党军队溃逃残部，并争取实现马边河地区的和平解放。根据组织的安排，曾廷钦于12月初来到党组织领导的革命武装川西南军区所在地——舟坝师范学校，积极参加了革命武装的准备工作。她被分配到政治部做宣传工作。不久，由于解放军30师已与舟坝革命武装力量会师，上级党组织安排革命武装人员大部分去30师，一部分转入地方工作。

根据组织的安排，曾廷钦随一部分转入地方工作的同志来到了沐川县城向县委报到。考虑到她瘦弱的身体，县委领导打算把她留在县城的机关工作，但她坚决要求到基层去。就这样，曾廷钦被分配到了四区征粮工作队，和队长高静培一起到高笋乡做群众工作。他们深入乡村宣传《共同纲领》和《中国人民解放军布告》（即《约法八章》），使该地区在和平解放后保持了平稳的局面。

川大的"丁佑君"

1950年春节过后，按照上级指示，征粮工作亟待开展。而高笋乡的恶霸、匪首尹乐尧和胡安品等也在蠢蠢欲动，暴乱的图谋已日见端倪。这时，沐川县委书记杨波凌同志去四区检查工作到了高笋乡。当时队长高静培去一个较远的村子工作未回来，在心怀叵测的匪首尹乐尧离开工作队所在地以后，杨波凌立即对曾廷钦说，这里的情况很异常，要提高警惕，随时注意事态的发展变化，并要与县、区取得联系。

高静培回来后，曾廷钦立即向他传达了县委的指示。他们随即召集了工作队的同志，冷静地对情况进行了分析研究。大家决定，一方面要保持清醒的头脑，提高警惕；同时，也要继续发动群众、团结群众、稳住上层，争取征粮工作的顺利开展。另外，高静培还决定派人分赴县、区汇报高笋乡的情况。但是，敌人已对各条通道进行了封锁，消息无法传递，送信的人亦遭到不测。县委十万火急地派专人通知他们秘密撤退的紧急指示信也未能送到，这时工作队已处于十分危急的境地。敌人又玩弄花招，尹乐尧、胡安品等匪徒到工作队假装拥护人民政府的征粮工作，企图稳住工作队同志，以便伺机下毒手。

2月中旬的一天，工作队在高笋小学召开征粮工作动员大会，恶霸、匪首尹乐尧和胡安品等也来到会场。暗地里，他们已经布置匪徒把高笋小学周围和各个场口包围了起来。就在这时，胡安品突然下令，把工作队的几个同志捆绑起来，拖到场口外面早已挖好的土坑前面。此时，工作队的同志们都表现得非常英勇、毫无畏惧，沿途义正词严地怒斥匪徒。恼羞成怒的匪首下令先把工作队中的两个外地同志杀害后丢在坑里。接着，匪首又对曾廷钦和高静培施行威胁利诱，妄图使他们屈服。

与他们的图谋相反的是，曾廷钦大义凛然，面对屠刀无所畏惧，大声地向场内的群众说："共产党领导人民解放了全中国，人民的江山稳如泰山。"她正告匪徒们："只有向人民缴械投降才是出路，血债要用血来偿还。"面对坚强的共产党员，匪徒黔驴技穷了，将曾廷钦、高静培残暴地杀害在了场口并推下深坑。在场的很多群众痛哭失声，更多的人则怒视匪徒，深深地惋惜为党牺牲的好同志。

曾廷钦牺牲时年仅27岁，她死得十分壮烈，被称为"川大的丁佑君"。她是党和人民的好女儿，她视死如归、大义凛然的浩然正气，将永远激励后人！

她的战友李明梁曾填词《渔家傲》来怀念她。

山乡春寒景色异，石堰料峭无去意。憧憧鬼影悄然起，尘雾哀，慷慨悲歌英烈去。六译先驱启蒙始，朋侪皆因解放计。平顶山下话真谛，每聚会，总是追思岁复岁。

四川大学为曾廷钦补发的毕业证书存根

（李明梁编写，朱连芳改编）

参考资料：

1. 杨雯. ［革命英烈］他们的青春，让红旗如此美丽［EB/OL］. https://dag. sicau. edu. cn/info/1020/1344. htm,2019−04−05.

2. 饶用虞. 四川大学在近现代史上的特殊地位和贡献［J］. 四川党史，2000（2）：19−23.

3. 中国人民政治协商会议乐山市委员会文史资料委员会. 乐山文史选辑：第9辑

[Z]. 1989.

　　4. 中国人民政治协商会议乐山市委员会文史资料委员会. 乐山文史选辑：第 13 辑 [Z]. 1995.

　　5. 中国人民政治协商会议乐山市委员会文史资料委员会. 乐山文史选辑：第 14 辑 [Z]. 1999.

王景标烈士——府河激浪立标杆

20 世纪 40 年代后期成立于国立四川大学的"火星社",和"民协"一样,是党的外围革命组织之一。他们人数不多,但都很精干。在征粮剿匪中壮烈牺牲的王景标(1921—1950)烈士是国立四川大学外文系 1945 级学生,也是国立四川大学"火星社"社员、"民协"成员和"文学笔会"会友。王景标烈士殉难时年仅 29 岁。

学生运动的骨干

王景标,又名王慰锬,福建省福州市人。1945 年,他由国立中央大学转入国立四川大学外文系。他学习成绩优良、性格开朗、对人热情,深受同学们喜爱。外文系学生组织了"英语学会"练习口语,王景标是学会积极分子。他与学会内"民协"干部唐思明结识,接受进步思想影响,阅读了《大众哲学》《新民主主义论》《论联合政府》等,因而倾向革命,渴望参加当时学校公开的进步社团。恰好外文系活跃分子中有李大任、刘福贤、白大科、廖常珍等一大批"文学笔会"成员。王景标表现积极,因而在 1947 年秋也参加了"文学笔会"。从此,他即在"文学笔会"统一组织下投身各种活动。他和唐思明在荷花池边长谈到深夜,不久,唐思明介绍他参加了党的外围组织"民协"。

"四九"运动后,中共党组织决定,学生运动的工作方式由公开的进步社团活动转为系级活动,强调从生活、服务、开展文体活动入手与广大同学交朋友。王景标在系上认真贯彻党组织的决定,在文体活动中十分活跃。例如,他热心组织青城山之游;在全系排演莎士比亚名剧《罗密欧与朱丽叶》中,王景标担任的神父一角甚得同学好评。其间,"文学笔会"一批会员袁邦民、尹大成、何盛明等在党的支持和领导下,于 1948 年 9 月成立了另一个党的秘密外围组织"火星社"。在"火星社"成立不久,经袁邦民介绍,王景标成了"火星社"里一名坚强的战士。这种同期参加党的两个秘密外围组织的情况,当时还是少有的。此后,他几乎是全身心地投入到革命活动中。但他内心还是想找到党组织,争取参加更有力的反蒋斗争。

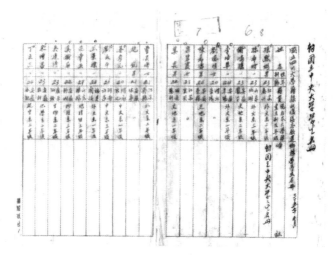

王景标在国立四川大学籍贯隶属收复区志愿还乡转学学生名册中

王景标在国立四川大学1945年第一学期新生名册中

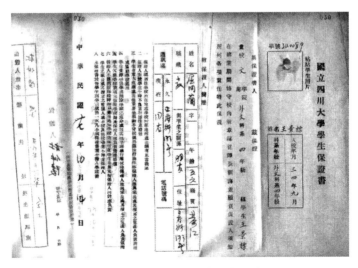

王景标的国立四川大学学生学籍表

王景标国立四川大学学生保证书

王景标在国立四川大学 1947 年闽籍学生一览表中

王景标在国立四川大学语文学会会员名单中

王景标在国立四川大学星花文艺社学生团体登记表中

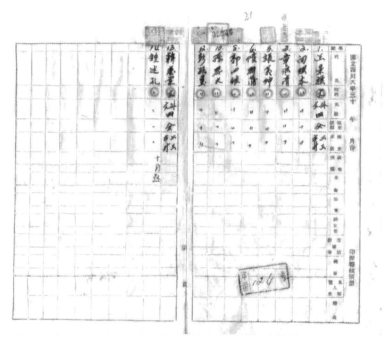

王景标在国立四川大学 1948 年四年级半公费底册中

在这期间，唐思明光荣地加入了中国共产党。在 1949 年"四二〇"敌人大逮捕前后，唐思明已是学校党组织与川西农村党组织之间的联系人，正忙着不断输送需要转移的革命学生到农村参加反蒋武装斗争。这时，已经留校在附属中学任教的王景标找到唐思明谈了自己的愿望。1949 年 10 月，经唐思明联系介绍，王景标和中文系的吴晗，外文系的王蕴华、王大林等同学来到了川康边人民游击队，随即被分配到仁简支队，去仁寿、简阳一带参加反蒋武装斗争。

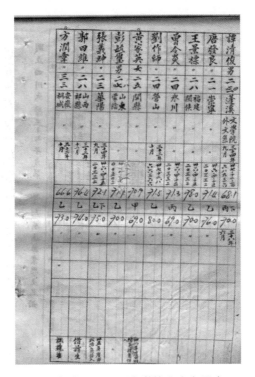

王景标在国立四川大学毕业生名册中

王景标在国立四川大学 1949 年第一学期职员名册中

王景标在国立四川大学 1949 年教职员动态名册中

国立四川大学给王景标下的聘书

游击队出色的宣传员

仁简支队的仁寿大队是由仁寿籍田区一带农民武装组成的，群众基础较好。王景标到队后，支队领导人邹玉琳立刻和他见面。这个 20 世纪 30 年代入党、农民出身、具有府河老船工朴实亲切形象的共产党员，使王景标深受感动。两人抵足而眠。邹玉琳详细介绍了农村工作的经验和注意事项，王景标牢记其中一段生动的谈话："学生下乡，要把脑壳剃光，装雉像雉，装鸭像鸭，也可不刷牙，牙齿白生生的，就不像农民了，皮肤也要晒黑点，说话更要本地化……也不要紧张，只要群众工作做好，自有群众掩护你。你们学校数学系下乡学生谢德民，是广东人，他在大邑那边搞'二五'减租就搞得好，敌人后来围剿，他最后撤退，有群众掩护，当个哑巴亲戚，还不是通过了检查站。"第二天，王景标就穿上草鞋，学说本地话，当上大队的政治干部了。

根据分工，王景标负责沿府河从苏码头（今四川省双流县东南正兴镇）到下游彭山半边街长约百里的地段活动。按照纵队部根据解放军入川进军神速的形势提出的要求，他大力宣传革命形势，放手发动群众，做好配合解放军到来、迎接解放的各种准备。仁简地区离成都近，纵队部留蓉工作部翻印的《约法八章》、《吴玉章告四川同胞书》《向西南地区国民党军政人员提出四项忠告》以及《川康边人民游击纵队宣言》等文件大量传送下乡，成为王景标开展政治工作、发动群众、团结朋友和瓦解敌人的有力武器。他以极大的热情，不分昼夜、不知疲劳地工作。他脚不停，嘴不闭，到处作内部传达，找渠道送宣传品，成为支队出色的宣传员。

征粮建政　忘我工作

1949 年 11 月 30 日重庆解放，解放军迅即开到成都外围。仁简支队首先与解放军取得联系。二野 11 军军部驻仁寿煎茶乡郭家祠堂。邹玉琳、王景标等迎接解放军，派人带路，渡过岷江奔袭新津之敌。仁寿解放后，游击队奉命调 400 人进城维持秩序。此时，征粮任务十万火急，军队和游击队合组征粮工作队立即开展工作，王景标被任命为府河乡征粮建政工作队副队长。

当时征粮建政工作任务十分艰巨。府河乡地处彭山、仁寿、华阳三县交界处，地形犬牙交错。加之这一地区刚刚解放，旧政权人员、地主武装依然存在，土匪恶霸横行，斗争极其复杂尖锐。但王景标并没有因环境恶劣而畏缩和胆怯，而是勇敢地上任。在工作中，他事事挺身而出，积极认真为党为人民工作，表现出一个革命者的胆识和气概。

为了清除该乡40余人的反动自卫队武装，他在队里商议并报区公所同意后将游击队调给区所在地籍田，在原游击队负责人邹玉琳的统一布置下，一举将该乡及全区反动自卫队的武器、弹药全部收缴，使籍田全区后来基本上没有发生匪特叛乱。

1950年2月中旬，由于起义部队新十二军在新津叛乱。潜伏在府河乡的土匪勾结叛军蠢蠢欲动，妄图向人民武装进攻，杀害我征粮工作队队员和人民武装骨干。在此危急时刻，王景标积极果断、毫无畏惧，同队长一起沉着机智地指挥，带领全体队员做好应战准备，为抵御土匪进攻赢得了时间。在此期间，王景标常常工作到深夜，有时甚至通宵达旦，表现出高度忘我的革命精神。

不向匪徒让半分

在叛乱匪徒活动猖獗的严峻形势下，工作队长石安模奉命到县上开会，王景标勇敢地挑起了领导全乡的重担。他随时向上级汇报工作情况及该乡土匪活动情况。1950年2月19日，他到籍田区公所汇报工作后于次日凌晨返回府河乡。路经黄龙溪时，当地群众对他说："王队长，你不能回府河乡去了，土匪已经暴动了，回去危险！"王景标想到上级指示要及时传达贯彻，工作队和武装队需要他指挥领导，全乡人民的生命财产安全正在遭受匪徒的践踏，他不能为了个人的安危而影响工作。

当他走到离府河乡半里路远的贾家巷时，突然被隐藏在那里的匪徒包围。王景标面对匪徒毫无畏惧、半步不退，他大声宣传我党政策，命令匪徒放下武器，立即投降。但嗜杀成性的匪徒悍然向王景标开枪射击。王景标身上多处中弹，在呼喊"中国共产党万岁"的口号中，壮烈牺牲。一小时以后，我籍田区武装工作队配合解放军赶到，消灭了这股匪徒。王景标的遗体被运回区所在地籍田镇安葬，后迁葬在仁寿城区北门水库烈士墓地。

作为四川大学的优秀学子，在危急的形势下，王景标积极投身到征粮

剿匪工作中，舍生忘死地为党工作。他的大无畏的革命精神必将与天地长
存、为后人永记！

（靳用春编写，朱连芳改编）

参考资料：

1. 福州民政志编纂委员会. 福州民政志［M］. 福州：福建人民出版社，1997.

3. 饶用虞. 四川大学在近现代史上的特殊地位和贡献［J］. 四川党史，2000
（2）：19－23.

庹世裔烈士——生命虽短精神存

庹世裔烈士

虽然庹世裔（1927—1950）烈士为国捐躯已经很多年了，可是他的音容笑貌仍然清晰地浮现在人们的脑海中。

翩翩少年

庹世裔于1927年出生在四川省广安县代市镇农村，排行老三，弟弟们都称他为三哥。父亲庹万桢精明能干，在代市镇经营白纸生意。母亲阴氏勤劳善良，在家务农。庹世裔在这样一个温馨和睦的家庭里健康成长。父母慈爱而严格的教导使他从小就学会了尊老爱幼，逐渐形成了善良、热情、诚恳、正直的良好品德。

在代市镇读小学和初中时，庹世裔学习刻苦，成绩优秀。那时晚上看书是点油灯，家里经济不宽裕，点灯是要受限制的，庹世裔就抓紧利用白天的时间学习。弟弟每次去找他玩，总看见他不是伏案写字就是端坐看书。他总是很快吃完晚饭，趁家里要点灯收拾碗筷，就开始背书了。由于学习刻苦，庹世裔的成绩出类拔萃，几乎每学期期末考试都名列榜首。

庹世裔学习时注意力集中，勤于钻研，思路敏捷。他常常用铅笔在桌子上、在地上或在手上东画西画，皱着眉沉着脸，若有所思。不知者对此感到莫名其妙，其实他这是在算数学难题。一次上范氏大代数课，同学们都在做老师写在黑板上的题，庹世裔又用铅笔在课桌上写写画画。老师不解地问："庹世裔，为什么不做练习？"庹世裔回答说他在做题。老师半信半疑地说："你做题？你到黑板上算算看！"老师另出几道题，庹世裔都做对了。老师笑着说："庹世裔脑筋灵活，小有天才。"

追求革命

庹世裔在家乡读完初中后以优异的成绩考入广安高中。不久，他又转到成都，就读于蜀华中学。中学毕业后，他于1945年秋由铭贤学院银行学系转入国立四川大学经济系。

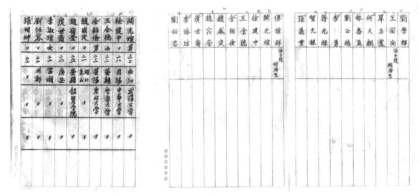

庹世裔在国立四川大学借读转学学生名册中

庹世裔转学时的照片

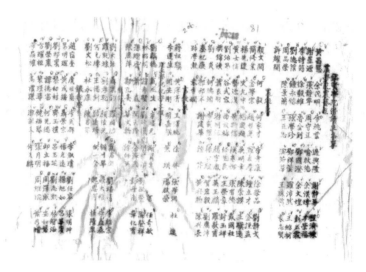

庹世裔在铭贤学院借读转学学生名单中

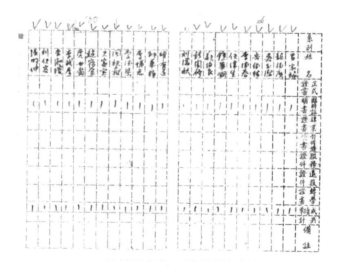

庹世裔在国立四川大学学生证件发放名册中

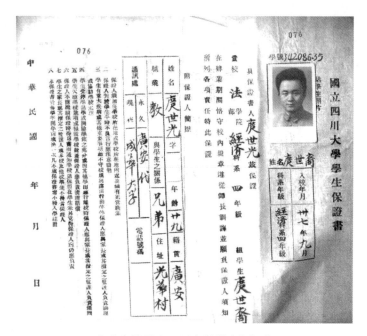

庹世裔的国立四川大学学生保证书

大学时期，庹世裔对人热情谦逊、诚恳直爽。他不仅对同班同学友善，对低年级的同学也很关心。新同学入校，他满腔热情地向他们介绍学校生活情况，帮助他们尽快适应新环境、新生活。他根据自己的体会，向新同学介绍大学的学习方法。对于学什么课、怎么学、如何做笔记，他都毫无保留地传授给新同学。加上他性格开朗，喜欢音乐，所以，各年级同学都愿意和他亲近。

庹世裔博闻强识，知识面广。除刻苦学习专业知识之外，他还喜欢读小说，尤其爱看史书。每逢节假日，他常与相好的同学进城逛书店。一见史书，庹世裔如获至宝，立即倾囊以购。他常常是抱着一大捆史书，如《清史演义》等，却没有半文钱买碗凉粉充饥，只好饿着肚子回学校。

庹世裔在同学中人缘非常好。有人发生口角或争论问题时，他总是能条分缕析地把事情讲得透彻，令人折服。他不偏不倚，善解纠纷，同学们都赞誉庹世裔为"公正人"。

庹世裔生长在乡村小镇，自幼耳闻目睹农民的艰辛、小商业者的惨淡和权贵的可恶。进入大学后，他接触事物多了，眼界更加宽阔，思想也日渐成熟。他同情弱者，憎恶反动派。他常对同学说："现在社会有许多不平之事，老百姓更受冤屈、诬陷，要是我做了律师，一定要为那些受害者撑腰！"1948 年至 1949 年，国立四川大学师生开展了"尊师运动""保障人权运动""四九"运动等。他不仅积极参加，而且以自己的绵薄之力，发挥宣传作用，投入到社会运动中。

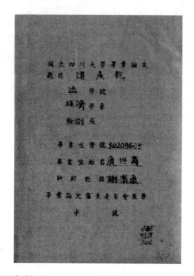

庹世裔的国立四川大学毕业论文《遗产税》

书生军魂

1949 年秋，庹世裔从国立四川大学经济系毕业，获得了经济学学士学位。他拿着毕业文凭回到广安代市镇老家。同年 12 月，广安解放了，他朝思暮想的共产党领导的新社会来到了。他欣喜若狂，急切盼望着投入革命工作。当时，家里已给庹世裔介绍了对象，劝他结了婚后再去工作。但他坚决不同意，于 1949 年 12 月 30 日毅然报名参加了中国人民解放军。在二野军政大学三分校四总队经短期培训后，他被编入中国人民解放军第 12 军征粮大队第 21 中队，开赴合川县开展剿匪征粮工作。

1950 年的春节来临了。虽然生活仍然很苦，但是人们却是春风满面、精神焕发，欢天喜地庆祝祖国的新生，欢天喜地地庆祝广安解放后的第一个春节。家里大人小孩都眼巴巴地盼着庹世裔回家过节。门响了，弟弟最先跳起来去接三哥，可进来的却不是庹世裔而是他的同学王清操。他泪流满面，告诉了大家一个令人痛心的消息：庹世裔遇难了！

原来，1950 年 2 月 15 日，庹世裔所在的部队开赴合川县利泽区古楼乡剿匪征粮。那天清晨起来，队员王清操留下办伙食，其他同志列队出发。当征粮队走到一个山沟里时，突然有几百名土匪从四面八方包围过来。敌人前堵后截，又在两边山上用机枪疯狂扫射。庹世裔他们进退不得，突围已不可能。十几名剿匪征粮的英雄战士，凭着几支步枪，同数十倍于己的敌人进行英勇悲壮的搏斗。庹世裔与另外两位战友掩护队伍撤退，终因寡不敌众，不幸被土匪抓去。残暴的敌人对英雄们施以酷刑、百般折磨，三天后把英雄们拉到隆兴乡一个叫半截沟的地方枪杀，然后捆上大石头沉入深水凼里。敌人沉尸灭迹，妄图逃脱人民的严惩。庹世裔的遗体和其他英雄们一样，多年来都未找到。但是，天网恢恢，疏而不漏，残暴的土匪最终受到了人民正义的审判。庹世裔的遗骸也在 16 年后重见天日，于 1966 年 5 月被安葬到烈士陵园中。为了表彰庹世裔等人的英勇行为，人民政府授予庹世裔革命烈士称号，中国人民解放军第 12 军为庹世裔记功一次。

庹世裔牺牲时年仅 23 岁。他英勇参军，为国尽忠，在祖国的黎明，洒尽了热血。他正直、诚实的品质和他为革命英勇献身的精神永远活在后人的心中。正如他墓前的挽联所记述的那样："功德盖华夏景仰千秋，热血洒疆场流芳百世。"

巍巍钓鱼城，滔滔嘉陵江，永远铭刻着庹世裔的英名，流淌着庹世裔的鲜血。书生铸就的军魂，千秋万代活在人们的心中！活在亲人们的心中！

（庹世初编写，朱连芳改编）

参考资料：

1. 中国人民政治协商会议四川省合川市委员会文史资料委员会. 合川文史资料选辑：第 9 辑 [Z]. 1992.

2. 饶用虞. 四川大学在近现代史上的特殊地位和贡献 [J]. 四川党史，2000 (2)：19−23.

3. 杨成术. 合川百年 [M]. 重庆：重庆出版社，2013.

王开疆烈士——为我中华献青春

王开疆烈士

王开疆（1927—1950），四川省广安人，1927 年出生。他是华西协合大学学生，是一名优秀的共产党员。在 1950 年的征粮工作中，他为了人民的事业，献出了年轻的生命。

在学习中成长

王开疆自幼聪明好学，成绩优秀。1946 年从石室中学高中部毕业以后，王开疆考入了华西协合大学先修班。一年后，在人民革命斗争的大潮中，他毅然放弃了学业，1947 年 6 月从华西协合大学先修班肄业，随时准备投身于解放全中国的战斗中。北上后，他一时未能有机会前去解放区学习和工作。留在北平期间，他进入了学术自由、进步思想浓厚的朝阳学院经济系学习。此间，他参加了"朝大剧社"的演出活动，以满腔的热情组织演出了许多进步节目。经过考验，他光荣地加入了中国共产党。

王开疆的华西协合大学第三十年度招生报名单

1947 年，党组织调他到河北沧县中共中央华北局城市工作部学习。1948 年，王开疆被派到成都，转学回到了华西协合大学。不久，他与"民协"接上了头，积极参加了"民协"领导下的"牛津团契"。他常常利用课余时间，在"工人夜校"教工人识字，积极宣传党的政策，得到了工人们的认可和拥护。

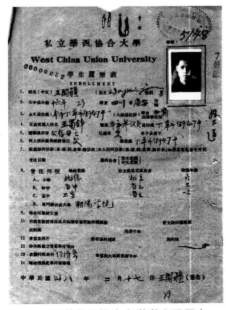

王开疆的华西协合大学学生履历表

王开疆朝阳学院学习证明书

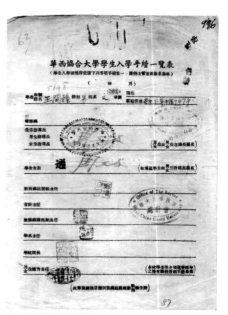

王开疆转入华西协合大学有关档案

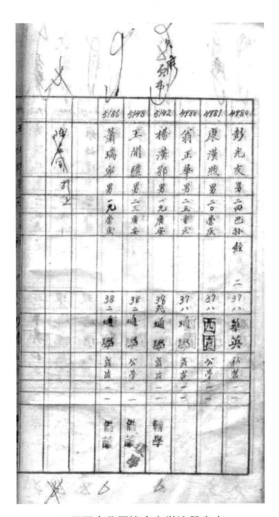

王开疆在华西协合大学注册表中

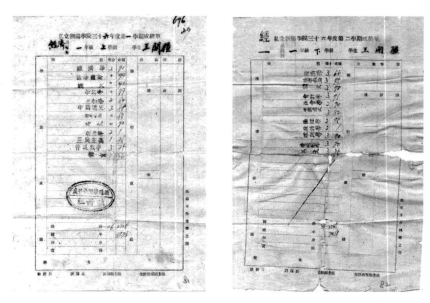

王开疆的华西协合大学成绩表

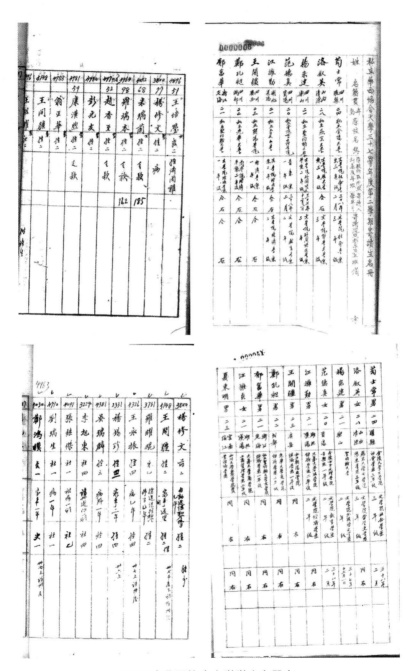

王开疆在华西协合大学学生名册中

在征粮队殉难

1949 年底，成都和平解放。王开疆积极报名参加了征粮工作队，被分配到土匪最集中、斗争形势极其严峻的大邑、邛崃交界的韩场工作。

1950 年 2 月 4 日，川西爆发了大规模的匪特暴乱。敌人有组织地向各乡镇的征粮小分队发动了袭击。在韩场，征粮小分队被绰号为"杀人魔王"的恶霸地主刘占魁的"反共救国军"层层包围，王开疆和几位解放军战士被困在一个靠山崖的草屋中。王开疆他们凭借手中的弹药，奋力作战。土匪久攻不下，便用火枪点燃了草屋。王开疆等人被迫突围，在马墩子又与埋伏的土匪相遇。在敌人密集的枪弹中，王开疆等人全部壮烈牺牲。其时，王开疆年仅 25 岁。

（金开泰、孟继兴编写，朱连芳改编）

参考资料：

1. 中国人民政治协商会议北京市委员会文史资料研究委员会. 朝阳法学摇篮 [Z]. 1991.

2. 陈珺. 民国时期爱国人士王开疆事略 [J]. 兰台世界，2013（19）：28—29.

3. 熊先觉，徐葵. 法学摇篮：朝阳大学 [M]. 北京：北京燕山出版社，1997.

5.《广安市志》编纂委员会. 广安市志：1993—2005 [M]. 北京：中央文献出版社，2012.

6.《成都文史资料》编辑部. 成都文史资料：总第 23、24 辑 [Z]. 1989.

李树成烈士和赵普民烈士——民主改革为人民

中华人民共和国成立初期，在西南地区轰轰烈烈开展的剿匪运动和民主改革的历史巨变之中，四川大学农学院学生李树成（1924—1956）和赵普民（1941—1956）为平息叛乱和民主改革取得最终决定性胜利献出了宝贵生命。他们用热血捍卫了新生的共和国政权，也在四川大学英烈校友谱上留下了自己光辉而璀璨的姓名。

民主改革

中华人民共和国成立初期，西南地区因地理位置偏远、崇山峻岭连绵不断、深沟密布，交通极为闭塞。就民族聚居分布情况来看，西南地区又是彝、藏等少数民族的世代聚居区，如雷波、马边、屏山、峨边等地就是彝族聚居的地区，甘孜藏族自治州则多居住藏族同胞。这些少数民族聚集的偏远地区，长期相对封闭，经济社会发展滞后。

1950年11月，中央政府在甘孜（今四川省甘孜藏族自治州的藏族聚居区）成立了西康省藏族自治区，1955年西康省撤销后，部分划归四川省管辖，并设置四川省甘孜藏族自治州。1956年，中央决定对甘孜州实行民主改革。改革的任务在于废除封建农奴制度，结束分裂割据状态，确立社会主义制度，建立各级人民民主专政的政权机构，解放广大农奴，发展生产，促进民族团结和社会进步。民主改革废除了封建时代遗留下来的高利贷债务和产生这种债务的不平等借贷关系，取缔了反动腐朽的"乌拉"差徭制度，剥夺了土司、地主、头人和宗教上层对政治、经济、文化的垄断特权，广大农奴分得了土地财产，获得了人身自由和彻底解放。改革动摇了旧制度的统治根基，引起了反动统治阶级的恐惧和抵抗。在国内外反动势力的插手之下，以"反对改革，维持旧制度"为旗号的各种叛乱开始在民族地区爆发并蔓延。

李树成烈士

李树成，1924年出生于四川省仁寿县视高场。李树成于省立成都中学毕业后，考上了私立华西协合大学，但因家庭经济难以支撑他上私立大学，于是放弃入学。1947 年李树成与左云霞结婚，1948 年女儿李琼出生，这也是他唯一的孩子。

　　1950 年，李树成考入四川大学农学院农艺系，学号为 504137。据李树成胞弟李显成讲述，学生时代的李树成性格内向，学习十分刻苦，酷爱读书，一有空闲就手不释卷。1954 年，李树成毕业。据其女儿李琼讲述，李树成大学毕业后主动申请援藏，后被派往西康省藏族自治区乾宁县农技站任副站长。

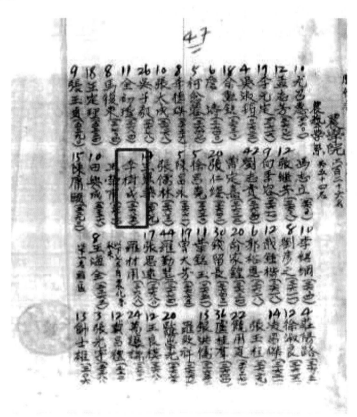

李树成在 1950 年四川大学农学院新生录取名册中

　　1956 年中央决定对西康民族地区实行民主改革。此时，李树成被派到西康省乾宁县（乾宁县于 1978 年撤销，原辖区分属于甘孜州道孚、雅江两县）下拖乡瓦然村开展民主改革的前期政策宣传工作。在当地，有人因对民主改革政策不了解而怀着深深的恐惧心理，有人恶意挑拨民族关系，有人吃酒盟誓、订立攻守同盟。尤其是当地的反动统治者认为，民主改革损害了他们的特权和利益，便率先将屠刀挥向了进藏开展民主改革的工作组同志。

1956 年 4 月 9 日的凌晨，民主改革工作组的同志大多还在梦乡，他们暂住的房屋便被手拿砍刀的叛匪们包围，这些人入室后，见人就砍，砍死了还不解恨，还将尸体砍成一块一块，扔进附近的一条河里。除一位同志因早起提水躲过一劫外，其余无一幸免。等其他人赶到的时候，房屋里唯剩满地鲜血。

2014 年，民政部为李树成颁发了革命烈士证书。

李树成在 1950 年四川大学新生名册中

李树成革命烈士证明书

赵普民烈士

赵普民，四川省遂宁市蓬溪县新星乡仙灵山村人。1954年，赵普民以调干生的身份考入四川大学农学院牧医系兽医专业，学号为54－10（39）。入校前，他从遂宁高级农业职业学校毕业。以调干生的身份进入大学学习，对赵普民来说，这个机会非常难得，因此，他学习分外刻苦。

据他的同班同学、现四川农业大学退休教师王天益回忆，赵普民长得斯文秀气，性格内敛。他只上了一学期就因病休学，再加上他牺牲多年，当年同班同学已无法回忆起他的清晰面貌，虽多次联络他的牺牲地道孚县（原乾宁县）、出生地蓬溪县，都遗憾地未能找到一张他的照片。

1955年1月，赵普民因病休学，后至乾宁县农技站工作。1956年3月底，乾宁县扎坝区仲尼乡地主木雅阿泽前去新龙与叛匪联系后回乡，与扎拖乡土百户后裔古尼瓦登等密谋发动叛乱。4月6日叛乱爆发，他们残酷杀害藏汉干部，8日围攻并烧毁区政府，抢劫区营业所、营业部，烧杀掳掠，气焰嚣张。区上干部坚守阵地，坚持斗争。10日，叛乱扩展到全区及扎麦区的一部分地区，参加叛乱总人数达600多人。4月27日州委、军分区派藏民团一个营、乾宁县民兵百余人，由藏族进步上层人士格桑多吉等组成的工作团，同时进入扎坝区，开展军事打击和政治争取工作。一些进步上层人士联名写信劝降，有的亲自上山动员投诚。他们通过利用矛盾，分化瓦解，又做叛首家属工作，动员家属前去劝降。6月初州委、军分区增派平叛部队1个营进入扎坝区开展更大规模的军事行动。经过3个多月的平叛斗争，大小战斗 10 余次，击毙叛首 1 人、叛匪 9 人，俘虏匪首 2 人、叛匪 44 人。8 月，匪首古尼瓦登、其米公布等被迫先后投降，扎坝区的叛乱终于被平息，共缴获长短枪 231 支、子弹 150 发、明火枪 148 支、大刀 109 把。被叛匪杀害和在战斗中牺牲的藏汉族干部共计 38 人、解放军战士 11 人。

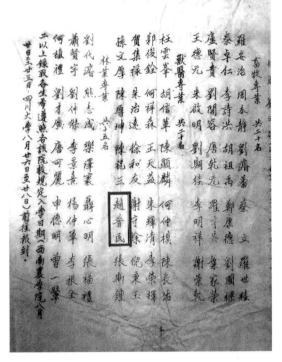

赵普民在 1954 年四川大学农学院录取名册中

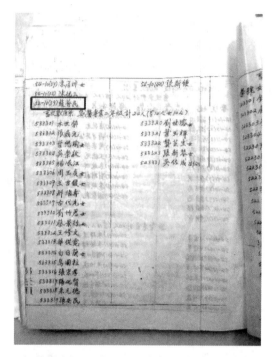

赵普民在 1954 年四川大学农学院学生名册中

1956 年 4 月 6 日，乾宁县农技站工作人员刚刚开始一天的工作，站外突然传来了砍杀声，农技站被叛匪包围了，赵普民马上和其他同事一起拿起枪在站内找掩体还击。在激烈的战斗中，他腹背受敌，被从身后突击过来的土匪砍杀，壮烈牺牲。

1957 年 6 月，乾宁县农村地区的民主改革胜利完成，在民主改革和平叛中牺牲的李树成、赵普民等英烈们，最终用鲜血推进了民族地区民主改革的顺利完成。直至今日，那里的人民一直铭记着这些英雄，四川大学的师生也从未忘记他们的名字。

（潘坤、王继红编写）

参考资料：

1. 川农大红色档案｜李树成、赵普民：为了民族地区民主改革成果 ［EB/OL］. https://www. sohu. com/a/450400469 _ 100032249,2021－02－10.

2. 四川省道孚县志编纂委员会. 道孚县志 ［M］. 成都：四川人民出版社,1998.

苏文烈士——且看河山千万里

苏文烈士

"魂断最是春来日，一齐弹泪过清明。"每年清明节来临之际，苏文（1912—1950）烈士的后人都要来到蓬南镇烈士陵园，在烈士纪念碑下挥泪祭扫。高大的碑石，铭刻着血与火的记忆，仿佛仍在诉说着苏文烈士当年浴血奋战的革命事迹。

自古英雄出少年

苏文原名苏允清，又名景明，1912年4月出生，四川省蓬溪县东新乡鹤鸣村（原黄泥乡双龙村）人。父亲苏云逵，略通文墨，在穷乡僻壤的乡间，是一个有文化的"先生"。母亲吴氏是一位目不识丁的农家妇女，勤劳、善良而节俭。跟随丈夫、抚育孩子，就是她生活的全部。苏文有兄长三个、姐姐两个，排行老幺。

苏文在任隆福音堂和遂宁福音堂读了小学。读书期间，因为头脑聪明，学习知识特别快，苏文很受老师们的赞赏。小学毕业以后，苏文来到蓬溪中学读初中。那时学校教师当中已经有很多进步人士，他们不仅自己受到进步思想的熏陶，还把进步思想传播给学生。正如苏文在作文中写到的："自从换了校长以后，所聘的教员，脑筋都很新，并不像从前那样腐败。……组织几个讲演会，希望陶冶极优美的人才，这是我最佩服的。"还有一些教职工比如苏俊，他是当时川东北地区党组织的早期负责人，对苏文的影响很大。课余时，苏文和他们一起讨论时事，针砭时弊。遇到重要的纪念日，苏文跟着他们一起组织纪念活动，书写纪念文章等。少年时的这些经历极大地影响了苏文的一生，促使他日后走上了革命的道路。

心向光明加入党

1929 年，苏文经中共顺庆特委委员苏俊的介绍，参加了共产主义青年团。1930 年，在中共南充中心县委接受训练时，苏文转为中国共产党党员。

训练结束后，苏文回到蓬溪，担任中共蓬溪县中学校党支部组织委员。苏文利用训练中学习到的工人运动、农民运动、妇女运动、学生运动和兵运的知识及方法，和同志们一起把蓬溪地下党活动搞得红红火火。但是这很快就引起了敌人的注意并遭到迫害，苏文在蓬溪中学无法立足，据上级党组织的要求，去蓬莱镇以教书为掩护继续从事革命工作。

1931 年，苏文觉得"书到用时方恨少"，下决心继续深造，他要到国立四川大学求学。经过一番艰难的努力，苏文终于如愿进入了国立四川大学外文系。他给家里的信笺也郑重地换成了印有四川大学外文系的信纸，可见他为能进入川大学习是多么骄傲和自豪。在美丽的大学校园里，除了如饥似渴地学习文化知识，苏文还考虑到适应地下斗争的各种需要，练习左手写字、嘴巴写字，甚至用脚趾夹笔写字、作画。除此之外，他还积极参加地下党组织的活动：参加进步集会，给《大公报》写宣传稿件，给进步组织散发传单，给家人、老乡寄革命传单……

苏文家书

简阳县立中学的苏文履历表

坚贞不屈度厄难

1932 年，在党组织的安排下，苏文以教书为掩护来到简阳，先后在简阳县立中学、回马小学、金桥小学和蓬溪县中学任教，从事党的地下工作。1946 年，苏文担任蓬溪简易师范学校代理校长。他按照党的指示，积极在学生中发展进步力量。课堂上，他自编教材，教导学生树立正确的人生观和世界观。课下，他经常邀请同学们到自己的教师寝室谈心，讨论天下大事，给他们讲应该怎样做人、怎样看待当前的社会、怎样做一个信奉唯物主义的青年等。他还慷慨地把自己的珍贵藏书《新民主主义论》《中国革命与中国共产党》以及一些国外文学著作借给同学们看。

1948 年，蓬溪县盐警队无理扣捕了几名学生。苏文听说以后，急匆匆地带着学生前去营救。面对荷枪实弹的盐警，苏文挺身而出，面无惧色地痛斥他们，冷不丁地扑倒一名要开枪的盐警。愤怒的学生们一拥而上把盐警一阵痛打，另一些学生趁机跑过去救出了被捕的学生。

虽然这次斗争取得了胜利，但是，蓬溪县警察局借机逮捕了苏文。狱外，党组织进行了多方营救，甚至还利用新闻大造舆论。很多学生闻讯都来看望他们的老师，甚至有些学生抱起铺盖要来陪着校长、老师坐牢。蓬溪县警察局骑虎难下，在羁押苏文 30 多天以后，悄悄地把他转移到蓬溪的另一座监狱中，对外宣称苏文已经被押走。苏文知道他们没有抓住他的把柄，数次撰写《声请》交到蓬溪县警察局，向他们要"说法"。1948 年秋，苏文在蓬溪被拘押三个多月之后，经遂宁被押解到成都省特委，后被转到重庆行辕，因于重庆"中美特种技术合作所"渣滓洞监狱。

在狱中，一开始苏文知道自己没有暴露身份，所以毫不在意敌人的试探，与难友们吟诗作赋，内容多是想念亲人、朋友，怀念家乡，偶尔借诗言志，表达自己坚贞不屈的气节。例如：

《寄友二首》

其一
弹铗悲歌三十余，
虚名蜗角怎生书；

而今尤羡文山节，
傲骨嶙峋仍如初。

其二
结舍山林隩，
村童笑语亲。
牧歌殊悦耳，
朴俗堪娱人。
移志淡荣爵，
怀心保贱身。
何时归去早，
举酒庆芳春？

《满江红》

被逼在特字号下服务，不从，有感而作。

午梦醒来，归鸟斜阳成锦画。漫提起重重往事，素心难下，似水年华休记取，黄金万两无凭价。会疑猜加我美名身，红罗帕。闲禁久，庭前跨，山自绿，无多话。恨惊人句少，怨仇增大。且看河山千万里，晨光揭破乌天夜。到如今谁肯放头低，做人嫁？

其中，"且看河山千万里，晨光揭破乌天夜"一句中充满了对大好河山的热爱和革命必胜的信念。"到如今谁肯放头低，做人嫁？"表现了苏文对敌人的蔑视，铮铮铁骨不肯低头的气概表露无遗。

后来，敌人软硬兼施，先是"请"苏文喝茶，让苏文用行动来证明自己不是共产党，苏文立刻当面戳穿了敌人的阴谋诡计。恼羞成怒的特务对苏文施用了种种酷刑：把烧红的火炭放进铁背笼里，送到苏文背上，烫得他的皮肤"嗤嗤"作响，整个背部都烧烂了，还有夹手指、坐老虎凳、装黑布口袋、假枪毙……把苏文折磨得死去活来。可是坚强的苏文咬紧牙关，关于党的机密和同志们的信息一个字也没吐露。

1949 年，随着解放战争的节节胜利，革命形势一片大好。蒋介石企图划江而治，与共产党开始了谈判。为了拖延时日，表现自己的"诚意"，国民党准备释放一些案情不重的案犯。在这样的形势下，组织上积极安排营救，组织"亲友"保举苏文出狱。结束了将近一年的狱中岁月以后，根据党组织的安排，苏文来到三台的秋林中学工作。

一腔热血卫蓬南

1949 年 4 月，人民解放军攻占国民党南京政府后，乘胜挥师南下。第四野战军镇江二支队一路跟踪追击溃败的敌人，来到蓬南镇。预先埋伏在这里的国民党军队，组织合、武、潼、蓬等四县边区"联防大队"，意图武装阻抗解放。同年 12 月 8 日，在激战两个小时后，敌军溃败，蓬南镇解放。

蓬南镇解放以后，苏文回到蓬溪县，任蓬溪县解放委员会副主任。但是，战争并没有随着蓬南镇的解放而结束。1950 年 3 月 16 日，蓬南镇顽匪纠集四县边缘的各路匪徒数百人，再次进行反革命武装暴乱，妄图死灰复燃，推翻刚刚成立的人民政权。在武寨子，匪军把征粮剿匪队团团包围。苏文作为队长，临危不乱，带领队员九人突围。可是敌人越聚越多，加上被蒙蔽的乡民，有二三百人。苏文等见势不妙，带领队员边打边撤，来到马槽沟辉煌庙。在冒险去找出路的时候，苏文被匪徒们绑架，并押送至匪首何北高处。面对凶残的敌人，手臂中枪的苏文破口大骂，土匪们穷凶极恶地挥刀砍中苏文的嘴巴、手臂，苏文痛得昏死过去。等他慢慢醒转过来，土匪们又一刀一刀地砍下来……英雄的鲜血染红了脚下的泥土，浸入了蓬南大地。人民的好儿子苏文，壮烈地牺牲在了这片他为之奋斗的土地上！

烈士的鲜血换来了今天平安幸福的生活，苏文和他的战友们英勇的事迹被人民牢牢地记在心底。1950 年 6 月 21 日，蓬溪县人民政府追认苏文为烈士。1953 年，蓬溪县人民政府修建蓬南镇烈士陵园，建墓立碑，陆续将王世杰、苏文等烈士遗骸迁葬于此，供后人祭奠。1983 年 5 月 25 日，经蓬溪县申请，民政部为苏文颁发了革命烈士证明书。

2012 年 4 月 17 日，蓬南镇隆重举行了纪念苏文烈士诞辰 100 周年活动，深切缅怀烈士英灵，弘扬烈士精神，号召广大人民群众继承烈士遗志，为家乡的建设、为祖国的繁荣富强而努力奋斗！

苏文革命烈士证明书

蓬南镇纪念苏文烈士诞辰 100 周年活动

（彭膺昊、朱连芳编写）

参考资料：

1. 蓬南镇隆重纪念苏文烈士诞辰一百周年［EB/OL］. https://www.doc88.com/
p-9083324386339.html, 2015-01-30.

2. 遂宁新闻网. 致敬英烈：苏文［EB/OL］. http://www.snxw.com/ztzt/
zjqmyl/zjyl/202003/t20200320_572453.html, 2020-03-20.

第九篇　保家国死而无憾

林学逋烈士——身陷虎穴心向党

林学逋烈士

　　历史并不只是枯涩的文字串联起来的风干的记忆。当我们翻开 20 世纪 40 年代末国立四川大学外文系学生、新青团员林学逋（1930—1952）烈士的档案时，呈现在面前的不仅仅是一个人高度浓缩的资料，而是一个活生生的英雄人物。他慷慨悲歌、丹心报国的形象在文学家凝重的笔下，是那样的栩栩如生。他牺牲在异国，尸骨无存，却长久地活在祖国人民心中。

凌云壮志

　　林学逋 1930 年 2 月 13 日生于四川省乐山市。他 1936 年发蒙于乐山东大街清平宫小学，1943 年考入在铜河碥的国立武汉大学附属中学读初中，1946 年插入在徐农碥的省立乐山中学高中 22 班。这位新中国第一代大学生和第一代新青团员，从小就有着远大志向。他酷爱英语，不时抽空到教堂去与外国传教士接触，向他们学习英语。到高中时，他已能用英语和外国人作一般性的交谈。课余时间，林学逋喜欢阅读有关英雄人物的书籍。班超、岳飞、文天祥、史可法、戚继光等的英雄事迹深深地印在他的心头。他特别喜欢岳飞"精忠报国"的故事，当看到《精忠说岳传》中岳飞被害于风波亭时，情不自禁地流下了悲愤的眼泪。林学逋读初中时，正值抗日战争时期。他除了把岳飞的抗金口号"还我河山"四个字贴在床头，勉励自己不忘日寇侵略之耻外，还积极参加武汉大学附中师生组织的抗日宣传活动。他曾在抗日歌剧《松花江上》《放下你的鞭子》等中扮演角色。

1949 年夏天，林学逋考入国立四川大学外文系学习。那年 10 月，新中国诞生了。五星红旗在北京天安门上空飘扬，人民解放军正挺进大西南，四川即将解放。刚刚入学的林学逋毫不犹豫地参加了学校党组织领导的进步学生的护校活动。他认定，只有共产党才能救中国。怀着这样的信念，他一直坚持到成都解放，投入欢庆解放的海洋中。

林学逋国立四川大学学生入学登记表①

① 因成都解放时间为 1949 年 12 月，学校给林学逋的各种表册中仍为旧的民国纪年。

林学逋国立四川大学学生保证书

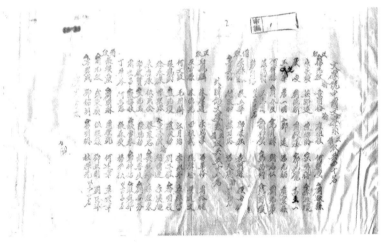

林学逋在国立四川大学文学院外文系正备取新生名册中

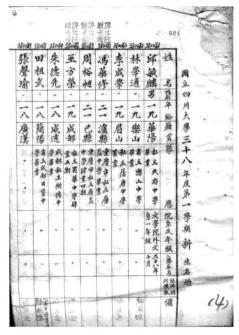

林学逋国立四川大学学生学籍登记表

林学逋在国立四川大学 1949 年第一学期新生名册中

投笔从戎

1950 年 6 月 25 日，朝鲜战争爆发。为保卫国家领土，捍卫国家主权，中共中央作出了"抗美援朝，保家卫国"的战略决策。10 月 18 日，毛泽东主席发出了组织中国人民志愿军赴朝作战的命令。10 月 19 日，上百万新中国优秀儿女跨过鸭绿江，踏上了抗美援朝的征程。

"抗美援朝，保家卫国"的口号和"雄赳赳、气昂昂，跨过鸭绿江"的歌声，立刻传遍祖国大地。1950 年 10 月，富有爱国传统的四川大学校园里也掀起了参军热潮。成百上千的决心书、申请书甚至血书，纷纷交到了学校党、团组织。四川大学礼堂门口的签名台前挤满了人，全校都沸腾起来了。

在全校参军热潮中，在外文系一次集会上，刚满 20 岁的外文系二年级学生林学逋腼腆地站了起来，要报名参加中国人民志愿军。他和外文系其他要求参加志愿军的同学一样朴素而坚定地说："我会用英语喊话，瓦解敌人。"平常学习刻苦、纪律观念强、与同学关系极好的林学逋的行动，一下子影响了一大批身边的同学。

林学逋的父母得知他参军以后，数次写信要他回家乡乐山一趟，让父母好好看看他。他回信安慰母亲说："谁无父母儿女，谁不希望家人团聚。但一想到祖国的安全，便深感保卫祖国的责任。难道你老人家忘记了日本飞机狂轰滥炸乐山的情景吗？等我和同志们打败了美国强盗，再回来看望你老人家。"他还给两个弟弟写信，动员他们参加中国人民解放军，用实际行动保卫祖国。

1951 年 3 月 21 日，林学逋随志愿军日夜兼程入朝作战，在中国人民志愿军第 60 军 180 师政治部对敌工作科担任英语翻译。在硝烟弥漫的战火中，他很快就加入了中国新民主主义青年团。有一次，他被炸弹的气浪推出一丈多远。他爬起来拍拍身上的泥土，风趣地说："只要没把我送上西天，我就继续革命！"他所在的部队刚参战，就消灭了美军一个坦克连。这时他的强项英语果然派上了用场。他在押送美军俘虏时，跟一个黑人士兵谈起他的家乡加利福尼亚州，谈起过去黑奴的凄惨生活，谈起非洲和他的祖辈们遭受帝国主义侵略的悲惨命运。那位黑人士兵哭了。他后悔自己来朝鲜参加战争。

在第五次战役的第二阶段作战中,林学逋所在的 180 师担任穿插任务,势如破竹,直趋敌后。但是,敌人凭借高度机械化的装备,把我军 180 师隔绝起来。180 师被隔绝敌后,陷入了敌人的重重包围,与上级指挥机关失去了联系。在三天三夜的拼死厮杀中,哪里有枪声,林学逋就奔向哪里。他送弹药、救伤员,奋不顾身。当接到分散突围的命令时,他把自己剩下的两把炒面分给战友,说:"你们吃了好杀出去!"在最为危急的关头,他把生的希望送给了自己的同志。就在这天半夜突围时,又累又饿的林学逋昏倒了,摔下山崖。在毫无抵抗力的情况下,他和伤员们一起被美国军队俘虏了。

祖国万岁!

林学逋被俘后,被敌人押送到釜山市战俘收容所。为抗议敌人用饥饿、鞭打、抽血、做苦工等非人的手段虐待被俘人员,林学逋率先举起了反抗的大旗。他和战友们进行了绝食斗争。林学逋把变质腐败了的饭菜向敌人甩去,看守们吓得拔腿就跑。敌人调来了 10 余辆坦克和荷枪实弹的大队人马进行弹压。林学逋怒视敌人的刀枪挺身而出,用流利的英语和美军上校辩论,痛斥美方严重违反日内瓦战俘公约的罪行。敌人称这次事件为"釜山暴动",把林学逋视为"暴动首犯"。不久,敌人阴险地把这批战俘押送到巨济岛上的第 72 战俘营。

第 72 战俘营是美军所谓的"模范战俘营"。联队长王顺清,人称"笑面虎"。副联队长李大安,人称"活阎王"。他们都是志愿军的叛徒。李大安随身带着的两件东西是棍棒和匕首,曾毒打过上千名的战俘。每个初进战俘营的战俘,都会被拉到警备队去连续毒打三个晚上,先打后问。第一天打完问"是不是共产党",第二天问"杀死过美国人没有",第三天被迫保证"不暴动,当老实战俘"。无论如何回答,这场毒打均不能幸免。此外,美国和国民党特务常常来"审讯"战俘,搞分化瓦解,逼迫战俘提供各种情报。巨济岛是一座密布着恐怖气氛的"死亡之岛",是一个活生生的人间地狱。

在这样恐怖恶劣的情况下,林学逋和他的战友们奋起与敌人做不屈不挠的抗争,表现了中华儿女大义凛然、威武不屈的民族气节和视死如归的硬骨头精神。战俘中一些担任过领导职务的共产党员,秘密建立了地下党组织，成为领导核心。起先，林学逋并不知道这些。他凭着一颗炽热的爱国心，单枪匹马地与敌人战斗。后来，他参加了青年团员自发组成的"爱国小组"。他曾向战友们念过自己写的一首诗，抒发了坚贞不渝的高尚情怀：

> 一心抗美当英雄，
> 不幸疆场作楚囚。
> 身陷虎穴心向党，
> 甘洒热血壮神州。

1951 年 7 月 10 日开始的朝鲜停战谈判中，"遣返战俘"是谈判议题中争论最激烈、最持久的一项。我方根据《日内瓦公约》坚持"全部遣返"的原则，美方则坚持所谓的"自由遣返"，妄图把被俘的志愿军战士劫持到台湾地区。为此，谈判几度陷入僵局。随着谈判桌上双方唇枪舌剑的步步升级，战俘营的迫害和反迫害也不断加剧。由于叛徒告密，林学逋等人被逮捕，投入战俘监狱，惨遭酷刑。敌人对林学逋说："凭借你这样的学问，将来去美国……都可以平步青云，何必跟着共产党跑。眼下要做苦工，挨冻受饿。就算你回去也会遭到怀疑，一辈子翻不了身。"林学逋冷冷地回答："人各有志，用不着你们替我操心！"气急败坏的敌人把林学逋绑在柱子上打昏过去，又在他的左臂上刺了"反共抗俄"四个字。当他在敌人的狞笑声中醒过来，看着这渗出鲜血的黑字时，愤怒地说："你们能在我皮肤上刺字，却永远不能把这些字刻进我的心！"

敌人用苦役饥饿来折磨林学逋，他却用一切机会寻找党组织。当一位党员利用在海边倒大粪的机会，偷偷地吸收他参加"回国小组"时，他眼里闪烁出晶莹的泪花。他激动地说："我像无依无靠的孤儿终于找到了母亲。"自那以后，他的斗争方向更加明确。他从美军士兵扔掉的报纸上寻找战争胜利与谈判进程的消息，在难友中宣传回国在望，点燃大家心中的明灯。他还常哼唱《国际歌》的旋律，鼓舞大家的斗志。

有一天，敌人要战俘演一出戏，内容是反映志愿军战士因受不了"压迫"而投降反动军队。敌人指定林学逋表演那个叛逃的主角，王顺清、李大安等败类都在台下观看。当演到特务审问那位"志愿军战士"为什么要投降时，敌人给林学逋的剧本上接的是一句辱骂共产党的话。但他故意咳一声，把"共产党"三个字漏掉。他念的是："我不愿意跟着这些王八蛋做不正义的青年。"同时，他用蔑视、讽刺的神情指着台下那些败类。顿时，会场像捅了马蜂窝，乱作一团。败类们跳到椅子上破口大骂，有的抄起石头就往台上扔。李大安等人拿着棒子打上戏台，王顺清跳到台上找剧本一字一句地检查。然后，林学逋被带到警备队，遭到了一夜毒打。第二天，王顺清和李大安受到严厉指责。从此，他们对林学逋恨之入骨。

热血丹心

1952 年 4 月，为了配合美方在谈判桌上提出的对战俘实行"自由遣返"的方案，战俘营搞了一场大规模的"甄别"活动，妄图强迫志愿军战俘自己表态不回祖国大陆而去台湾地区。

4 月 7 日，李大安来到二大队，集合全体人员威胁说："明天谁敢说要回大陆，谁就没有好下场。"林学逋高声驳斥了他。李大安奸笑着拔出美军牧师送给他的匕首说："谁要想回大陆，得先把臂上刺的字给我割下来！"李大安咬牙切齿地一刀割下林学逋左臂上那块刺了字的肉，顿时，鲜血流遍了他的全身。"还回家吗？""回！"李大安又补了一刀，说："好小子，一会儿再收拾你！"

8 日清晨，72 联队中 700 多名坚持要回祖国大陆的战俘被押到大礼堂。他们拉出林学逋，胁迫他表态："悔过自新，不回大陆。"林学逋坚决不从。王顺清气得说不出话来，命令打手狠狠地打。一阵棍棒之后，王又问："共产党对你有什么好处？你跟着共产党有什么好处？"林学逋坚定地回答："共产党是中华民族的希望，跟着共产党中国才有前途！""打！"打手们一拥而上，林学逋倒在地上。他高喊："毛主席万岁！共产党万岁！"李大安听到林学逋的喊声，走过来拔出匕首，刺进了他的胸膛。一连刺了30 多刀后，林学逋为维护祖国的尊严流尽了最后一滴血，英勇就义。在他永别这个仅仅生活了 22 个春秋的世界时，留下的最后一句话是："共产党万岁！"

林学逋英勇地倒下去了。敌人却万万没有料到，更多的难友在林学逋英雄行为的感召下，在第二天"甄别"时，仍然冒死选择了回祖国大陆的光明大道。

天网恢恢疏而不漏，杀害林学逋烈士的刽子手，最终没有逃脱法网。李大安等于 1953 年 4 月 22 日夜晚带着武器、活动器材及经费，首批空投于朝鲜飞来峰时，被朝鲜人民军抓获，移交给志愿军部队。1958 年 6 月 24 日，北京军区军事法庭以叛国罪、屠杀残害战俘罪以及充当美军间谍、危害国家安全罪，判处李大安死刑。可耻的叛徒受到了应有的惩罚。

林学逋烈士牺牲以后，著名作家巴金激动地以《忘不了的仇恨》为题，在《人民文学》上宣传林学逋烈士等人的英雄事迹，感动了无数的读者。1982 年 8 月 18 日，林学逋被四川省人民政府追认为革命烈士。

（黄桂芳编写，朱连芳改编）

参考资料：

1. 魏奕雄. 乐山风云人物 [M]. 成都：成都出版社，1996.

2. 乐山市地方志办公室. 乐山历代人物传略 [M]. 成都：巴蜀书社，1990.

3. 孟昭庚. 人间地狱般的侵朝美军战俘营 [J]. 文史春秋，2010（12）：31—38.

4. 文二元，蔚树生. 战斗在美军战俘营里 [J]. 党史文汇，2010（10）：22—28.

5. 申春. 抗美援朝战俘营中的"翻译官" [N]. 中国档案报，2003－10－24（T00）.

6. 张泽石. 战俘营中的地下党组织 [J]. 出版参考，2003（29）：23—24.

7. 饶用虞. 四川大学在近现代史上的特殊地位和贡献 [J]. 四川党史，2000（2）：19—23.

8. 贺明. 红色战俘营 [J]. 文史精华，1996（3）：4—10.

9. 中国人民政治协商会议乐山市委员会文史资料委员会. 乐山文史选辑：第 3 辑 [Z]. 1987.

10. 《历史的回音》编审委员会. 历史的回音：一八零师实战录 [M]. 北京：现代出版社. 2015.

袁守诚烈士——慷慨高歌上战场

袁守诚烈士

1950 年 10 月，在四川大学校园掀起了抗美援朝、保家卫国的参军参干的热潮。四川大学外文系四年级学生、新青团员袁守诚（1928—1951），放下他即将完成的学业，告别年老的父母和挚爱的未婚妻，毅然投笔从戎，奔赴抗美援朝前线，在战斗中献出了他年轻宝贵的生命。他平凡而伟大的事迹，当永远令人崇敬和铭记。

努力学习

1928 年中秋节，袁守诚出生在四川省资中县一个破落地主家庭，他自幼读书勤奋、刻苦，成绩优异。在家乡念完小学和中学后，1947 年他先入国立四川大学先修班。1948 年，他正式进入国立四川大学外文系英语专业。他性格开朗，思想活跃，靠拢进步组织，追求真理，课外喜欢阅读进步书籍。他牺牲后，从他的老家发现了他这一时期从书刊上剪下、秘密珍藏的毛主席的画像。他积极参加当时正蓬勃兴起的由中国共产党领导的学生爱国民主运动。学校风起云涌的斗争、进步同学舍生忘死的奋斗，给年轻的袁守诚以深深的激励和教育。

成都解放前夕，袁守诚积极参加了进步同学组织的"护校迎解放"活动。他知道参加进步活动是要冒风险的，做好了为新中国献身的思想准备。在回乡探望亲人时，他曾深情地对未婚妻说："现在社会太黑暗，以后很可能没有机会再见到你了。"他满怀希望地盼着天亮，盼着成都解放。袁守诚就这样，一步一步地、坚定地走上了献身革命事业的道路。

1950 年春，袁守诚作为积极分子，在全校团组织还没有公开前，就较早地被吸收进了中国新民主主义青年团，还积极参加了团组织的各项活动。这在学校是不寻常的。

投笔从戎

在抗美援朝参军的热潮涌来时，袁守诚已经进入大学毕业阶段。出于保卫新生的中华人民共和国的崇高责任感，在得知肩负保家卫国神圣使命的志愿军中急需能用英语会话的青年大学生时，袁守诚义无反顾地报名参加了中国人民志愿军，奔赴朝鲜。

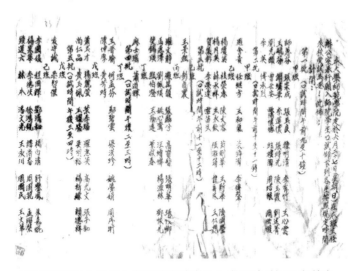

袁守诚在国立四川大学师范学院学生入学口试时间及名单中

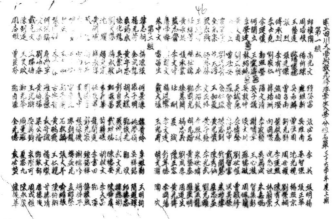

袁守诚在国立四川大学 1947 年度附设先修班学生名册中

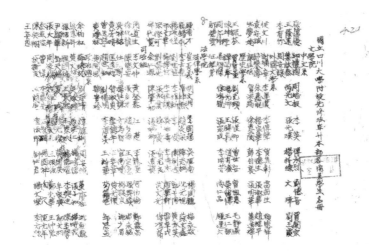

袁守诚在国立四川大学附设先修班直升本部各院系学生名册中

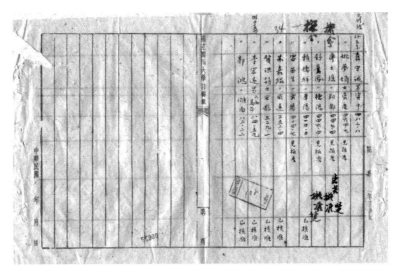

袁守诚在国立四川大学文学院新生申请奖学金名册中

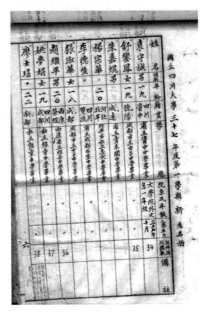

袁守诚在国立四川大学 1948 年入学学生注册簿中

袁守诚在国立四川大学 1948 年第一学期新生名册中

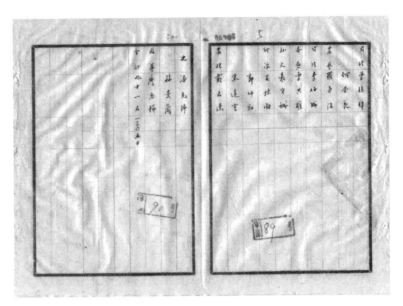

袁守诚在国立四川大学 1947 至 1948 年上下期配奖学金学生名册中

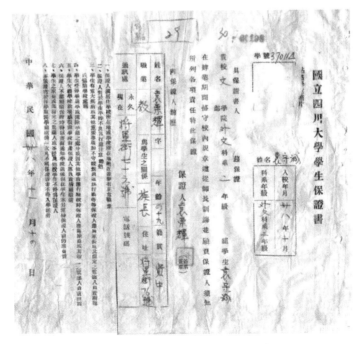

袁守诚的国立四川大学学生保证书

在赴朝途中，他寄回两张在冰天雪地里穿着军装的照片。在信中，他亲切地告诉双亲，自己已参军赴朝，再次向父母表示他不怕牺牲的决心。

为国捐躯

关于袁守诚烈士牺牲的经历，有几种说法。一是说他入朝作战不到 3 个月，1951 年 2 月 4 日，他在一次激烈战斗中不幸壮烈牺牲。二是说他在河北沧县牺牲，因此被安葬在当地泊头镇烈士陵园，具体牺牲原因不明。

1951 年 3 月，部队把他的血衣连同中央人民政府颁发的革命牺牲军人家属光荣纪念证，寄回资中县人民政府。在血衣的口袋里，还装着烈士双亲照片和烈士生前与未婚妻的合影。

不管怎样，袁守诚烈士是为了保家卫国而牺牲的，他的英勇事迹将永远激励着青年学子，英雄得以长眠在祖国大地的壮美河山。袁守诚，一个坚定不移追求进步、追求真理并为之献身的伟大战士形象，将永远铭刻在人们的心底。

（黄桂芳编写，朱连芳改编）

参考资料：

1. 出师未捷身先死，长使英雄泪满襟：记抗美援朝工作中牺牲的川大学生袁守诚烈士［EB/OL］. http://archives. scu. edu. cn/info/1015/2818. htm,2020－10－30.

张建华烈士——"进军号洪亮的叫"

张建华（1930—1951），曾在华西协合高级中学（今成都华西中学）就读。1949 年 12 月，张建华在重庆参军。1950 年，他随第 50 军走上抗美援朝战场，书写了《进军号》等多首战地诗篇，是志愿军中的"小诗人"和"小秀才"。1951 年 1 月 4 日，在朝鲜战场第三次战役期间，张建华在汉城（今首尔）外围中弹牺牲，年仅 20 岁。他的战友郝树森为他写下了这样的诗句：

> 你倒下了，倒在解放汉城前线，
> 你手中的武器，不是步枪、手榴弹！
> 你的武器，是一个本子和一支笔，
> 你的武器，是《进军号》和多首战地诗篇！

结缘华西

1930 年生于四川成都的张建华从小就是一个活泼而沉稳的男孩。他的家庭较为富有，但其本人生活却十分简朴。他经常穿一般的学生装和布鞋，给人的印象完全不像有钱人家的"少爷"。他先后在成都私立高琦中学、浙蓉中学、华西协合高级中学就读，直到 1949 年 12 月离开成都。他 20 岁的人生中，在成都就生活了 19 个年头。

1946 年春，张建华从高琦中学初中毕业后，考入浙蓉中学（今成都第 25 中学）。顾名思义，这所学校是由浙江人在成都兴办的学校，就位于成都南门小天竺街，街对面是成都济川中学（今成都石室锦城外国语学校）。

张建华和比他年龄小但个子却比他高的弟弟张建鸿同班就读。他们从高琦中学初中毕业后都考入浙蓉中学高中一期。同班的同学中还有一位和张建华同龄的学生莫若健，他是由浙蓉中学初中部直接升入高中部就读的。莫若健是个瘦高个子，英语底子好，但数理化却不如张建华兄弟。在班里，莫若健算是跟张建华"说得拢"的好朋友。

在班里，张建华忠厚老实，言语不多，不是那种"飞里飞势""爱出风头"的学生。他对同学和善，从不与同学争论什么。论学习成绩，他与张建鸿都名列前茅。莫若健曾说过，自己"除了英语之外，各科都不如张家兄弟"。

张建华兄弟两人同莫若健在成都浙蓉中学读完高中一个学期后，都认为浙蓉中学学校太小，一个教室却要容纳七八十个学生，这样的环境不利于学习，因而萌生了转学的想法。他们首先想到了离浙蓉中学不远、位于华西后坝的华西协合高级中学。经过观察和了解，这所由教会办的学校不仅环境好，师资也很强。这里既有中国英语教师，也有外国教师。他们还风闻国文教师马千禾是一个政治思想都很进步的教师。后来才知道，马千禾就是四川地下党组织的领导人之一的马识途，同时也是著名的作家和书法家。华西协合高级中学的民主氛围很浓，且师生穿着也与其他私立中学不同——高中学生不穿麻制服，不打绑腿，也不戴学生帽。除此之外，这所学校的最大优点是小班教学，一个班仅三四十人，比起浙蓉中学的一个班七八十人，几乎少了一半。这一切，都让他们深感满意，因而一致决定：这学期读完，就转到华西协合高级中学就读。

投笔从戎

1946 年下半年，张建华兄弟俩和莫若健如愿转到华西协合高级中学就读。在这里，他们又认识了几个好朋友。其中，有一位四川自贡籍的学生叫黄贞义。他生于 1926 年，比张、莫二人整整大了 6 岁，因而算是全班的"老大哥"。这位"老大哥"还被同学们誉为"数学高手"。张建华不仅喜欢文学，还喜欢数理化，不仅喜欢写散文、评论文，还喜欢写诗、画画。他自办的壁报，既自写、自编，还自画壁报刊头，被同学们称赞为"学习多面手"。在莫若健眼中，张建华"才思敏捷，是个人材"，因而也很佩服张建华。与"学习多面手"张建华的相遇，黄贞义有种惺惺相惜之感。他觉得张建华在很多方面，都值得学习。

张建华在华西协合高级中学学习期间，正是抗战胜利后。张建华不仅积极参加"反饥饿、反内战、反迫害"的学生运动，还在学校里秘密自办壁报，批判国民党的贪污、腐败和倒行逆施。他办壁报这件事，除了亲密学友莫若健、黄贞义等少数几个人外，大多数华西协合高级中学的同学都不知道。为此，学校的"三青团"多方打听，问到莫若健、黄贞义等人：

"你们知不知道这壁报是谁办的?"莫若健等当然都回答说"不晓得",以此保护张建华。

1949年12月下旬,全国大部分地区已经解放,大批国民党残兵溃退到成都周围。此时,四川的另一个重要城市重庆已经解放,解放军大军正在形成对成都的合围之势,成都的解放显然是迟早的事了。大家都在为未来的前途思考和奔忙,国民党反动派惶惶不可终日,进步人士和学生则期待着未来。

一天,张建华、莫若健、黄贞义等十余名班上关系要好的同学,在华西后坝一个人迹罕至的地方开了一个秘密会。会上,张建华向大家提出"去重庆,投奔共产党、参加解放军!"大家听后,一致赞同他的看法。大家还提议由莫若健去包一辆中型客车,由成都驶往重庆,去实现他们的宏愿。就这样,张建华便离开了生他、养他的故乡成都,并从此一去不归。

十余名同学到重庆后,一起考入了中国人民解放军第二野战军军政大学。在二野军大经过短暂的学习后,他们被分配到第四野战军第50军教导团。

第50军在中国人民解放军序列中,是一支年轻的部队。这支部队原是国民党的第60军,绝大多数官兵是云南人,军长是曾泽生。1948年曾泽生在辽沈战役中率部起义后被改组为中国人民解放军第50军,曾泽生仍然任军长。后来,该军奉命挺进大西南,参加解放四川的战斗。到四川后,一大批青年农民和学生积极参加了这支部队。

张建华、莫若健、黄贞义等人被分散分配到第50军的3个师之中。张建华被分配到148师,莫若健、黄贞义被分配到149师。因为他们读过高中,而当时军中战士的文化水平普遍较低,很多还是文盲,他们这些学生是难得的文化人,所以他们都担任了连队的文化教员。

初入军营

1950年1月,张建华来到第50军第148师442团1营2连。当时,该部正在川北射洪县驻防。这天,在第50军教导团就已换穿中国人民解放军军装、戴上有"八一"军徽的军帽、背着军用被包和挎包的张建华,精神抖擞地来到442团1营营部。迎接张建华的有1营营长李永福、教导员刘进昌、副营长刁剑明,还有2连连长杨守信、指导员王殿忠。

学生兵虽然没有打过仗，没有经过战争考验，但他们有文化，部队现在打仗少了，战士们需要学习文化。部队文娱活动的开展，也需要有文化的学生兵才行。学生兵是连队开展文化教育活动、宣传娱乐活动的主要力量，也是连队政治指导员开展政治思想工作的重要助手。因而，对于学生兵的到来，大家都是非常高兴和欢迎的。

在营部的欢迎仪式结束后，张建华来到了连队驻地。没想到的是，2连全体官兵早已排好整齐的队形等着欢迎他了。人人满脸笑容，双眼都射出热情的光芒，双手不停地鼓掌，张建华感动得热泪盈眶，他暗下决心："我一定要努力工作，要不然，就对不起2连全体同志对我的厚望！"

写诗读信

不久，张建华所在部队奉命东调——离开四川射洪县开赴湖北省沙市市钟祥县（今荆州市钟祥市），参加当地的筑堤防洪劳动。扛惯了枪、打惯了仗的军人从此成了农民，老兵们为此发起了牢骚："咱参军是为了打仗，现在竟又成了农民！要当农民，又何苦背井离乡到这钟祥县，还不如回云南老家去！"老兵们虽然要发牢骚，但对待劳动还是很认真的，因为他们懂得，军人得一切行动听指挥。

张建华这个从来没种过庄稼的学生兵，也同出身农民的战士一样，打着赤脚、捞起裤腿、挽起衣袖下田劳动。大家休息时，张建华却不休息。他抓紧这零星的时间为战士们读报、教战士唱歌。这一段平静的日子里，他还在连队开展了有效的文化教育活动。他把连里战士分成两班：一个是基础差的普通班，他从头开始教他们识数和学习写字；另外一个班是基础好的提高班，这个班里是读过几天书、粗识几个字的战士，他就教他们认识更多字、学习如何写信。这样，全连做到了边学习、边生产，生产和学习两不误。张建华的做法，受到全连官兵的欢迎。

没过多久，战士们发现张教员空闲时，常常独自一人在树荫下，坐在那里的石头上，用自来水笔在一个厚厚的本子上写着什么。随后，他又把那些文字写在连队的黑板报上。那些文字一行一行的，不识字的战士不知道他写的是什么，能认识几个字的战士也不大能读懂他写的内容。

"教员，你写在黑板报上那一行一行的话，是些什么呀？你念给我们大家听一听好吗？"几个战士央求道。他写的诗是表扬战士们在参加筑堤、生产中的好人好事，以及鼓励大家努力生产、减轻国家负担的豪言壮语。可他辛辛苦苦写出来的诗，战士们根本不知道它的意思。眼前这些为了推翻万恶的旧中国，为了解放全中国的穷苦人，打起仗来不怕死，冲锋在前，轻伤不下火线的可爱又可敬的战友们，却因以前家里穷，吃不饱、穿不暖，更没有机会读书，基本上就是"睁眼瞎"。他暗暗告诉自己，一定要想办法尽快提高战士们的文化水平。同时，白居易念诗给老婆婆听的故事浮上了他的心头。从此以后，他每写一首诗，就在大家劳动休息时念给战士们听。当战士们知道他们的张教员写在黑板报上那一行一行的文字是诗，而且听起来很押韵时，也就很爱听。

在连队，由于战士们文化水平普遍不高，家里来信以后，只好请张教员念给他们听。要给家里回信，也只有请张教员代笔。100 多名战士，今天这个家里来了信，明天那个家里来了信，读信和代写回信，就成了张建华日常生活的重要组成部分。但是又不能耽误生产和政治学习，张建华只有利用晚上、节假日等休息时间来为战士们念信、写信。这一切，使得张建华这段时间的生活忙碌而又充实，同时他也感受到了自己对于战友们的价值之所在，他还是挺自豪的。他觉得只有这样才能回报指战员们敲锣打鼓、热烈欢迎他入伍的热情。

入朝作战

平静的生活总是短暂的。1950 年 9 月，眼看连队种下的稻谷就要收割了。一天，连长和指导员从营部回来，急忙召集全连紧急集合。队伍站齐后，指导员王殿忠向大家宣布："同志们，上级命令我们不搞农业生产了，叫我们丢下农具拿上武器……"连长杨守信严肃地说："一个小时内，全部武装完毕，然后到火车站上车。大家除应带的干粮、米袋外，所养的猪、所种的菜和田中的水稻，都交由地方接收。这方面的事情及群众工作由团部派人处理。"

战士们坐上火车出发了。火车一直开往东北，一切都很紧急，政治动员工作都只好利用列车行进的时间进行，包括对战士们进行对美帝国主义的"仇视""鄙视""蔑视"等"三视"教育。1 营教导员刘进昌在列车上对全营指战员进行政治动员时，慷慨激昂的陕西话响彻车厢，就连从未作过战的学生兵张建华也热血沸腾。1950 年 10 月 20 日，张建华所在的第 50

军 148 师开到鸭绿江边辑安（今集安）近郊，进行军械换装及军事训练。新兵们在老兵的带领下，除了进行爬山训练外，大部分时间都在进行步枪、冲锋枪射击训练和投掷手榴弹训练。张建华自然也同全连官兵一起，投入到了紧张的训练中。

不久，连长杨守信告诉大家："同志们，上级来了命令，我们部队改番号为中国人民志愿军赴朝作战。"张建华这些新兵们一听，都紧张而又兴奋。

初尝胜果

1950 年 10 月 26 日，也就是首批入朝参战的志愿军向敌发起第一次战役的第 2 天，张建华所在的志愿军 442 团 1 营，冒着小雪过了辑安的鸭绿江大桥，直奔炮声隆隆的作战前线。对张建华来说，这样紧急而又快速的行军，是他平生的第一次。

张建华所在的 1 营入朝后的第一仗，是部队进入温井地区的一场遭遇战。温井距离鸭绿江只有 50 公里。从没有上过战场的张建华，首次近距离听到敌我交战的激烈枪声。入朝前，连长杨守信给张建华的任务只是担负起伤员的救护工作。因而，没给这个文弱书生发放枪支，为防意外，发给他一枚手榴弹自卫。但是，他自己却准备了一支"枪"——自来水笔。这支自来水笔，他像爱惜自己生命那样疼爱它，生怕在行军中丢掉。

1 营刚进入温井地区，担任前卫的 1 连尖刀班突然发现了敌人。战士们一边鸣枪向指挥员报警，一边积极主动向敌人开火。营长李永福听到枪声，知道有情况，立即下令："2 连向左，3 连向右，两面开进，夹击敌人！"此时，正急着赶路的连长杨守信听到命令后，立即喊了一声："2 连往左，跟我来！"杨连长下令后，提着手枪跑到前面去了，张建华紧随连长，走在他的后面。杨连长看到张建华紧跟他身后，向他发话："教员，你就跟在连队后面，做好救护工作就行了！"张建华只好转到队伍后面。杨连长知道，张建华这个文化教员不能当成一个普通战士使用，冲锋陷阵并非其所长，他的最佳作用是用他的笔鼓舞军队的士气。

战斗打响后，敌人枪声急促。1 连 2 排排长毛贵闻敌枪声，即大声呼喊："2 排跟我来！"说完，他即率 2 排冲了上去。不料，毛排长被藏在左侧的敌人射中胸膛，血流不止。1 连卫生员和 1 营营部医生朱开游背着抢救药箱急奔了过去，两人替毛排长进行包扎抢救，然后把毛排长往后送。"同志们，我们一定要打好入朝第一仗，不消灭敌人，决不罢休！"教导员刘进昌挥舞他有力的右手，大声地用陕西话高声呼喊。

此时，1营的3个连队从各个方向向敌人猛烈开火。在枪声、号声中，"坚决消灭敌人！""缴枪不杀！""志愿军优待俘虏！"的口号声四处响起。张建华生平第一次看到真实的战场，第一次亲耳听到这样的军号声和口号声。

起初，敌人不清楚对手是谁，没把志愿军放在眼中。遭到突如其来迎头痛击的敌军一下被打蒙了，丢盔弃甲，争相向南溃逃。1营这场不期而遇的遭遇战取得了辉煌的战果。初上战场的张建华亲历了这场战斗和重大胜利，他的兴奋劲不亚于其他新兵。经审讯俘虏获知，此乃李承晚军第6师的一部，该师第7团在第50军入朝前，就已打到了离鸭绿江不远的楚山，并用大炮向鸭绿江对岸的中国一方进行轰击。

军中秀才

第二次战役即将结束，张建华所在部队奉命向清川江挺进。中途经过新安州火车站，战士们发现了美军慌忙逃跑时丢下的后勤物资的专列，上面有美国饼干、猪肉和牛肉罐头，还有苞米、青豆等蔬菜。其中还有一个重达30斤的大罐头，战士们不知道怎么打开，便用缴获的美军小十字铁镐强行打开，可是一尝，却是一种酸甜味的怪东西。战士们不仅没吃过这玩意儿，也没见过，当即把它吐出来，还气得说："这是啥东西，这么难吃？"于是他们就去找他们连里的"小秀才"请教。张建华看了看英文说明，告诉战士：这是西红柿做的营养饮料，可以放心地吃。战士们不由得更加佩服他们的张教员了。

2连连部通信员从战利品中看到有几盒好像牙膏一样的东西，当即取了一支，把它挤在牙刷上。可是这牙膏怎么是黑色的啊？心中虽有怀疑，但他还是用它刷牙了，可越刷牙越黑、嘴越黑。于是他拿着这个战利品去问"小秀才"："张教员，这是啥东西呀？我用了后怎么满嘴漆黑啊？"张建华一看就笑了，立即说："这不是牙膏，是鞋油……你不认得英文，但这玩意儿的商标上，不是画了一个大皮鞋吗？"

在2连，全连指战员都很敬佩张建华，大家都夸奖他是"咱们连的小秀才"。说他"小",是因张建华个子不高,身材瘦小而精干,似乎还有些奶里奶气,倒像是一个"娃娃兵"。

战地诗人

入朝作战后,火热的战斗生活极大地激发了诗人的激情。在第一次、第二次战役时,他就写下了许多战斗诗篇,每写一篇诗后,都要用他的成都话朗诵给战士们听,很受战士欢迎。正因为如此,2连干部、战士们起初叫张建华是"张教员",听了他写的多首诗后,都把他叫作"诗人教员"。2连指战员记得:当全连在零下20摄氏度的严寒中夜渡大同江时,几个新战士连呼"好冷啊!"冰水刺得大家双腿麻木。一上岸,湿透的军裤也都结了冰。部队行军休息时,大家看见"张秀才"掏出自来水笔在他厚厚的本上写起来。写完后,他拿着手中的本子大声地说道:"同志们,我把我们渡大同江的情景写成了一首诗。这首诗就叫《夜过大同江》,我现在念给大家听听,是不是这么回事?"

> 冰可破皮肉,
> 但不能伤筋骨;
> 腿可僵硬,
> 但杀敌的心不能麻木;
> 乘胜前进,
> 岂容敌人片刻歇宿。

最后一句,张建华还大声重复了一遍。他问大家:"同志们,我们追击敌人时,让不让敌人有片刻歇宿之机呀?"大家听后,当即齐声回答说:"不能让敌人有片刻歇宿之机!要穷追猛打,打过三八线,坚决消灭敌人!为朝鲜人民报仇,为祖国人民立功!"

张建华的工作职责是抢救全连战斗中的伤员,可他不仅做好了这份工作,还随时写诗鼓励全连战士。他在战场上写的战地诗,因为欣赏对象是文化程度不高的战士们,因而多采用质朴的语言。但这种质朴甚至直白的语言却深受战士们喜欢,成为鼓舞他们斗志的精神食粮。

在第二次战役中,第50军突破三八线后,他即兴写了好几首诗。

《突破敌人三八线防线》

好一个纵深百里、横断朝鲜、
牢不可破的三八防线，
志愿军仅用二十分钟，
就把它踏个稀巴烂！
美国兵丢了大炮、枪杆，
李伪军甩下热腾腾的牛肉罐！

《笑谈麦克阿瑟》

南岸火海，北岸火山，
敌机扫射，炸弹连串。
麦克阿瑟暗算：
今天定叫志愿军尸横一片。
哈，哈，哈，哈！
可惜美国佬的千吨炸弹，
只耽误了志愿军一场睡眠！

《捷报》

松林雪花飘，
传来捷报，
战士们沸腾的心啊，
能把冰雪融化掉。
昨天杀人的"英雄"，
今天半死半活跪地向我求饶！
这是侵略者的结局，
这是人民的庄严警告。

《血绫带》

　　我们要呼吁，
　　我们要控诉，
　　美军滔天罪行，
　　岂能再容宽恕！
　　玷污朝鲜神圣的领土，
　　奸淫烧杀朝鲜妇孺，
　　一个婴儿也难幸免，
　　血绫带便是敌人的罪证之物！

《进军号》

　　张建华的众多战地宣传诗中，最有名的是《进军号》这首四段22行的诗。这是张建华在所在部队突破临津江后作的一首诗作。当时天刚亮，东方的天空已露出了红色的曙光，此时部队的广大指战员还在行军途中。天大亮后，部队立即停止前进，就地防空。为隐蔽自己，各营、连指战员把棉大衣白底子翻过来穿在身上。此时，张建华看到连队饲养员把他的军棉衣翻过来，不是穿在自己身上，而是搭在棕色的战马身上，这样做一是为了给战马御寒，二是给战马防空。不识字的饲养员把战马看得比自己生命还重要。为防因敌机轰炸、扫射造成马惊，饲养员还用手紧紧地攥住缰绳，并让战马嚼着黄豆米充饥，而他自己却饿着肚子。眼中的情景，感动得张建华眼泪都流出来了。这时，他拔出自来水笔，掏出那本厚厚的记事本子，诗兴大发。一首张建华的代表作，也是他平生的绝唱，名叫《进军号》的诗就此诞生！原诗是这样的：

　　进军号，洪亮的（地）叫，
　　战斗在朝鲜多荣耀！
　　看我们的红旗哗啦啦飘，
　　象（像）太阳在空中照！

　　进军号，洪亮的（地）叫，

战斗在朝鲜多荣耀，

就是我们吃点苦——

会使新生的祖国牢又牢，

不被炸弹炸，

不被烈火烧，

我们的父母常欢笑。

进军号洪亮的（地）叫，

战斗在朝鲜多荣耀！

就是我们流点血，

会使受难的朝鲜

工厂冒烟庄稼好，

鲜花开满道。

进军号，洪亮的（地）叫，

战斗在朝鲜多荣耀！

用我们的青春和生命的火，

把战魔烧死在朝鲜半岛，

和平的太阳空中照！

它既是诗人张建华的心声，也是志愿军第50军广大战士的心声。它是以诗的形式，描写第50军全体指战员的誓言，同时也是200多万志愿军战士的誓言。它充分反映了抗美援朝战争中中国人民志愿军全体指战员的爱国主义、国际主义、革命乐观主义精神，以及不怕流血牺牲的坚强意志。

血洒汉城

第50军在第二次战役胜利结束后，又紧接着参加了第三次战役。1951年1月3日夜9时，442团接到命令，要求他们攻占汉江大桥。天色渐明，东方的天边已露出鱼肚白，全营到达汉城延禧里。预先埋伏在汉江堤上及洞口等地的美军，即向1营的前卫连1连开火了。敌军的坦克炮、远程火炮向我军齐射，火力十分猛烈，给立足未稳的我军造成了惨重的伤亡。

然而，就在第二天凌晨 2 点，即离总攻汉城的时间只剩 3 个小时的时候，张建华在汉城外围遭敌机的机枪扫射，胸部不幸中弹。不断涌出的鲜血染红了他的棉军装，也染红了他的军挎包！战友们眼看着他们的小秀才、小诗人再也醒不过来，永远地离开了大家。王殿忠饱含着热泪，同身边的战士一起把张建华的遗体就地掩埋，因为再过几个小时，进攻汉城的战斗就要打响。掩埋张建华前，连部通信员取下张建华背着的那个装有写诗笔记本的军用挎包和腰间那枚用于自卫的手榴弹。在张建华牺牲地附近一个凹地，战士们用铁铲铲去地上的雪，再用十字镐挖了一个坑，把张建华遗体抬起放在里面。战士们让他的身子躺平，把他的头端放在对着祖国的位置，好让"诗人教员"能时时看到祖国，然后用土盖上，再盖上一层雪。

伟大的精神

抗美援朝战争开始后，大批军地作家奔赴战火纷飞的朝鲜战场实地采访、报道，组织艺术家慰问志愿军战士。第 50 军驻点采访的是著名的军旅作家刘白羽。他以第 50 军的战斗事迹创作的《歌唱白云山》一诗，由著名作曲家郑律成谱曲后，在志愿军中传唱。在这里，刘白羽见到了张建华留下的记事本。记事本很轻，可张建华在本子内写的一首首战地诗篇却使刘白羽感到沉甸甸的，也很感动。第 50 军的指战员面对强敌为什么能如此勇敢？不正是《进军号》诗句中所描述的，是为了使祖国"不被炸弹炸，不被烈火烧！"不正体现了"能使我们祖国牢又牢"的保家卫国的责任感与使命感吗？

刘白羽认为，张建华的战地诗集不仅仅是朝鲜战场上牺牲的志愿军烈士的遗物，还能发挥更大的价值，鼓励更多的人。他用稿笺工整地抄下张建华的《进军号》一诗，邮寄给著名作家、剧作家、《解放军文艺》总编辑宋之的。宋之的看到刘白羽抄录的《进军号》和刘白羽写给他的信之后，决定把《进军号》刊登在当年 6 月创刊的《解放军文艺》上。

進軍號

張建華遺作

張建華同志，十八歲，四川成都人。志願軍某連文化教員，年青有熱情，喜愛寫作，尤愛寫詩。部隊的生活和戰士的高貴品質深深感動激勵他。他說："與戰士們生活戰鬥在一起的人，是最幸福最光榮的。"在他的詩裏，傾瀉著熱烈真摯的情感。

入朝後，在艱苦的生活中，仍然奮發地寫作，並經常向戰士們朗誦，很受到歡迎。築有詩稿補綴，如充沛蓬勃，愛朝鮮人民，愛戰士的豐富感情。他曾題詩："我深感到了此（茫戰爭的）暴錄，跟人民一刀一槍拼搏，用他自己的鮮血，寫了是最光榮的。"

今年一月四日，該連解放汉城戰鬥中，張建華同志光榮地犧牲了。為我們永遠悼念這位年輕的戰鬥者吧。下面是他在朝鮮戰場上寫的一首詩。 — 編者

進軍號洪亮的叫，
戰鬥在朝鮮多榮耀！
看我們的紅旗嘩啦啦飄，
像太陽在空中照。
進軍號洪亮的叫，
戰鬥在朝鮮多榮耀！

《解放军文艺》创刊号上刊登的《进军号》（节选）

刘白羽在将《进军号》寄给宋之的的同时，他又抄录一份寄给著名的青年作曲家、时任中南军区文工团艺术指导、广州军区歌舞团团长的彦克，请他为《进军号》谱曲。几天后，《进军号》歌曲谱成，随后交给了正在创办的《解放军歌曲》杂志。当年8月，由彦克谱曲、张建华作词的《进军号》就刊登在《解放军歌曲》的创刊号上，在全国群众中和朝鲜战场的志愿军中很快就传唱起来，还被编入《百首战歌集》。

永远的怀念

几十年后，刘进昌还念念不忘这个来自成都的学生兵张建华，在接受采访时连说："这种学生兵少有！少有！""如果他还健在的话，在写诗这方面肯定会有更大成就。他写的那首《进军号》，当年在全志愿军传唱。但是，谁也不知道这位诗人是咱们第 50 军的人！是咱们第 50 军 148 师

442团1营的人!"他把"1营"两个字说得很响,好像特别强调这两个字。是啊,他为张建华感到骄傲和自豪!

在刘进昌教导员的眼中,闪出一种兴奋而又自豪的光芒。他继续说:"每次战斗结束,当大家都在找战利品——武器、食品、物资时,张建华却在到处寻找战利品中有无纸张和墨水。行军中,我看到他除了背公家的物品外,他的挎包总是胀鼓鼓的,不仅装有书籍,还装有纸张和他写诗的笔记本。他牺牲后,战友们为他整理遗物时,才发现他那厚厚的一本笔记本写了有100多首诗。他是以诗作武器,与敌人进行战斗的!他以诗为武器,鼓舞战士们英勇杀敌!"以下是张建华写的《诗,春天的道路》全文(摘自靳洪《春天,战士把你呼唤》,解放军文艺出版社,1990年):

> 每当在霜雪满天的黎明,
> 部队静候在一个冷清的村头
> 等待副连长分配宿营房屋的时候;
> 每当战士们解开腰带上的碗套
> 拿出粗糙的竹筷或长调羹
> 吃完炊事班匆匆做好的早饭的时候;
> 每当全连迎着朝阳,分散到山脚、田沟
> 用棉大衣裹紧身体,
> 　　把僵冻的脚伸进棉手套里
> 开始一天鼹鼠般生活的时候,
> 王福就会看见那个矮小的四川籍文化教员
> 　　——小张
> 背起他那永不离身的小挎包,
> (有时手里还托着蓝色墨水瓶)
> 躲开人们——
> 躲到老乡家山坡的草垛里
> 或是一条干涸河堤的树丛下
> 或是一个天然的岩穴中
> 开始他每日必行的工作——在一个垫在膝
> 　　头的本子上写字。

王福好生纳闷：
他每天都在写，写什么？

月亮把皎洁的光洒向朦胧的山坡、田野，
覆冰盖雪的公路上又响起雄壮的脚步、欢
　　快的歌。
趁着行军鼓动的间歇，
　　　王福把张教员拉到身旁，
半是腼腆半是坦直地问：
"张教员，你每天都在写，写什么？"
"我在——写诗。"
"写诗，诗是什么？"
"这怎么说？诗么——
她是朝霞、露珠、花朵，
是茅屋檐下的风、松树枝头的雪，
是少女明亮的眼睛、老人斑白的鬓发，
是希望、理想、红旗，
是子弹的呼啸、心的悸动，
是理不清的哀愁和道不尽的欢乐……
总之，是用最美最短的语言
说出你心中最想说的话，
唱出你心中最想唱的歌。
你——懂啦？"
王福困惑地摇着头："我……"

是呵，王福没有读过诗。
他只是在夏夜村头的柳树下
和小伙伴们数唱过老奶奶传下来的儿歌。
他们一边对拍着手一边数唱过：
"你拍一，我拍一，
一支腊梅开雪里……"

他们一边蹦跳一边数唱过：

"马兰花，吹喇叭，

一吹吹到妞妞家……"

他们一边抛掷土块一边数唱过：

"旋风旋风你是鬼，

金刀银刀砍你腿……"

他们一边望着星星一边数唱过：

"东一颗，西一颗，

隔着天河望哥哥……"

可是，那里面没有"少女明亮的眼睛"

也没有什么"心的悸动"……

什么是诗？

王福还真有些弄不懂。

隔着山——

从那空旷渺茫的远方，

传来一串串敌机疯狂的扫射声：

"咕咕咕，咕咕咕……"

那声音传到这幽静的山谷

　　　显得格外单调、凄凉、苦涩；

就连那一声接一声溅着血和火的轰炸

这时也搅不起人们感情的旋涡。

是呵，山谷好静呵，

慈祥的太阳从老栗树枝桠间洒下她的光，

晒得熟睡的战士们面庞有些发痒

　　　　　　　周身有些发热，

压在战士身下的干枯的芳香的落叶

发出一阵阵谐和的梦的碎语，

使人们暂时把残酷的战争忘却……

只有一个人——诗人小张

　　　用诗来代替睡眠

他靠坐在大栗树的根干上，
不时凝望着青墟般的远山，
潜心地伏在膝头小本子上写……
王福——另一个心灵被困扰的战士
　　　　也用诗来代替睡眠，
踏着阳光在落叶上烘焙出的乐曲
他轻轻地来到诗人身边，怯怯地说：
"张教员，能不能，把那小本子借给我，
让我看一看，诗——到底是什么？
是啥模样、啥音调、啥颜色……"
诗人抬起头，瞪大了眼睛，
是战士对诗的好奇使他感到惊愕？
还是他从战士的目光中看到了一种
　　　　真诚的求索？
他没有犹豫，递过诗集，
亲切地说："看吧，这里面有你，有他，
　　　　也有我！"

王福欣喜地蹲坐在阳光下，
把枪抱在怀里、紧贴颈颊，
然后用粗硬的手虔诚地翻开诗集的扉页。
他看到几行浑圆的字体、写着：
"诗人，走春天的道路。
用蓝墨水写红旗的飞舞，
　　　　写群众的力量，
　　　　写战士的吼声，
　　　　写幸福生活的远景！
　　　　　　　——自题"
"诗人，走春天的道路……"
王福望着冰雪封冻的大地依然有些困惑
　　……

诗人会心地笑了——
他望着困惑的王福笑了。
他站起身，拿过诗稿：
"王福，你是我诗集的第一位读者，
为了感谢你，你听着，
我要为你朗诵这里的诗歌——"
于是，他面对空旷幽静的山谷
放开他稚气的喉咙，朗诵着：
　　"进军号，洪亮的（地）叫，
　　战斗在朝鲜多荣耀！
　　看我们的红旗哗啦啦飘，
　　象（像）太阳在空中照。

　　进军号，洪亮的（地）叫，
　　战斗在朝鲜多荣耀！
　　就是我们吃点苦——
　　会使新生的祖国牢又牢，
　　不被炸弹炸，
　　不被大火烧，
　　我们的父母常欢笑。

　　进军号，洪亮的（地）叫，
　　战斗在朝鲜多荣耀！
　　就是我们流点血——
　　会使朝鲜邻邦苦难消，
　　弹坑重新长庄稼，
　　废墟重新把工厂造，
　　幸福的鲜花开满道！

　　进军号，洪亮的（地）叫，

战斗在朝鲜多荣耀！
用我们青春和生命的火，
把战魔烧死在朝鲜半岛。
和平的太阳空中照！"

啊，幽静的山谷呵，
好似突然从谷底冲开一条大河！
一条鼓浪滔天的大河呀，
一条波澜壮阔的大河，
一条汹涌奔流的大河呀，
一条彩色斑斓的大河！
这大河融合着王福的周身血液
急遽地鼓荡着、拍击着、拥搡着
　　　　从他的心头流过……
王福的双眼顿时睁大了，
　　　　胸怀冲得开阔了
他听到了诗的气势，
　　看到了诗的亮色，
　　触到了诗的性格！
诗呵，一下子就占据了他的心窝！
他腾地跳起来冲着诗人敬了个礼，
大声喊着："谢谢！谢谢！"

从此，诗——深深地钻进了王福的心，
　　　　　　侵扰着他的梦，
　　　　　　　分割着他的生活！
他开始学那位痴情的文化教员
　　也想用那"最美最短的语言"写一写
他自己心里最想说的话，
　　　　最想唱的歌。
在宿营的空隙、行军的间歇，

他也常常坐在一处无人干扰的树下
带着一脸自慰的微笑驰神冥想；
他更喜欢在入睡之前透过马尾松的针叶
凝神望着蓝天把对诗的思索
　　　带进梦的世界……
可是，没有一个战友看过他写的诗稿，
或者，听过他的朗诵。
因为王福不用纸张，不用笔墨
他只是秘密地用他的心去写——
他认为诗不应该是给别人看或听的。
诗只能是自我心灵的私房话：
　　　　　是一种自问自答的隐秘对白，
　　　　　是一种自陶自醉的感情享乐！

后来，在第三次战役中
　　　　在解放汉城的战斗里，
诗人小张倒下了。
一颗罪恶的子弹
　　　击中了他盛满诗韵的前额，
年轻的额角上凝聚着一滩
　　　紫红色的粘稠的血。
当王福准备冒着密集的炮火
　　　背他去野战包扎所抢救，
诗人摆了摆无力的手，
苍白的脸上透出一丝坦然的笑，
他用那微风抚摸小草般低低的声调
对着把耳朵凑在他嘴边的王福说：
"挎包里的诗稿全留给你吧，
你爱诗，你是我的第一个读者……"
面对诗人弥留时的馈赠和重托，
两行滚烫的热泪从王福腮边簌簌跌落。

诗人笑得更真挚开朗了：
"莫哭，王福，要记住：
诗人永远走春天的道路，
那里开遍希望的花朵……"

啊，希望的花朵呀
需要用殷红的鲜血去浇灌，
春天的道路呵
需要用年轻的生命去开拓。
——这就是诗人的遗志
　　　这就是诗人对王福的嘱托！

翌年三月，
战线南移到汉江两侧。
汉江呵，象（像）一条双尾巨蟒
扭曲着身躯从高山峻岭中爬过，
春风正鼓动它急湍的潜流
低吼着挣扎着开始捣碎它坚冰的外壳。
敌人反扑的炮火呵
违扭着全世界人民心灵的节拍
炸碎了两岸峰巅的岩石，
震裂了冰鳞闪闪的江面，
夷平了依山伏地的村落。
为了在鏖战中便于行动，
除了手中武器，王福甩掉了额外的负担
　　　那多余的一切
——甩掉了背包、米袋、大衣……
唯独留下了诗人小张的诗集。
他用一块美军降落伞绸裹了又裹，
把它紧紧缠束在自己的腰节。
王福背着这本没有问世的诗集

在汉江南岸的山峰上

　　和敌人争夺了最后一块阵地，

在汉江北岸的滩头上

　　和敌人进行了最激烈的一次肉搏！

诗集——象（像）一帖护身符

牢牢地凝结着诗人小张的心血、浸透着

　　战士王福的汗血……

在一个多星的湿暖的黑夜，

前沿战事稍有停歇。

王福和几名满身泥血的战友

被召回连部接待两位北京贵客。

连部设在棱线背后的岩洞里，

炮弹壳添捻儿的小油灯使它深暗莫测。

客人在洞口迎接战士，

热情、亲切，用长者对孩子的无限疼爱

　　把战士们的双手紧握。

其中一位身材高大，

　　昂着一副高高的智慧的前额

——他是著名作家刘白羽，

另一位敦实笃厚，是著名作曲家郑律成

——他为我军谱写了雄壮的军歌。

指导员介绍说："欢迎两位首长来前线检

　　查工作。"

刘白羽谦虚地忙忙摆手："不，不。我们

　　是来向英雄们学习，

是到前线来——'体验生活'。"

既然是面对作家，

　　座谈便无拘无束，坦诚而热烈。

作家向战士们询问：侵略者的凶残，朝鲜

　　军民的坚强，

对战争的感受，对和平的思索，

怎样对待生死，如何对待苦乐……

战士们则问客人：家乡亲人的安康、祖国

　　　各项的建设，

北京人穿戴什么衣著（着），春节时天安门前

　　　放没放焰火？

还有人问：西班牙画家毕加索，为什么画

　　　了只翅膀透明的和平鸽？

面对这些血战汉江五十昼夜的

　　　无所畏惧的战士们，

作家刘白羽同志好开心呵，

他说："你们，真象（像）西蒙诺夫写的小说

　　　——《日日夜夜》！"

座谈中，王福却在深思沉默，

他望着作家，望着刘白羽那智慧的前额，

他想："张教员的诗集也许作家更需要，

从这些诗里他能更清楚地触到战士的心

　　　怀、士兵的脉搏，

应该把诗集送给他带回祖国！"

于是王福怀着深情

　　　讲述了张教员写诗的故事，

又忙着解下缠在腰节上的包裹，

他细心地剥开

　　　一层层血汗粘连的降落伞绸，

向着作家刘白羽珍重地捧献上

　　　那卷朴质的诗册。

刘白羽同志激动了，眼里闪着泪，声音颤

　　　抖地说：

"谢谢你们的信任，谢谢，谢谢……"

他捧着那册小小的诗集呵

就象（像）捧着整个儿志愿军战士的魂魄！

不久，

《进军号》发表在《解放军文艺》创刊号

的首页。

作曲家还把它谱成了一支感人的歌。

祖国后方，朝鲜前线，

到处把《进军号》传唱，

可谁知道，这却是一个普普通通的志愿军

战士热爱诗歌的收获？

（王金玉编写）

参考资料：

1. 王顺才，申春. 汉江血痕：解放军第五十军征战纪实 [M]. 昆明：云南人民出版社，2005.

2. 李泱，李一娟. 李瑛研究专集 [M]. 北京：解放军文艺出版社，1983.

3. 靳洪. 春天战士把你呼唤 [M]. 北京：解放军文艺出版社，1990.

詹振声烈士——长眠异国保家乡

詹振声烈士

詹振声（1929—1952），四川省巴县（现重庆市巴南区）人，1929年生。1947年，他由重庆求精中学保送到华西协合大学医学院。他鼻梁隆显，待人和蔼，被同学叫作"鸽子"。课余和节假日，他常受聘在"学生公社"工作。

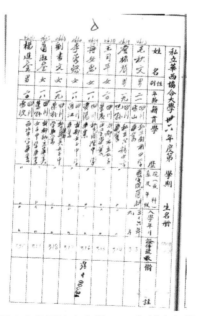

詹振声在华西协合大学1947年新生名册中

学生公社是中华基督教青年会（YMCA，Young Men's Christian Association）和中华基督教女青年会（YWCA，Young Women's Christian Association）联合在华西坝设立的一个为学生提供公益服务的机构。学生公社的宗教色彩很淡，它的宗旨是在课余时间开展适合青年的活动。根据华西协合大学的特点，地下党组织和"民协"一直将它作为团结教育青年的阵地之一。它开办有阅览室，并经常举办各种文化活动。三年中，詹振声在那里尽心尽力地工作。同时，他受周围进步同学和进步书刊的影响，思想上日趋成熟。

詹振声的求精中学保送学生履历成绩报告表

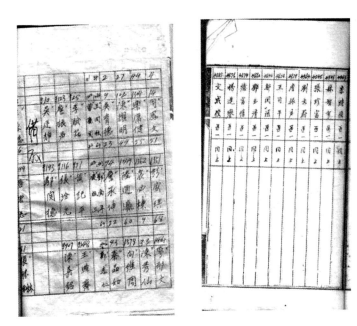

詹振声在华西协合大学学生名册中

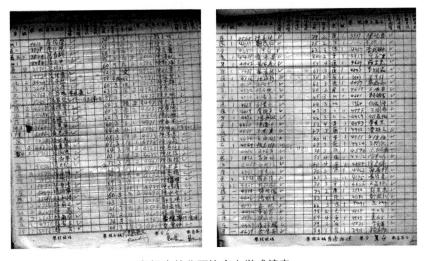

詹振声的华西协合大学成绩表

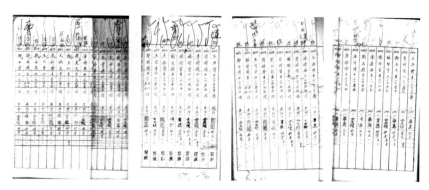

詹振声在华西协合大学注册表中

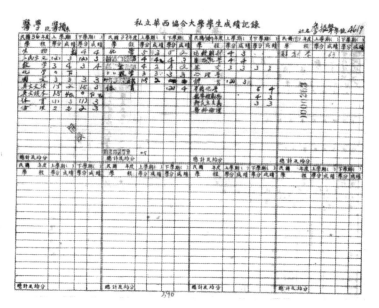

詹振声的华西协合大学学生成绩记录

718

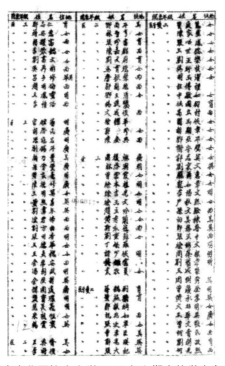

詹振声在华西协合大学 1948 年第二学期英文考试成绩及学生签名单中

詹振声在华西协合大学 1949 年上期在校学生名单中

詹振声在华西协合大学医科理班各学生学杂费及伙食费申请缓缴学生名册中

詹振声在华西协合大学各学院毕业学生名单中

勇上前线

1950 年 6 月朝鲜战争爆发。不久，战火烧到了鸭绿江边。10 月，中国派志愿军赴朝参战。在西南地区组建的第三兵团整装待发，但却急需英语翻译。11 月 18 日经总政治部批准，由地方高校支援英语翻译人才。

詹振声入伍照

川西军区组建的第 60 军政治部主任李哲夫，亲自从四川大学、华西大学、光华大学三所高校中招收英文水平高又自愿参军的师生到部队任翻译。三校共招收了翻译 23 人。其中，经过初试、当场中译《资本论》的复试和唱英文歌等面试，华西大学就有詹振声、刘开政、张光宇、王仕敬、廖运掌、王克武、王华英、陈单特、熊光复等 14 名学生被录取，华西大学成为三校中向部队输送翻译人员最多的一所学校。

根据部队的需要和本人的情况，这批大学生被分配到军、师、团，随军执行任务。其中，华西大学的詹振声、张光宇、王仕敬、刘开政、陈伯毅、陈单特等 6 人被分配到第 60 军政治部。他们随军从成都北上，待命入朝。在此期间，他们又强化了英语军语和俚语的学习，同时还开展了专门的思想教育，教育大家要"战略上要藐视敌人，战术上要重视敌人；扬长

721

避短，近战夜战；区分美国人民与（美国）政府；爱护朝鲜一草一木"，为入朝参战做好了充分的准备。

詹振声原本身体较弱，组织上有意照顾他。但"鸽子"一诺千金，无怨无悔。到了安东，大家开始听到敌机炸桥的隆隆声。当领导发现了他双腿和脸部浮肿明显时，三次劝他在国内住院治疗。他却说，自己不能为一点小病而临阵退缩。指导员能做到重伤不哭、轻伤不下火线，他要努力地学习，也能做到这样。随后，在部队中，他不畏艰辛，总是和大家一道蹚水、爬山、扛粮、押送战俘等。1952年，在同一线部队换防时，他明知在一线的敌工干部，特别是英语翻译伤亡的概率高，还是争着上前线。

为国献身

在战斗中，英语翻译主要承担对敌广播、随军侦察、押送战俘等任务。在敌我前沿阵地，入夜常常是"人造月夜"的景象。因为美军怕夜战，常常让四盏一组的探照灯整夜不熄，把我方的前沿阵地照得如同白昼。往往是人影一晃动，美方就定点射击，我方又用炮群压制。美方再以远程炮压制，我方再反压制。

1952年12月，我军加强对前沿广播，詹振声的同学刘开政和上海的黄崇义奉命率第七对敌广播宣传站到前沿对美军开展政治攻势。詹振声当时是第60军政治部敌工科正排级英语翻译。得知这一情况后，詹振声再三请求与他们同去，说："眼看战争就要结束，我还未到过一线坑道，你们都在一线多次了。"经批准，三人同行，由詹振声负责广播效果。当他们下到前沿排的一个前沿班坑道时，离对面美军第25师一个连的阵地只有200米左右。广播开播前，我方照例警告：如炮击广播站必予严惩。12月23日圣诞前夕，3人在播英语稿和英文歌曲时，前沿战士报告说美军在叽叽咕咕说些什么。为使广播有针对性，他力主进到能听清美军动静的地方。经批准，他带了两名战士越出阵地横壕，翻入面向美军的陡滑直壕。此时美军射来的炮弹引爆了他身旁的一箱手榴弹，他被炸得腹部弹痕累累，终因失血过多而英勇牺牲。年仅23岁的詹振声没能看到战争的胜利，便长眠在了异国他乡。

1953年，祖国赴朝慰问团到第60军慰问，第60军政委袁子钦将军特别对华西大学的一位校友说："你们华西大学来的同学在执行任务中都表现得很勇敢，詹振声在执行任务中英勇牺牲了。"同年 4 月，第 60 军政治部主任李哲夫对刘开政说："在成都，我们在体能测验时就发现詹振声体力比较差，但他非常坚强，直到光荣牺牲。真是可惜！"

1985 年在华西医科大学建校 75 周年之时，经詹振声大学的同班同学胡玉洁、白美栋等发起募捐，学校设立了"詹振声烈士爱国爱校奖学金"。在四川大学医学图书馆，至今悬挂着他的浮雕头像，以此来纪念这位英勇牺牲的校友。

（金开泰、孟继兴编写，朱连芳改编）

参考资料：

1. 毛文戎. 火线感悟 朝鲜战争赢之密 [M]. 北京：北京联合出版公司，2016.

2. 《华西坝风云录》编辑组. 华西坝风云录：纪念民主青年协会成立六十周年 [Z]. 2004.

第十篇　运筹天下民生事

诸有斌烈士——苟利国家生死以

　　诸有斌（1910—1933），四川省江津县（现重庆市江津区）人，1928年毕业于江津县立中学，同年 9 月进入国立成都大学文科预科，1931 年 9月进入国立成都大学本科，11 月国立成都大学、国立成都师范大学和公立四川大学合并后进入国立四川大学史学系第四班。在 1933 年四川叠溪地震后，以诸有斌等为代表的国立四川大学师生前仆后继，奔赴地震重灾区开展科学考察活动，不仅为科学研究活动积累了极其丰富的第一手资料，而且以临危而不乱、处惊更果敢的英雄壮举，真正做到了"有补于天地"和"有益于世教"。他们共同为世纪川大树立了一座座不朽的历史丰碑，用热血和汗水浇注着历久弥新的川大精神。

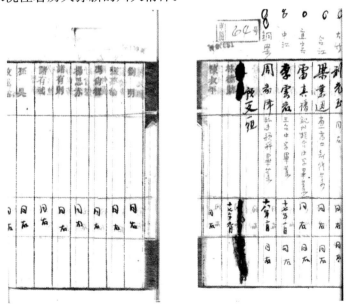

诸有斌进入国立成都大学文科预科时的学籍名册

四川叠溪地震与四川大学

1933 年 8 月 25 日 15 时 50 分 30 秒，在四川省茂县的叠溪发生了 7.5 级大地震，死亡人数据粗略统计近 7000 人。根据国民党中央地质调查所鹫峰地震研究室报告："波动之大，使维清仪出格，加利清仪不能记录。"在中国地震史上，是四川省死亡人数最多、破坏最为严重的地震灾害之一。

当时成都最有名的民办日报《新新新闻》则称，叠溪地震是"百余年来松茂从未有之最大天灾"。叠溪地震之后，余震不断，持续了数月。每每余震发生，吼声如雷，居民无不逃避而惊惶万状。而在地震后 45 天，由于叠溪地震形成的堰塞湖溃决，又有 2500 余人被夺去了生命。因此，叠溪地震也是我国地震次生灾害最为典型、最为严重的地震之一。

在叠溪地震及其次生灾害发生后，有关人士专门开展了一系列的考察和研究工作，其中主要包括：

一是 1933 年 8 月 25 日，国立四川大学农学院教授梁中铭和毕业生李希圣、陶孟武等 12 人组成的农林考察团到达茂县时，正值地震发生，旋即开展实地考察活动并于 10 月 7 日回到成都。

二是 1933 年 9 月 27 日至 10 月 10 日，成都水利知事公署技术主任全晴川、国民革命军第 28 军专员余棠和国立四川大学学生诸有斌等，前往叠溪震区查勘岷江水源截断情形。

三是 1933 年 10 月 2 日，中国西部科学院地质研究所主任常隆庆与助手罗正远等从重庆出发，当月 16 日到达灌县，赴叠溪震区进行为期两个月左右的科学考察。

四是 1933 年 10 月 21 日至 11 月 29 日，南京中央大学教师徐近之由青海南下，对叠溪震区乃至整个岷江上游进行实地考察。

五是 1933 年 11 月 22 日至 12 月 22 日，成都水利知事公署知事周郁如会同四川松理懋茂汶屯殖督办署上校参谋郭雨中和无线电台长朱明心、卢策贤以及十四县代表马仲全、任致远等一行 30 余人，赴叠溪震区实地考察堰塞湖有关情况。

六是 1933 年 12 月 21 日至 1934 年 1 月 14 日，国立四川大学教师周光煦带领师生员工共计 12 人组成叠溪地质考察团，专程前往叠溪震区进行野外地质和生态考察。

在有关叠溪地震及其次生灾害的 6 次专门考察中，国立四川大学师生亲自组织和参与的就有 3 次之多，充分体现了他们对社会的高度关注和对民生的高度关切。

以身殉学的青年学子

在叠溪地震发生一个月后，1933 年 9 月 27 日至 10 月 10 日，成都水利知事公署技术主任全晴川受派前往叠溪一带专门查勘岷江水源截断情形，以期对第二年的春水农事提出建议。同行的还有国民革命军第 28 军专员余棠等人。

正在国立四川大学读书的诸有斌虽然主攻历史学，却通晓英语和日语，并且非常喜爱地理学。他广泛地阅读中外史地书籍，曾经翻译过日文的地质学著作，还写有《论日本土壤与出产之关系》《学校与社会》等学术论文。在听说这件事情后，他主动报名前往。当时，一些亲戚朋友认为，一路山川险阻并且余震不断，劝他放弃此行。但是，他丝毫不为所动，决意参加此次查勘工作。

自 9 月 27 日从成都出发，查勘工作队 10 月 7 日才到达叠溪。在查勘过程中，他对于一路上的所见所闻，包括山川、风俗、地质和物产，尤其是地震的严重破坏，或者文字记录，或者拍摄照片。10 月 9 日，他们离开叠溪，返程 60 里来到茂县境内的长宁乡，住宿在当地的古寺中。不料当天深夜 10 点左右，叠溪以北岷江上游因地震形成的堰塞湖突然溃决而下，很快就到达长宁。

诸有斌最早听到了巨大的水声，马上走出房间查看。凭借着微弱的电灯光，他远远地发现，傍河而居的数十户人家已全然消失。他没有自顾自地逃脱，而是急匆匆地返回房间，大声呼喊其他同行者，希望大家能够一起逃生。这时，全晴川与一名寺僧刚好逃了出来，看见水已淹至阶梯下，便一路快步奔跑。两人爬到山巅，最终得以幸免于难。由于水流急迫，诸有斌虽然"壮佼逾恒人"，仍然与同行的测量员、夫役等 12 人来不及逃离，被狂暴肆虐的洪水夺去了年仅 23 岁的生命。

在诸有斌英勇牺牲后，由时任国立四川大学校长王兆荣、文学院院长向楚、曾参加辛亥革命和护法战争的江津籍知名人士王子骞、农学院教授刁群鹤等 36 人，以及国立四川大学史学系第四班全体同学共同发起，国立四川大学师生于 11 月 19 日在学校大礼堂皇城至公堂举行了隆重的诸有斌追悼大会。国立四川大学文学院教授李培甫（李植）专门为此撰写了《悼诸有斌君启事》和《诸君有斌传》，寄托了全校师生的无限哀思。其中，《悼诸有斌君启事》全文如下：

> 金刀夜掩，玉树秋徂，淑问犹宣，惠心永谢，呜呼哀哉。诸君有斌江津白沙人也。资才俊逸，德行忠贞，毁齿而对解杨梅，胜衣已辞成芍药。由县中毕业入前成都大学文预科，满入国立四川大学习中史学，隶文学院史学系第四班。好古敏求孟晋，弗懈十余年来竟如一日，师友交誉，价重南金。君于国学造诣既深，欧语东文并有心得。群以大器相期，君亦别具怀抱。今年茂县叠溪地震，灾异逾恒。君素习史乘，兼究地理，谋以目验之周详，资土宜之讨论。复愤政府救灾无计，民困日深，只身锐往，缒险探幽，类博望之凿空，慕崇子之乘轺，有得即书，集成巨帙，方欲供诸明达共同研讨。逾月遄，返次县境之长宁，投宿古寺。夜中水发，洪流猝至，晦冥失路，救死无方，藐尔一身，与寺俱没。生为学困，终以身殉，悲哉怖矣。终军早逝，昌谷呕心，修短无恒，古今同叹。惟是邈邈征途，游魂不返，汤汤骇浪，白骨难归，葬身鱼腹。异正则之，怀沙委命。波臣非照邻之狂疾，天道难论，尤可凄怆，伤心者已。迩者秋风萧瑟，黄云惨澹。慨郢斤之既废，叹人琴之俱亡。情之所钟，正在我辈。兹定十一月十九日即星期日午后，假皇城至公堂为位追悼，聊以招魂。凡百君子，或有师友之谊，或同游钓之乡，倘承赐以鸿文莅临哀吊存者，均深感焉。

为悼念诸有斌，李培甫代表大家专门为此撰写长联。

> 植树计在百年得，子弟能贤，家庭幸运，倾囊频助力，相期不负平生，仁看振振云风，屈指算来惟有汝。
> 为山已成九仞恨，天公厄我，震撼无情，覆篑竟亏功，可惜都归泡幻，怅望滔滔逝水，伤心继起更何人。
> 笃行好学，为吾族优秀人才，自青年以达成年，津中发轫，川大

扬鑣，百尺竿头。

奋志立身，负国家无穷责任，乃探险而竟遇险，古寺捐躯，叠溪漂骨，千寻壑底。

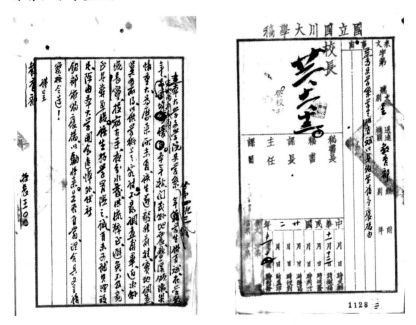

国立四川大学褒奖诸有斌致国民政府教育部报告

此外，校长王兆荣在11月14日专门报告国民政府教育部，请求为诸有斌以身殉学的英勇事迹给予褒奖。

本大学史学系学生诸有斌，前往茂县调查地震，不料返省，途次长宁，猝遇洪水身没。项闻本大学除开会追悼外，并呈请教育部褒扬，兹录原呈如次：

呈为呈请事，查本大学文学院史学系第四班三年级学生诸有斌，在学数年，史地两科成绩均优。本年秋，闻茂县地震，叠溪倾陷，灾情重大，为历来所未有。该生遂毅然前往，实地调查，冀有所得，以供学术上之研讨。不意调查甫毕，返次县境长宁，投宿古寺，夜分水发，洪流猝至，避免不及，竟至身葬鱼腹。该生好学冒险之诚，有未可听其湮没者，除由本大学开会追悼外，伏祈钧部俯赐褒扬，以励将来。是否有当，理合具文呈请察核令遵。

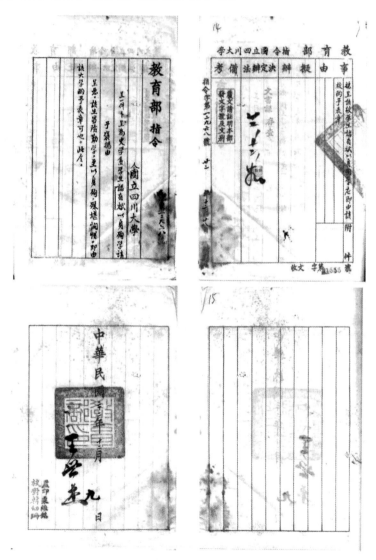

国民政府教育部给国立四川大学褒奖诸有斌指令

12月9日，国民政府教育部部长王世杰签署指令第12968号，同意给予表彰并指出："该生冒险勤学，至以身殉，殊堪悯惜。"

热血和汗水浇注的川大精神

四川大学老校长任鸿隽曾经说过："苟利国家，不敢惮劳。"以身殉学的四川大学学子诸有斌，是四川大学师生永远引以为傲的精神楷模。他用热血和汗水让川大精神的旗帜无比鲜艳而夺目，真正体现了四川大学"与人民同甘苦、与祖国同命运、与时代同呼吸、与社会同进步"的文化传统。

在持续不断的余震和随时可能发生的次生灾害面前，以诸有斌等为代表的四川大学师生，虽然都是"一介儒生"而"非有官守"，但是，他秉持"为天地立心，为生民立命"的社会责任感，义无反顾地奔赴叠溪地震灾区第一线。

面对叠溪大地震，以诸有斌等为代表的四川大学师生都清楚地知道自己面临的挑战——"地势荒塞，山路险阻，况又时届严冬，更兼大震后余震未已，岩石崩落势犹未已"。但是，他们更清楚地知道自己肩负的历史使命。因此，他们"不惟不以为惊恐，反觉精神倍加"，不是去咏叹所谓"青的山，绿的水"，而是要用不怕牺牲、勇敢前行的具体行动，为发展祖国地震科学事业，为增进人民大众福祉安康，做一点实实在在的事情。

通过对叠溪地震灾区的深入考察，以诸有斌等为代表的四川大学师生不仅全面地检验和锻炼了自己，而且在与社会和现实的零距离接触中，得到了很多课堂和书本上学不到的知识和能力。他们不仅据实调查和记录了叠溪地震灾害和次生灾害的具体状况，而且还提出了若干富有建设性的意见和建议。

"惟德动天，无远弗届。"让我们永远记住诸有斌的名字吧。面对叠溪大地震的余震及其次生灾害的严峻考验，诸有斌烈士以无私无我、无畏无惧的英雄行为，在四川大学的发展历史上镌刻了大写的"人"字。

（党跃武、洪时中编写）

参考资料：

1. 洪时中，徐吉廷. 历史将永远铭记他们：记在叠溪大地震的考察、研究和救灾工作中作出贡献的几位前辈［J］. 国际地震动态，2009（2）：30—38.

2. 王川，田利军. 民国时期川西地震及社会的应对 [J]. 西南民族大学学报（人文社会科学版），2013，34（7）：1—7.

3. 侯江. 中国西部科学院叠溪地震调查及其著述《四川叠溪地震调查记》[J]. 四川地震，2010（2）：37—40.

4. 李德英，高松. 地震灾害与社会反应：以 1933 年四川叠溪地震为中心的考察 [J]. 史学月刊，2010（1）：57—62.

5. 杨力壮，刘君，徐学初. 民国四川地震灾害与政府救灾政策探略：以 1933 年的叠溪地震为例 [J]. 民国档案，2009（2）：103—108.

6. 党跃武. 川大记忆：校史文献选辑 第 3 辑 叠溪地震与四川大学 [M]. 成都：四川大学出版社，2011.

汪声和烈士——轻风掠过华西坝

汪声和烈士

在四川大学档案馆馆藏档案中有一份学生履历表，上面有张照片，英俊儒雅，身着西装领带，一双炯炯有神的眼睛凝视着前方，让人觉得深不可测。这个学生叫汪声和（1920—1950），他是齐鲁大学在华西协合大学借读的学生，中共地下党员，上海解放前夕被组织派到台湾地区，不久身份暴露，被国民党杀害，年仅 30 岁，因为其传奇经历，他被称为"红色特工"。

华西坝上借读生

汪声和，1920 年出生于北京，家境殷实。父亲汪晋桓，是一家邮局的局长。他小学就读于北平市立第一小学，中学就读于北平市第五中学。1939 年中学毕业后，他从敌占区来到大后方昆明，考入了当时的欧亚航空公司（1943 年改组为中央航空公司）。1942 年，他在欧亚新增的兰州航线无线电通讯区任无线电技师。1943 年，他被派驻到成都站工作。同年，汪声和考入齐鲁大学经济系。1937 年 7 月，抗日战争全面爆发后，齐鲁大学迁来成都，在华西坝上借用华西协合大学的校舍、实验室、教学医院和图书设备等条件办学。1946 年，齐鲁大学迁回济南，汪声和借读于华西协合大学政经系，继续完成学业。

汪声和的华西协合大学学生履历表和志愿书

汪声和住在商业街中央航空公司，一边工作，一边学习。他思想活跃，积极从事学生运动，1943 年经董必武同志直接领导的地下老党员陈甫子的介绍，加入了中国共产党，并协助陈甫子从事党的地下工作。汪声和是"朝明学术研究社"最早的成员和筹备人之一，利用"朝明社"从事学生运动、领导同学参与革命斗争。"朝明社"是校际组织，几乎每个学校都成立有分社，华西协合大学称"旷野社"、齐鲁大学称"海潮社"、四川大学称"旭光社"等。这些分社按期出版壁报，将揭发国民党黑暗统治的社会新闻剪贴出来，吸引中立的同学阅读，扩大影响。

齐鲁大学发生过几次革命斗争，如反对国民党发动学生参加青年军、反对国民党校长汤吉禾、争取学生自治会领导权和《齐鲁文摘》事件等，汪声和都站在斗争的前列。1945 年 5 月 4 日是五四运动 26 周年纪念日，成都各大学 108 个团体举行大规模的纪念活动，遭到了国民党特务的破坏。但是革命同学还是举行了声势浩大的营火晚会，在会场燃起了象征革命火焰的熊熊烈火，3000 余名学生踊跃参加，其中包括汪声和在内的"朝明社"全体社员，并提出了"要民主、要自由！""发扬五四精神！""组织联合政府！"等革命口号，会后举行火炬游行。

汪声和在学生中有较高的威望，1945 年被选为齐鲁大学学生自治会主席。他努力为学生们争取更多的权利。1945 年 8 月 15 日，日本无条件投降后，国民党为了夺取胜利果实，准备反共打内战，内战一触即发。为了争取民主、促进团结、反对内战，成都各大学学术团体联谊会召开，联谊会编发了"反对内战，促进民主团结"专辑，并在《燕北新闻》上发表了《反对内战宣言》和《致美国学生书》。在汪声和的支持下，齐鲁大学"朝明社"组织了联谊会的进步团体之一的"齐鲁文摘社"，编写反对内战的墙报、召开时事座谈，促进全校进步力量的斗争。由于汪声和的主席身份，他受到了反动势力的激烈围攻和监视，可是他坚持斗争，获得华西坝其他大学进步力量的支援。

齐鲁大学学生反对校长汤吉禾一事也彰显了汪声和的组织与斗争能力。1943 年汤吉禾担任齐鲁大学校长一职，他治校态度粗鲁，常常以训斥手段处理校务，不久就激起了学生的反感以及多数教职工的不满。有一次，成都所有学校的学生都罢课到街上去游行，只有齐鲁大学的学生因被校长禁止没能参加。结果齐鲁大学学生被各校学生讥笑胆小无能，汤吉禾却得意地说，只有他有办法让学生不罢课不游行。齐鲁大学学生被校长轻视，加上被外校学生嘲笑，就全体联合起来反对汤吉禾。作为齐鲁大学学生自治会主席的汪声和自然也是站在反对的浪头上。学生控告汤吉禾克扣政府发放的膳食补助金，请求新闻界声援，还在校园内张贴标语、布置墙报。最后迫使校董会让汤吉禾以出国考察为由休假一年。

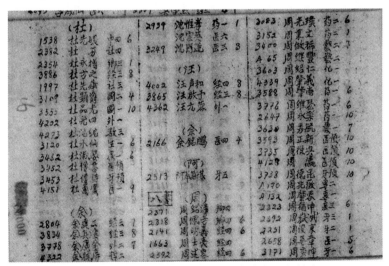

汪声和在 1946 年华西协合大学借读学生名单中

1946 年夏，齐鲁大学迁回济南，汪声和转到华西协合大学借读，编号为"4002"。从档案里，我们可以看到，汪声和的成绩，不论是在齐鲁大学，还是在华西协合大学，都是良好的。在华西协合大学，他还从学于萧公权，除了在西洋政治思想史、中国政治思想史课堂上聆听教诲，还在课下思考国家的出路，更加坚定地投身到为中国民主自由独立而奋斗的洪流之中。汪声和热爱戏剧，善于用戏剧鞭挞时局。早在齐鲁大学就参加了学校的话剧组，排练曹禺的经典作品《雷雨》。《齐鲁大学校刊》中有这样的记载：《雷雨》演员有汪声和等，因为时间匆促，每晚排练至夜深。在华西协合大学体育馆欢送毕业同学会上，《雷雨》上演，"一时观众如云，途为之塞，各演员均炉火纯青，表演精彩动人，观众（甚）至有同情落泪者，至早一时许始尽兴而散"。在华西协合大学借读期间，汪声和更是作为特约演员参演了成都太平街中国艺术剧团的开场戏《清宫外史》，还在华西坝各大学组织的《雷雨》《日出》及郭沫若早期作品《湘累》中出演重要角色。他在戏剧舞台上用认真的态度演绎了一个个形象饱满的角色，带给观众无限震撼、感动以及思索。在此期间，他结识了成都艺术剧团的演员裴俊，并结下良缘。

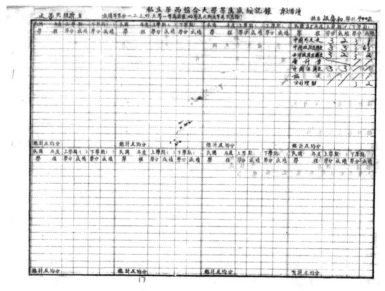

汪声和的华西协合大学文学院 1946 年第二学期成绩报告单

永不消逝的电波

1947 年，因组织上的安排，汪声和休学离开成都，偕夫人去了武汉，是年 8 月到了上海，进入国民党民航局任电台台长。上海解放前夕，组织派他去台湾工作，并搭建了秘密电台，从事情报收集工作。

汪声和在华西协合大学 1947 年休学名册中

1950 年初，台湾地区的国民党政权除了加强军事防务外，还对台湾地区中共地下党组织进行破坏，台湾笼罩在一片白色恐怖的腥风血雨中。1950 年 2 月，魏大铭所辖的国民党情报部门查获到很强的电波信号，并根据电讯监察发现信号来源于台北市厦门街 133 巷 9 号附近。魏大铭派人日夜监控，最后锁定了二三户，并以查户口、修理水电、分区停电、防空演习等借口，入室查看，可是并没有发现任何线索。魏大铭亲自出马，重点搜查其中的一户，无论是家具、电器、墙壁，还是地板、天花板，仍然一无所获。魏大铭心存疑惑，在要出门时，突然，他目光落在了小客厅中的一个小圆桌的柱脚上。魏大铭当即下令打开，在里面发现了强力收发报机。这户住宅的主人，正是汪声和。汪声和同夫人被捕，7 月 20 日，汪声和及妻裴俊，与汪声和有密切联络的李朋及妻廖凤娥被判处死刑。9 月 6 日，4 人在马场町被公开枪决。

2013 年，北京西山无名英雄纪念广场落成，以纪念 20 世纪 50 年代为国家统一、人民解放事业牺牲于台湾地区的大批隐蔽战线无名英雄。正如铭文所刻："黑暗里，你坚定地守望心中的太阳；长夜里，你默默地催生黎明的曙光；虎穴中，你忍辱负重，周旋待机；搏杀中，你悄然而起，毙敌无形。你的名字无人知晓，你的功勋永垂不朽。你们，在烈火中永生。"

（刘乔编写）

参考资料：

1. 岱峻. 红色特工汪声和传奇［EB/OL］https://history.sohu.com/20140526/n400044179.shtml.

2. 朝明学术研究社革命斗争史稿编委会. 朝明学术研究社革命斗争史稿［Z］. 1987.

3. 吉路. 走出六张犁（上）［J］. 北京档案，2004（2）：51.

4. 亢霖. 为信仰牺牲的"潜伏者"［J］. 时代教育（先锋国家历史），2009（7）：70—73.

甘远志烈士——采得百花成蜜后

　　2009 年"双百"人物的评选活动中，牺牲时年仅 39 岁的甘远志（1965－2004）同志入选"100 位新中国成立以来感动中国人物"。这个年轻的生命用什么样的事迹感动了国人呢？

甘远志烈士

　　甘远志，四川省广安县（今广安市）人，1965 年 2 月出生。2004 年 9 月 4 日，在海南省东方市采访途中，他因突发心脏病不幸牺牲，倒在了工作岗位上。人们在深感惋惜同时，也被这位优秀党员品德超群、能力突出、勤奋刻苦、成绩斐然、廉洁奉公的事迹深深地感动。

求学川大

　　1982 年 9 月，年仅 17 岁的甘远志从广安县二中（今四川省广安第二中学校）毕业，考入了四川大学中文系。在四川大学这所办学历史悠久、人文气息浓厚的大学里，甘远志畅游在知识的海洋里。在如今四川大学档案馆馆藏教学档案里，仍然保存着甘远志在校期间的学习成绩卡，泛旧模糊的照片上依稀能看到那个朴实无华的少年。从学籍成绩表上，我们可以看到，甘远志修读了写作、语言学概论、外国文学等多门课程。大学临近毕业的时候，甘远志提交了题为《论白居易的闲适诗》的毕业论文。

甘远志的四川大学学生成绩卡

记者就是要深入基层

出于对写作的热爱和扎实的写作功底，1986 年 8 月大学毕业以后，甘远志来到了《南充日报》社，担任编辑、记者。1994 年 8 月，他调至中国

（海南）改革发展研究院《新世界周刊》社工作。1998 年 6 月，甘远志光荣地加入了中国共产党。2001 年，他来到《海南日报》社担任经济部记者。

在甘远志看来，"记者就是要深入基层，不下去怎么出新闻？"只有深入实际、深入生活、深入群众，不断创新新闻报道的内容、形式和手段，才能真正把体现党的意志和反映人民心声统一起来，把丰富行动的内容与喜闻乐见的形式结合起来，才能进一步增强新闻报道的吸引力、感染力，让新闻宣传更加入脑、入心。

因此，刚到《海南日报》社工作时，甘远志就执意要求去海南西部较为偏僻的东方市当驻站记者，深入基层了解民情。他要跑政府，跑厂矿，跑农村，和群众打成一片。也正是扎根基层，贴近群众生活，他的一些作品，比如《小腌瓜挺进大市场》《东方养虾不忘环保》《台商巨资改造海防林》《"金大田"香蕉跑赢市场》等，贴近人民群众生活，于细微处挖掘现象背后的经济利益和经济价值，被广大人民群众喜闻乐道。《海南百年铁路梦：我们的抉择》《发现油气——莺歌海成为中国海洋石油发祥地始末：重返莺歌海》《累计贷款 23.4 亿　开发行成我省主力贷款银行》等作品，着眼于国计民生，把国家的大政方针及时传达到民间。"取之于民，用之于民"成为他作品的亮点，受到广泛的欢迎。

《南昌日报》记者徐蕾说，甘远志在工作中感受到快乐，源自对新闻的热爱、对职业精神的恪守，他身上那一种人格的力量、人性的美好，就是职业的崇高和生活的普通所带来的。

天才出于勤奋

甘远志是一名"高产"的记者。只要有新闻，他都冲在前面，被同行称为"甘头条"。在《海南日报》社工作的 1095 天里，发表稿件 1051 篇，几乎是每天一篇。成绩斐然的背后，是一串串扎实、勤奋、拼搏的脚印：为了抢时间发稿，他利用列车靠站的短暂间隙，跑去火车站旁的公用电话借电话线上网发稿，然后奔跑追赶列车；为追赶油轮，他在栈桥上跑得上气不接下气；为救受害人，他冒险追赶行驶的汽车……这些生动地诠释了"天才就是百分之九十九的汗水加百分之一的灵感"。

作为一名记者，甘远志始终保持良好的精神状态，把领导交付的重托、广大群众给予的厚望，化作工作的动力，满腔热情地投入到繁忙的工作之中。他在工作中勤奋认真、砥砺奋进、以身作则，从不搞特殊化，"不是在加班就是在加班的路上"成为他的常态。采访和写稿，几乎成了他生活的全部。为了及时地报道每一条新闻，他总是第一时间赶到新闻现场，认真地和每个部门做好对接工作，力争把最新的消息及时传达给读者。

勤奋学习、善于思考，不断学习新知识、应用新技术、掌握新本领，不断提高引导舆论的能力和水平，这是甘远志的"制胜法宝"之一。

新时期新闻记者的杰出代表

"当记者，就要为老百姓说话。"这是甘远志的一条工作原则。海南私彩泛滥时，他不顾个人安危，深入虎穴，大胆揭开了背后的"保护伞"；当农机服务收费、中小学收费和农村供电收费混乱等现象初显的时候，他以敏锐的洞察力及时敲响了警钟。

2006年9月，由中共海南省委宣传部牵头，海南省电影电视剧制作中心、中国电影基金会等参与拍摄了电影《记者甘远志》。影片通过叙述甘远志生前的几次采访，生动描述了甘远志同志的先进事迹、展现了其爱岗敬业的精神，真实还原了"新时期新闻记者的杰出代表"的风貌。

在电影《记者甘远志》的影评中，人们这样评价甘远志：

> 只要发现新闻线索，他就像最忠实的猎犬那样扑上去，而不管挡在前面的是什么。人家的拒绝，客观的原因，生活的艰苦，死亡的威胁，都不能让他止步。如果说打消粤海铁总工的偏见，靠的是态度诚恳，见地深刻，那凭借一个匿名电话找到知情人，靠的就是福尔摩斯式的睿智了。推掉老板的银行卡，还仅仅是战胜金钱的诱惑，而拒绝菜霸的几万块钱，则分明是蔑视死亡的威胁。当强制住院使他不能为卖不出香蕉的蕉农分忧解难时，他恸哭失声。在他的天平上，菜农们被侵害的利益比自己的生命重要，蕉农们正在烂掉的香蕉比自己的身体值钱。真是个顶天立地的伟丈夫，铁肩担道义的英雄！极强烈的社会责任感，疾恶如仇的正义感，使他成了民众的喉舌，正义的化身，社会的良心。

最美奋斗者

甘远志不幸牺牲后，中共海南省委宣传部、海南省新闻工作者协会授予甘远志"爱岗敬业的好记者"荣誉称号。他的事迹不仅感动了海南，也感动了中国。

2005 年 2 月 6 日，时任中共中央政治局委员、中央书记处书记、中央宣传部部长刘云山在《新闻阅评》上批示："甘远志同志忠诚于党的新闻事业，认真履行新闻记者的神圣使命，忠于职守，敬业奉献，忘我工作，成绩卓著，树立了新时期党的新闻工作者的良好形象，是新闻记者的杰出代表。他的名字将永远镌刻在共和国的新闻史上，党和人民不会忘记他。"

2019 年，为隆重庆祝中华人民共和国成立 70 周年，经党中央批准，中央宣传部等部门决定在全国范围广泛开展"最美奋斗者"学习宣传活动，热情讴歌中华人民共和国成立以来各地区、各行业、各领域涌现出来的先进人物。同年 9 月 25 日，甘远志被授予"最美奋斗者"荣誉称号。在被授予"最美奋斗者"荣誉称号的 278 人中，四川大学校友甘远志是唯一入选的媒体记者。

甘远志塑像

甘远志曾经这样对妻子说道："你看见我的时候，我在报纸上；你看不见我的时候，我在路上！"他的事迹将激励着一代又一代的新闻人。"甘远志老师高尚的人格魅力和对新闻事业的执着追求一直激励我努力工作，他高尚的职业品德将影响我的一生。"《海南日报》社年轻记者魏如松带着浓浓的敬仰之情，深切缅怀这位前辈楷模。

（朱连芳编写）

参考资料：

1. 贺广华. 他用生命书写新闻：追记"爱岗敬业的好记者"甘远志 ［N］. 人民日报，2004－12－09（1）.

2. 傅勇涛. 永远在路上："爱岗敬业的好记者"甘远志 ［N］. 光明日报，2011－04－27（4）.

3. 中国网络电视台. "双百"人物中的共产党员：甘远志 ［EB/OL］. http://biaozhang. 12371. cn/2012/06/19/VIDE1340098321973946. shtml，2011－05－02.

4. 傅勇涛. "爱岗敬业的好记者"甘远志 ［N］. 人民日报，2011－04－27（5）.

5. 何建斌. 走了5年，南充再忆甘远志精神 ［N］. 南充日报，2009－08－04（1）.

6. 青记. 甘远志：用生命书写新闻 ［J］. 青年记者，2005（11）：34－37.

7. 金敏，赵叶苹. 血凝华章写春秋：追记"爱岗敬业的好记者"甘远志 ［J］. 今日海南，2005（2）：37－38.

8. 李纪云. 甘远志：记者，永远在路上 ［J］. 今传媒，2005（1）：33.

9. 金敏，傅勇涛. 甘远志 ［M］. 长春：吉林文史出版社，2012.

10. 金敏. 人民的好记者甘远志 ［M］. 北京：人民出版社，2005.

11. 梁桐纲. 花海：一百位新中国成立以来感动中国人物礼赞 ［M］. 奎屯：伊犁人民出版社，2016.

12. 中国人物年鉴社. 中国人物年鉴2006：总第18卷 ［M］. 中国人物年鉴社，2006.

13. 王彩霞. 初心铸忠诚：35位共产党员的赤子之心 ［M］. 北京：华文出版社，2018.

后 记

　　四川大学校史办公室编辑出版的《川大英烈》，于 1998 年由成都科技大学出版社正式出版发行。《川大英烈（第二版）》和《川大记忆：校史文献选辑（第四辑）——川大英烈》，由党跃武、陈光复主编，于 2011 年正式出版发行。除对原书进行必要的文字上的校订之外，该版增加了大量的图片和档案资料，并且补充了四川大学的龙鸣剑、缪嘉文、艾文宣和原华西协合大学的余宏文、杨达、黄孝逴、毛英才、王开疆、詹振声等九位烈士的英雄事迹。全书由党跃武和陈光复进行了最后的统稿，由雷文景、党跃武选编第一版未列入烈士的有关材料，由刘黎黎负责文字的初步修订，由陈涛、刘黎黎、陈玉峰、谭红负责馆藏档案的查核，由李金中、严忠、周毅、沈军负责选编图片和档案资料。

　　作为《川大英烈》的最新版本，即将出版发行的《闪亮的坐标：四川大学革命英烈传略》由党跃武主编，副主编为李金中、刘乔、朱连芳、韩夏。在编写中，主要开展了三项工作：

　　一是在前期已经开展的各项工作基础上，进一步广泛收集和整理在四川大学学习和工作过的革命烈士的英雄事迹，在学校历史档案和相关文献中，相关人员查档数千卷，全面收集中国知网、万方、维普和全国报刊索引等中文数据库中有关资料，通览阅读《四川党史（1982—2001）》等专门期刊、四川省和各地市中国共产党史料有关图书以及其他资料，新增加烈士的诗文、入学登记表、在校学习成绩表、照片以及毕业存根等大量的档案和文献资料。

　　二是除为原书收录人物增加了大量的档案和文献资料之外，新增胡良辅、董修武、魏云泉、邹杰、蒋淳风、刘养愚、康明惠、郑佑之、帅昌时、张涤痴、郭祝霖、彭明晶、田雨晴、修煮、顾民元、苏文、李司克、

747

彭明晶、乐以琴、饶世俊、李树成、赵普民、张建华、诸有斌、汪声和、甘远志等26位烈士的英雄事迹，力图最全面地展现为了中华民族而无私奉献的川大英烈的光辉人生。

三是除对第一版和第二版进行全面的文字校订外，对革命烈士的相关史实进行认真查考，重点对部分革命烈士的生平进行修订，力图最准确地反映川大英烈的光辉人生，尤其是在四川大学学习、工作和生活阶段的英雄事迹。

全书由党跃武策划和组织，并负责统稿工作。李金中、刘乔、朱连芳、韩夏负责项目实施、档案查证、资料收集、内容修订和新增人物编写等工作。四川农业大学档案馆（校史办公室）潘坤和王继红编写了部分与农学专业相关的新增人物传略。

在本书的编辑过程中，编者参考了大量的文献资料和革命史料，加之从第一版到现在整个编写工作历经近30年，无法一一注明参考文献。在此，我们向长期以来对四川大学校史、中国共产党史研究工作和红色文化资源开发工作给予大力支持的所有社会各界人士，尤其是本书第一版和第二版的编审人员，致以最衷心的感谢。

由于编者水平所限，加之时间较为紧张，尤其是革命烈士史料核实困难较大，本书中错误和疏漏在所难免，恭请各位批评指正。

习近平总书记指出："祖国是人民最坚实的依靠，英雄是民族最闪亮的坐标。"四川大学历来是"四川进步势力的大本营"和"西南一带传播革命种子的园地"。自诞生之日起，四川大学就在血与火的洗礼中涌现了一大批与时代和人民同呼吸、共命运的仁人志士。谨以此书献给曾经在四川大学学习和工作的为了中华民族而无私奉献的革命先烈们，并隆重庆祝中国共产党成立一百周年。

编者

2021年3月